《机动车驾驶培训教练员从业资格培训教材》
审 定 组

徐亚华	交通部公路司
付　健	广西道路运输管理局
王培喜	海南省驾培办
蔡团结	交通部公路司
李宏刚	吉林省运输管理局
李抗美	陕西省运管局
赵国强	山东省交通厅运输局
聂保平	山西省交通运输管理局
陈永林	浙江省运管局
孙广生	宁夏运输管理局
邹业长	湖南省交通厅驾培办
赵建华	四川省运管局驾培处
殷国祥	江苏省运管局
殷　波	上海市城市交通运输管理处
刘学福	河北省运管局
周英南	辽宁省运管局

《机动车驾驶培训教练员从业资格培训教材》
编　写　组

组　长：　王水平　交通部公路司

副组长：　蔡凤田　交通部公路科学研究院

王振军　人民交通出版社汽车图书编辑部

盛　颖　北京中德安驾科技发展有限公司

成　员（排名不分先后）：

Thorsten Weissenberger　北京中德安驾科技发展有限公司

曾　诚　北京中德安驾科技发展有限公司

范　立　人民交通出版社汽车图书编辑部

白　峤　人民交通出版社汽车图书编辑部

李华强　交通部公路司

邓泽英　北京中德安驾科技发展有限公司

伍峻松　浙江大学医学院附属第二医院急诊中心

特　别　鸣　谢

交通部公路科学研究院

德国Degener国际有限公司

上海大众汽车有限公司

机动车驾驶培训教练员
从业资格培训教材

安全驾驶的引路人

交通部公路司　审定

北京中德安驾科技发展有限公司
人民交通出版社
编

人民交通出版社

内 容 提 要

本教材是根据《机动车驾驶培训教练员考试大纲》，为机动车驾驶培训教练员取得从业资格而编写的培训教材，适合理论教练员、驾驶操作教练员、道路客货运输驾驶员从业资格培训教练员和危险货物运输驾驶员从业资格培训教练员培训使用。

图书在版编目（CIP）数据

安全驾驶的引路人/北京中德安驾科技发展有限公司，人民交通出版社编.－北京：人民交通出版社，2005.12（2007.1重印）
ISBN 978－7－114－05866－0

Ⅰ.安… Ⅱ.①北…②人… Ⅲ.汽车－驾驶术－教练员－教材 Ⅳ.U471.1

中国版本图书馆CIP数据核字（2007）第010356号

机动车驾驶培训教练员从业资格培训教材

书　　名：**安全驾驶的引路人**
著 作 者：北京中德安驾科技发展有限公司　　人民交通出版社
责任编辑：王振军　翁志新
出版发行：人民交通出版社
地　　址：（100011）北京市朝阳区安定门外外馆斜街 3 号
网　　址：http://www.ccpress.com.cn
销售电话：（010）85285969，85285966
总 经 销：北京金飞图书发行中心
经　　销：各地新华书店
印　　刷：中国电影出版社印刷厂
开　　本：880 × 1230　1/16
印　　张：13
字　　数：400 千
版　　次：2006 年 4 月　第 1 版
印　　次：2015 年 8 月　第 60 次印刷
书　　号：ISBN　978-7-114-05866-0
定　　价：55.00 元
（有印刷、装订质量问题的图书由本社负责调换）

编 者 的 话

随着人民生活水平的提高和汽车工业的进步，汽车正在走进百姓的家庭，驾驶汽车已成为人们生活的普遍需求。作为与交通安全密切相关的服务行业，驾驶员培训越来越受到社会的广泛关注。

提高驾驶员的素质是减少道路交通事故，保障道路交通安全的重要途径。教练员作为驾驶学员的启蒙老师，是落实驾驶员素质教育最重要的实践者，是构筑道路交通安全第一道防线的主力军，肩负着神圣的使命和社会责任。为了让每一位学员成为安全的驾驶员，文明驾驶、平安出行，请您牢记三条从业理念——责任如山、以身作则和诚实守信。

减少交通事故，创建和谐交通，离不开您的辛勤工作和默默耕耘。愿您在今后的学习和教学实践中，着力提高自身的教学能力和教学水平，把驾驶员素质教育融入到教学的每一个环节，真正成为“安全驾驶的引路人”。

本教材使用说明

本教材适合理论教练员、驾驶操作教练员、道路客货运输驾驶员从业资格培训教练员和危险货物运输驾驶员从业资格培训教练员培训使用。

请在使用之前详细阅读下面的说明，让这本教材在您的学习中发挥最大作用。

■ 倡导安全驾驶——责任如山

驾驶员是道路交通安全第一道防线的构筑者。让每一位学员都安全行车、文明驾驶、平安出行，是社会的迫切需要，也是教练员的神圣使命和社会责任。

■ 提高从业素质——以身作则

作为学员的启蒙老师，教练员的行为对学员一生的安全行车将产生深远的影响。只有高素质的教练员，才能培养出高素质的驾驶员。教练员应当从自身做起，率先垂范，为人师表，成为安全驾驶的引路人。

■ 提供优质服务——诚实守信

作为服务主体，教练员应当真诚地对待每一位学员，用服务的理念创造和谐的教学环境。教练员只有做到诚实守信，才能真正赢得学员的尊重和社会的认可，成为学员的良师益友。

特 别 提 示

本教材正文的标题前标有“＊”的内容专供道路客货运输驾驶员从业资格培训教练员学习使用。

本教材正文的标题前标有“＃”的内容专供危险货物运输驾驶员从业资格培训教练员学习使用。

目　录

第一章　教练员的职责与职业行为规范

第二章　道路交通法律法规及相关知识

第三章　交通风险与交通安全意识

第四章　安全与节能驾驶操作

1
2
3
4
5
6
7

第五章　教学方法

第六章　规范化教学

第七章　教学手段

第一章

教练员的职责与职业行为规范

安全是人民家庭生活幸福的前提和基础，是社会稳定和发展的保障。构建无交通安全事故的和谐社会，是我们每个人的愿望。

驾驶员是保障道路交通安全非常重要的一道防线。推进驾驶员素质教育是加强道路交通安全管理的基础性工作，是预防道路交通事故、保障道路交通安全的有效途径。教练员作为指导学员学习驾驶技能的启蒙老师，是保证培训质量、提高驾驶员素质非常关键的因素。只有高素质的教练员，才能培养出高素质、能够独立安全驾驶车辆的驾驶员。

第一节　教练员的社会责任

随着我国公路里程和机动车保有量的不断增长，道路交通事故死伤人数居高不下。驾驶员安全意识的淡薄和安全行车知识的缺乏成为引发道路交通事故的重要原因，驾驶员整体素质不高已成为亟待解决的社会问题。因此，教练员应充分认识到自身工作的重要性，不断提升职业素质，以肩负起保障道路交通安全的社会重任。

一、我国道路交通安全形势严峻

随着道路交通安全管理力度的加大和驾驶员素质教育工程的开展，道路交通事故起数、伤亡人数和万车死亡率均有下降，但是，我国道路交通安全形势依然严重。据统计，2007年我国平均每6.4分钟有1人死于车祸，平均每1.4分钟有1人因交通事故而受伤。

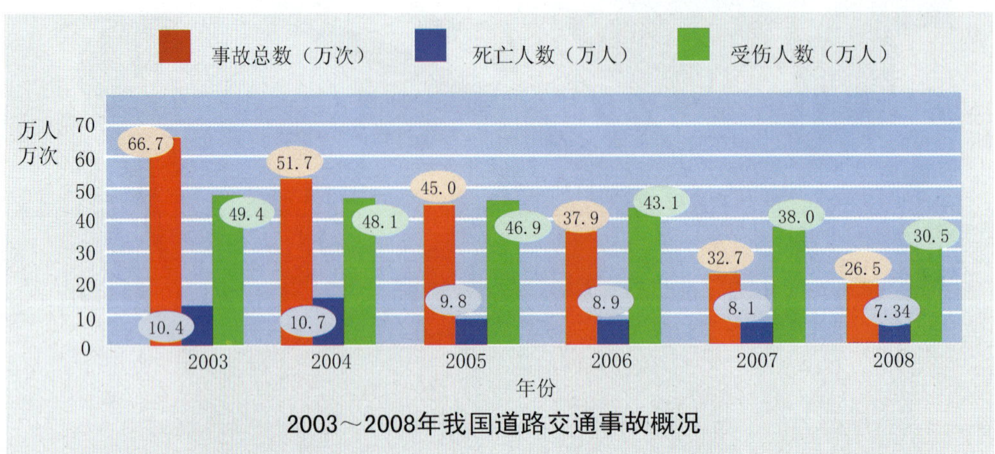

2003～2008年我国道路交通事故概况

群死群伤的重特大交通事故给人民群众的生命财产带来严重的损害，给国家带来诸多不安定的因素。近年来，我国群死群伤的重特大交通事故得到有效遏制，但仍时有发生。

2003～2008年我国一次死亡3人以上的道路交通事故统计表 ①

年份	一次死亡3人以上		一次死亡5人以上		一次死亡10人以上	
	事故起数	死亡人数	事故起数	死亡人数	事故起数	死亡人数
2003	–	–	–	–	41	645
2004	–	–	–	–	55	852
2005	1927	7650	357	2542	47	807
2006	1671	6611	326	2244	38	558
2007	1472	5781	266	1756	26	389
2008	1920	5222	250	1801	29	476

万车死亡率是衡量一定机动化水平下交通事故死亡情况的重要指标，是道路交通安全情况的综合反映。数值越小，则交通安全状况越好。美国、德国和日本等发达国家在2007年，万车死亡率分别为1.61、0.89和0.63。近年来，我国万车死亡率逐年下降，但2008年仍保持在3.60，道路交通安全形势仍然比较严峻。

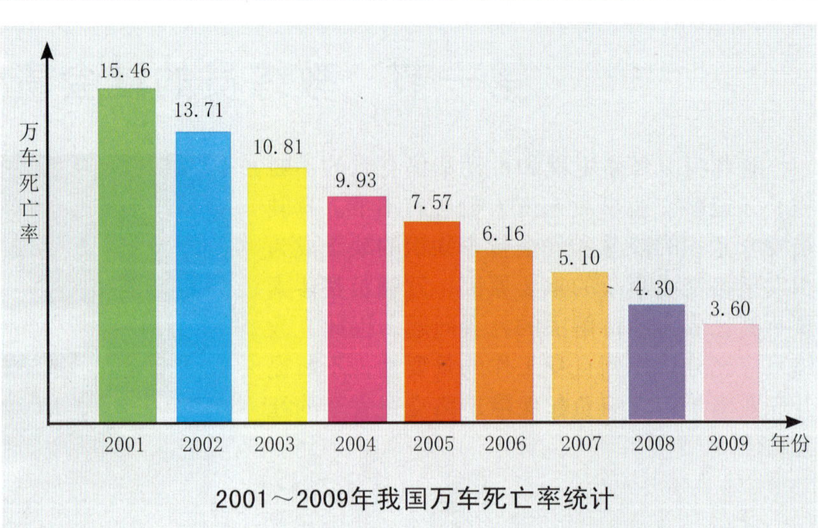

2001～2009年我国万车死亡率统计

① 2004年以前，未对一次死亡3人以上和5人以上的道路交通事故做详细统计。

二、驾驶员对道路交通安全的重要影响

造成道路交通事故的原因很复杂，涉及人、车、路、环境和管理等诸多因素，其中，驾驶员是引发道路交通事故的主要原因，是道路交通安全管理的基础和源头。

据统计，在2007年发生的32.72万起交通事故中，因机动车驾驶员违法行为和非违法过错导致交通事故30.86万起，造成7.74万人死亡、36.25万人受伤，分别占总数的94.32%、94.79%和95.30%。其中，3年以下驾龄的机动车驾驶员肇事共造成1.71万人死亡，占不同驾龄机动车驾驶员肇事致死亡人数的31.92%。

据统计，在2008年发生的26.52万起交通事故中，因机动车驾驶员违法行为和非违法过错导致交通事故25.17万起，造成7.03万人死亡、29.18万人受伤，分别占总数的94.90%、95.68%和95.69%。其中，3年以下驾龄的机动车驾驶员肇事共造成1.64万人死亡，占不同驾龄机动车驾驶员肇事致死亡人数的29.88%。

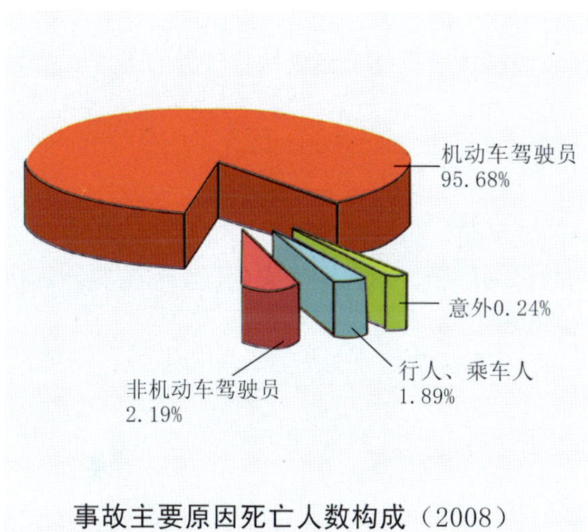

事故主要原因死亡人数构成（2008）

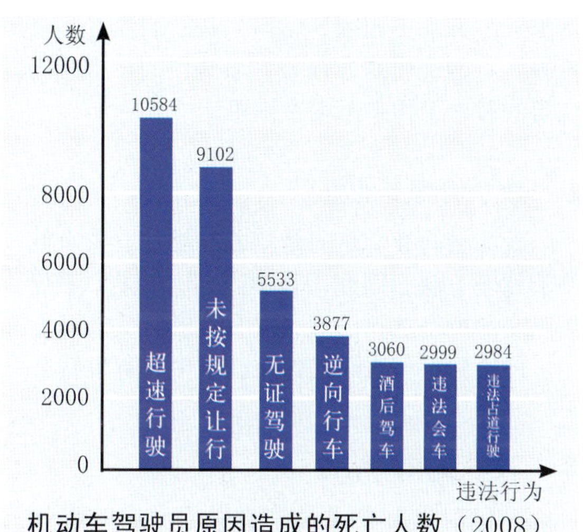

机动车驾驶员原因造成的死亡人数（2008）

驾驶员整体素质不高，导致我国的道路交通安全形势严峻，并且阻碍了构建安全与和谐社会的进程。

三、教练员对道路交通安全的重要作用

驾驶员是道路交通安全的主要影响因素，而驾驶培训的效果则直接决定其参与道路交通的安全性，因此，驾驶培训是道路交通安全管理的源头。

在驾驶培训的各个环节中，教练员是培训工作的具体实施者，是安全驾驶知识的直接传播者，是推动驾驶员素质教育的重要实践者，是构筑道路交通安全重要防线的主力军。

教练员将安全意识的培养贯穿于整个培训过程中，学员从一开始就能够树立“遵章守法，文明礼让行车”的安全意识，杜绝违法驾驶行为；教练员规范讲解、示范动作要领，正确解答学员的疑问，及时纠正学员的错误，学员能够养成规范操作的习惯；教练员按要求在各种道路环境下指导学员进行训练，学员能够获得丰富的驾驶经验，具备良好的心理素质，确保行车的安全。

言传身教，作用重大

教练员自身的行车安全意识、驾驶习惯和教学效果对学员一生中的行车安全都将产生深远的影响。

第二节　教练员的职责和义务

教练员是教育工作者，但从事的是专业性较强的教学工作。因此，教练员首先应了解职业的基本特点，把握好教育工作的关键环节，并通过不断学习，具备职业需要的基本素质，才能履行基本职责和义务。

一、教练员的职业特点

与一般学校教师不同的是，教练员所面对的教学对象层次多样化，教学内容专业性强，教学要求严格，教学组织特殊，教学过程存在一定的风险性。

1　教学对象层次多样性

教练员所面对的教学对象虽然都是成年人，但是层次多样。学员在年龄、知识背景、职业、性格等各方面都不相同，学习兴趣、习惯和接受能力也有着很大的差别。此外，学员的文化水平参差不齐，有的文化基础很差，对动作的掌握能力差，相应地增加了教练员完成教学任务的难度，给教练员的教学工作带来很多困难。

2　教学内容专业性

教练员的教学目的是培养能够独立安全驾驶车辆的驾驶员，包括培养学员的安全意识和传授安全的驾驶方法。因此，教学内容主要是以教学大纲和教材为依据，紧密围绕安全行车的主题，包括道路交通安全法律法规、安全驾驶相关的理论知识和驾驶操作方法等。

理论知识与实际操作在教学中的有机结合，使得每一项教学内容都具有很强的专业性。

3　教学要求严格性

"计时制"要求教练员保证学员的有效驾驶学时。教练员在培训过程中，必须按照教学大纲的要求认真施教，确保每位学员的理论培训时间每天不超过6个学时，实际操作训练时间每天不超过4个学时；每次完成教学后，必须对学员的学习情况客观地进行评价，如实填写教学日志，并让学员在教学日志上签字确认。

认真填写教学日志

4　教学组织特殊性

除理论教学外，教练员的教学主要在教练场内和实际道路上进行，教学环境与课堂式教学有较大的差异。

在驾驶操作训练中，一个操作动作、一种情况的处理或一个案例的教学，都要通过讲解、示范、指导、讲评等教学环节来完成。在实际道路训练中，尤其是在复杂的交通环境条件下，学员和教练员同时处于高度紧张的状态，教练员主要靠手势和简单的提示进行教学，没有时间介绍为什么，只能借助教学活动结束后的讲评，教学效果往往不理想。这就需要教练员通过反复讲解、反复示范和反复指导来增强学员的记忆，逐步提高学员操作动作的熟练程度。

提示学员注意安全

5 教学过程风险性

驾驶操作训练需要在实际道路上开展，是一个动态、互动的教学过程，影响教学安全的因素很多，加之学员的素质不同，教学过程往往存在着一定的风险性。

从运动行为学的角度分析，学员从刚接触车辆到掌握驾驶技能，需要经过了解、掌握、熟练应用等几个不同的阶段。在驾驶技能的学习过程中，尤其在训练的初期，学员通常难以自觉地发现自身存在的错误，难以察觉周边的潜在危险和灵活应对各种紧急情况。教练员在一定速度的动态中指导学员，精力必须高度集中，稍有疏忽就会导致交通事故。而且，训练的道路环境条件越复杂，车速越高，教学过程中的风险性就越大。

二、教练员的基本素质

从事教练员工作，在具备高度的社会责任感、良好的职业道德和安全意识、娴熟的驾驶操作技能、扎实的专业知识和驾驶经验的同时，还应具备良好的教学能力，才能按要求完成教学任务。

1 高度的社会责任感

驾驶员的安全驾驶，不仅关系到个人的生命和财产安全，而且还关系到自己和他人家庭的幸福，乃至整个社会的安定与和谐。因此，教练员应深刻认识到自身工作对社会的重要意义，认识到所肩负的神圣使命。

教练员具有高度的社会责任感，是做好培训工作的前提。这样才能够认真履行职责和义务，自觉地提高个人的教学能力，并从驾驶员的素质教育入手，按要求规范施教，为社会培养合格的驾驶员，肩负起保障道路交通安全的责任。

2 良好的安全意识和驾驶习惯

教练员具有良好的安全意识和驾驶习惯，在教学过程中做到知法、守法，规范施教，成为学员的榜样，才能够取得学员的信任，为建立良好的教学氛围，收到好的教学效果奠定基础。

3 扎实的专业知识

安全驾驶不是对车辆的简单操作，而是一种涉及交通心理学、交通行为学等诸多知识的复杂行为方式。在驾驶培训过程中，教练员不仅要教学员怎么做，更重要的是教学员为什么这样做，做到晓之以理，才有利于学员理解和掌握。因此，教练员首先要有合理的知识结构和丰富的专业知识储备，并且能够随着道路交通安全法律法规、车辆技术和现代化教学等知识的不断更新，自觉加强业务学习，巩固专业知识，这样才能够胜任自己的工作。

4 丰富的驾驶经验

驾驶经验是指驾驶员对实际驾驶体验的总结，尤其是应对各种交通情况的驾驶方法的总结。它能够帮助驾驶员提前预测各种交通风险，及时采取正确的措施，避免交通事故的发生。

在驾驶操作训练过程中，尤其是在实际道路训练中，学员难以及时辨别周边环境潜在的危险，因此，教练员在监督学员遵章守法行车的同时，还需凭借自身的驾驶经验提前预测交通风险，及时提示学员，并做好应急准备，以保障教学的安全。

5 良好的教学能力

教练员从事的是驾驶技能专业培训，所面对的教学对象层次多样，因此，教练员要胜任自己的工作，不仅要有良好的语言表达能力、操作技能的示范能力、组织教学和管理教学过程的能力，教学过程中要有耐心，能够客观、清楚地教授知识，而且还需要具有良好的教学风格和因材施教的教学方法。

伙伴式的教学风格 伙伴式教学风格的特点是，教练员与学员之间是一种朋友的关系。在这种风格下，尽管教练员对学员进行监督与指导，但学员可以对教练员充分发表自己的见解和想法。无论是教练员还是学员，都应在各自的角色中感到愉快、相处和谐。这样，教练员与学员能够进行有效的沟通，充分调动学员的学习热情，给学员的学习效果和考试结果带来积极的影响。

伙伴式的教学风格

教练员的教学行为	学员的学习效果
平和地指出学员训练中的错误，并给学员示范正确的操作方法	及时了解自身存在的问题，并通过教练员的讲解和示范，领会动作的要领
与学员一起分析出现错误的原因，给学员提出改进的意见	能够及时纠正错误，心情愉悦，有成就感，学习进展顺利

由于教练员在教学过程中具有一定的权威性，在承担教授学员驾驶技能的任务时，学员往往对教练员存在一种依赖关系，因此，在双方的互动教学过程中，教练员起主导作用。教练员往往有以下两种不同的教学风格：

专制式的教学风格 专制式教学风格的特点是，教练员与学员之间是一种命令与服从的关系。根据心理学规律，成年人自身的性格已经形成，并且已有独立的个人生活和思维方式，希望被平等对待。然而，教练员错误理解"严师出高徒"的教学思想，在训练中一味地对学员下达指令，操控学员的动作。如果学员没有按照指示操作，会表现得很愤怒。这种教学风格削弱了学员学习的主观能动性，常常会使学员感到不舒服，甚至产生抵触情绪，会给学员的学习效果与考试结果带来消极的影响。

专制式的教学风格

教练员的教学行为	学员的学习效果
习惯命令学员做动作，如果学员没有按照指示操作，会表现得很愤怒，甚至可能会以中断训练来威胁学员	感到很困惑，而教练员强烈的反应使他在训练时更加紧张，操作失误增多
缺乏耐心，对学员出现的错误通常严加训斥，不分析出错的原因和提出改进的意见	变得沮丧，甚至产生抵触情绪，学习进展缓慢，失去对驾驶学习的兴趣

放任式的教学风格　放任式教学风格的特点是，教练员缺乏责任感，与学员之间似乎不存在服务与被服务的关系。教练员表现得冷漠或不友好，对学员几乎不加任何约束与指导，放任学员自由驾驶，没有适时地给予指导和纠错，而学员只是在某些暗示中对自己的驾驶行为和交通观察做出判断与评价。在培训中，尤其在培训的初始阶段，学员很难对自己行为的正确与否做出评估，难以取得好的学习效果和考试结果。这种不负责任的教学风格同样不会带来好的教学效果，还会给交通安全埋下隐患。

放任式的教学风格

教练员的教学行为	学员的学习效果
除保证教学安全外，对学员的操作训练不加干涉，缺乏相应的教学要求	在训练中缺乏目的性，不了解自己训练的进步程度，无成就感，失去对驾驶学习的兴趣
对学员训练中出现的错误通常不及时给予相应的提示，不能提出改进的意见	不了解自己存在的问题，学习进展缓慢，甚至停滞不前

教练员在培训中应重视教学风格的运用。一方面，教练员在讲解正确的动作要领、指导和纠错时，不是用命令式的教学方式，而是应平等对待学员，与学员建立伙伴式的教学关系；另一方面，教练员要明确自己的职责，树立责任心，及时纠正学员的错误。

因材施教的教学方法　学员的年龄、性格和文化水平各不相同，对驾驶技能的学习能力也存在着差异。学员掌握驾驶技能的快慢，一方面在于学员自身的努力，另一方面在于教练员的讲解、示范、指导等教学工作。

教练员应根据学员的学习特点和反馈的信息，正确地评判学员的学习状况，及时调整教学计划，灵活运用先进的教学手段和教学方法，提高培训的效率和效果。比如，在驾驶操作训练中，对于动作领悟能力差的学员，教练员应有耐心，适当增加学员的练习次数，并加强分解动作的练习，而不是严厉责备学员，嘲讽学员；对于性格内向的学员，教练员应主动加强与学员的交流，多给予鼓励，少批评指责，增强学员的自信心；对于容易使学员感到枯燥乏味的教学内容，教练员应利用先进的教学手段，增强教学的互动性，使内容变得形象生动、通俗易懂，激发学员学习的兴趣。

正确评估自我的能力　教练员职业生涯不总是一帆风顺的，有些时候会觉得很轻松，工作充满乐趣，但有些时候会感到不顺利，常常觉得工作停滞不前，甚至带有悲观失望的情绪。因此，教练员应当时刻正确反思自己，尤其是在不顺利的时候多问问自己：

为什么最近对工作没有热情，是我对这一职业抱有不切实际的期望，意志消沉了吗？

为什么最近在训练时容易分散注意力，是家庭生活的琐事使我心烦意乱了吗？

为什么会与学员发生争吵，是我缺乏与学员沟通的能力吗？

为什么学员一直不能掌握那些动作，是我没有讲解清楚、做好动作示范，还是我的教学安排存在问题？

三、教练员的职责

提高驾驶员的整体素质，把好驾驶培训的质量关，教练员的作用非常关键。对驾驶员实施素质教育，绝不仅仅是对学员驾驶操作技术的培养，更重要的是传授给学员安全行车的知识和处置交通情况的能力，培养学员的安全意识和遵章守法意识，增强学员的社会责任感，引导学员树立“安全第一、珍爱生命”的行车理念，养成良好的驾驶习惯，最终能够独立安全驾驶车辆。这既是社会的迫切需要，也是教练员的根本职责。

1　重点培养安全意识

驾驶员素质的提高，绝不仅仅是驾驶操作技能的提高，更重要的是安全意识的培养和文明驾驶习惯的养成。技能培养固然重要，但是没有安全意识的驾驶员，即使驾驶技能再高，也会成为“马路杀手”。

教练员对学员进行安全知识教育，培养学员的安全意识，要让学员从培训开始就有高度的社会责任感，树立遵章守法、安全行车和文明行车的理念。

培养安全意识

在教学过程中，教练员应教育学员在享受机动化带来的舒适、便捷的同时，不能漠视交通事故正在无情地吞噬无辜的生命，牢记生命无价，树立高度的社会责任感；应将安全教育和文明驾驶有机结合，使学员能够充分理解和体谅其他交通参与者的行为，本着对自己和他人生命的尊重和珍爱的原则，自觉遵守道路通行规则，采取预见性驾驶方式，文明行车，安全驾驶。

2　普及安全行车知识

学员掌握了必要的安全行车知识，才可能具备独立分析问题和解决问题的能力。例如，掌握了道路交通安全法律法规知识，才能认识到哪些驾驶行为是合法的，哪些驾驶行为是被禁止的；掌握了各种道路交通情况下的风险知识，才能预见到潜在的风险，知道怎么做是安全的，怎么做是危险的；掌握了应急驾驶和伤员急救知识，在遇到紧急情况时，才能知道如何妥善处置，减少事故伤亡和财产损失。因此，普及安全行车知识，是学员遵章守法、安全行车的重要前提，也是教练员的基本职责之一。

3　全面传授驾驶技能

教练员在教学过程中只注重常规驾驶技术的传授，是不可能培养出合格驾驶员的。这就意味着教练员在培养学员常规驾驶技能以外，还要教会学员如何预见险情，正确应对各种交通情况，做到预见性驾驶。

安全是行车的基本前提，节能和环保驾驶是驾驶员应承担的一种社会责任。因此，教练员还应在培训过程中强调对学员节能和环保驾驶能力的培养，培养学员全面的驾驶技能。

四、教练员的义务

1 领会教学大纲内涵，满足教学要求

教学大纲规定的教学项目、内容、目标和学时，是教练员实施教学的基本依据。按照教学大纲的要求组织教学，是每一位教练员的责任和义务。教练员应该认真理解、掌握和运用教学大纲，严格按照教学大纲的要求，突出教学重点和难点，合理安排教学顺序、内容和教学进度，保证学员的培训学时，规范教学。

2 保证学员学习时间，提高学员学习效率

教练员能否保证学员的有效学习时间达到规定的要求，对驾驶培训质量有很大的影响。计时制教学，是使学员利益得到保障的有效方法。按计时制要求保证学员的有效学习时间，帮助学员提高学习效率，保障学员的利益不受损失，是教练员应尽的义务。

教学大纲中已明确规定了每个阶段、每个教学项目学员应达到的最少学时。教练员不按规定学时进行教学，投机取巧缩短教学时间，就等于侵犯了学员的权利，也可以说教练员没有尽到义务。例如，学员的接受能力强，动作掌握快，但教练员不能借此缩减教学学时，而应该调整教学计划，针对学员还存在的问题相应地多分配练习的时间。

3 规范教学，确保教学过程安全

在驾驶训练过程中，不论是学员还是教练员，稍有疏忽都可能导致交通事故。教学中一旦发生交通事故，不管责任在哪一方，都会给学员造成心理上的阴影，挫伤学员学习的积极性。因此，教练员应遵章守法，为学员起到良好的榜样作用；应随车指导，及时纠正学员的错误并进行安全提示；应始终把遵章守法和安全意识的教育放在首位，严格按规定坚持做好车辆日常维护和检查，始终保持安全速度行驶；应积极培养学员良好的驾驶道德和驾驶习惯，不做任何冒险动作，不存任何侥幸心理，确保教学的安全。

4 尊重学员，创造和谐教学氛围

创造和谐的教学氛围，有利于提高学员学习效率和效果，也是教练员服务意识的落脚点。从第一次见面时，教练员就开始创造出积极、轻松的学习氛围，给学员留下良好的印象，以此赢得学员的信任，将会对整个学习过程产生积极的影响，从而取得良好的教学效果。

教练员在对学员实施培训的过程中，应热情地关怀、鼓励、指导和帮助学员，做学员的贴心人；应设身处地地为学员着想，尊重学员的人格，强化服务意识，把耐心教育和严格要求有机结合，爱护学员，但不庇护、不迁就；应树立高度的社会责任感，毫无保留地把驾驶技能传授给学员。教练员要做到：在技术上要求学员认真训练，刻苦钻研，一丝不苟；在生活上体贴关心，做学员的朋友。

5　服务学员，满足学员学习需求

教练员与学员之间存在着服务与被服务的关系，尊重和爱护学员是教练员良好道德品质和服务意识的体现。教练员是服务的主体，因此要找准自己的职业定位，摆正与学员的关系，确立正确的服务理念、服务态度和服务方法。

在驾驶训练过程中，因学员的个人素质不同，训练效果存在很大的差异。因此，教练员要细心研究学员的心理动态，检查学习效果，虚心听取学员的意见和要求，了解学员的学习需求，对他们的合理要求要尽量满足，对他们的合理化建议要尽量采纳，让学员树立积极进取的信心，提高训练的效果。

第三节　教练员的职业行为规范

教练员是学员的楷模，教练员的职业行为会对学员产生潜移默化的影响。要想培养出有社会责任感、安全的驾驶员，教练员就必须具有良好的职业道德和职业行为规范。

一、珍爱生命，培养学员的安全意识

安全第一，珍爱生命，是驾驶员培训工作的宗旨。在传授学员安全驾驶技能的过程中，教练员不仅要珍惜学员的生命，规范施教，督促学员采取措施确保教学的安全；而且还应从维护交通秩序、保障道路安全畅通的高度出发，将安全意识、安全礼让贯穿于教学始终，并作为教学的重点，让学员真正明白，确保安全是行车的前提。

二、言传身教，培养学员的安全驾驶习惯

教练员的思想意识、道德风貌、治学精神、言谈举止，每时每刻都在感染、熏陶和影响着学员，对学员起着潜移默化的作用。

教练员在平时应加强自身的修养，培养优良品德。在教学过程中，应注意言行举止，克服自身不良的行为习惯，避免给学员造成负面的影响。教练员应熟练掌握道路交通安全法律法规知识，树立安全行车理念，养成文明行车的习惯，做到知法、信法、守法，成为学员的好榜样。教练员应严格按照教学大纲的规定组织教学，从教学员起步开始，就严格按操作规范对学员进行要求，培养学员安全驾驶的习惯。

安全带要系好！

三、诚实守信，为学员提供优质服务

诚实守信是人们在职业活动中处理人与人之间关系的道德准则，是人际交往必须遵守的一项最基本的道德规范。诚信是立身之本，教练员作为服务主体，只有讲诚信，才能赢得学员的信任和社会的承认。

教练员在教学中应摆正自己的位置，用服务的理念创造一种和谐的教学环境，诚实、平等地面对所有学员，与学员建立良好的关系；应增强自身的责任感和使命感，树立以满足学员需求为核心的诚信服务理念，尽可能满足学员的合理要求；应始终从学员的利益出发，不以权谋私、投机取巧、弄虚作假、变相索贿，侵害学员的正当权益。

四、文明教学，保证教学效果和质量

教练员主要在动态条件下从事教学活动，往往面临着各种不同的教学环境，这就要求教练员既要具备理论教学素质，又要有实际操作能力。

教练员应本着对学员和社会负责的态度，从培养学员的学习兴趣着手，用爱心、诚恳、亲切和以身作则、循循善诱的方式帮助学员树立学习信心，循序渐进，由浅入深，从鼓励到逐渐严格要求。由于教学对象复杂多样，学习能力参差不齐，教练员应根据学员不同的性别、性格和接受能力，调整教学手段和教学方法，因材施教，保证教学效果和教学质量。

五、努力学习，不断提高自身的教学能力

教练员的素质决定了驾驶员培训的质量，教练员的教学理念和教学能力是培养安全驾驶员的关键因素。学员驾驶技术的高低取决于教练员的专业知识、驾驶经验和教学能力，而学员驾驶行为和品质的优劣取决于教练员的教学理念和道德风貌。教练员专业知识浅薄，操作技术生疏，就无法引导学员学好专业知识，也得不到学员的尊重。

因此，教练员必须具有良好的道德修养、广博深厚的专业知识、丰富的驾驶经验、先进的教学理念和教学方法，在取得从业资格证件之后，还要不断学习，丰富自己的专业知识，及时调整知识结构，强化安全意识，更新教学理念，提高教学水平，以适应社会发展和驾驶员素质教育的需要。

第二章

道路交通法律法规及相关知识

道路交通安全法律法规是规范交通参与者的行为，维护道路交通秩序，构建安全与和谐交通社会的前提。道路运输法律法规是规范道路运输经营，建立和完善道路运输市场机制，促进道路运输市场健康发展的基础。

教练员不仅应深刻理解和熟练掌握道路交通法律法规知识，更重要的是能够规范教学行为，让学员熟练掌握道路交通安全和道路运输法律法规知识，培养学员的安全意识，并在行车中做到遵章守法，确保行车的安全。

第一节 道路交通安全法律法规及相关知识

从1955年的《城市交通规则》、1988年的《中华人民共和国道路交通管理条例》到2003年全国人大常委会审议通过的《中华人民共和国道路交通安全法》(以下简称《道路交通安全法》)，以及配套的《中华人民共和国道路交通安全法实施条例》(以下简称《实施条例》)，再到2011年修订的《道路交通安全法》和其他相关法规，我国的道路交通安全法律法规经历了一个不断健全完善的发展过程。

道路交通安全法律法规突出了以人为本、公平与便民的基本原则；体现了维护道路交通秩序，预防和减少交通事故，保护人身安全，保护公民、法人和其他组织的财产安全及其他合法权益，提高通行效率的目的；是我国境内的

车辆驾驶员、行人、乘车人以及与道路交通活动有关的单位和个人都必须遵守，与广大人民群众切身利益息息相关的重要法律法规，在我国道路交通法制建设历程中具有里程碑的意义。道路交通安全法律法规对加强道路交通安全管理，提高全民的交通安全意识、法律意识和交通文明意识，规范道路交通参与者和道路交通管理者的行为，预防和减少交通事故，确保道路交通有序、安全、畅通，保障人民群众的生命财产安全将起到积极的推动作用。

本节按照《道路交通安全法》的结构，介绍道路交通安全法律法规中与机动车驾驶员安全行车密切相关的条款及其内涵。

一、机动车

机动车是重要的交通工具，也是道路交通事故中危害较大的因素。机动车的管理与合理使用，保持机动车良好的技术性能状况，是确保行车安全的基础。

1 机动车登记制度

国家对机动车实行登记制度。机动车经公安机关交通管理部门登记后，方可上道路行驶。尚未登记的机动车，需要临时上道路行驶的，应当取得临时通行牌证。机动车的登记分为注册登记、变更登记、转移登记、抵押登记和注销登记。

机动车各种登记的适用条件

机动车登记的类型	适用条件
注册登记	初次申领机动车号牌、行驶证
变更登记	已注册登记的机动车有下列情况之一： － 改变机动车车身颜色； － 更换发动机； － 更换车身或者车架； － 因质量有问题，制造厂更换整车； － 营运机动车改为非营运机动车或者非营运机动车改为营运机动车； － 机动车所有人的住所迁出或者迁入公安机关交通管理部门管辖区域
转移登记	已注册登记的机动车所有权发生转移
抵押登记	机动车所有人将机动车作为抵押物抵押
注销登记	已注册登记的机动车达到国家规定的强制报废标准

2 机动车号牌的使用

驾驶机动车上道路行驶，应当在车前、车后指定位置悬挂机动车号牌，并保持号牌的清晰、完整，不得故意遮挡、污损；应在机动车前窗右上角放置检验合格标志、保险标志，并随车携带机动车行驶证。重型、中型载货汽车及其挂车、拖拉机及其挂车的车身或者车厢后部应当喷涂放大的牌号，字样应当端正并保持清晰。机动车喷涂、粘贴标识或者车身广告时，不得影响安全驾驶。

3 机动车安全技术检验制度

机动车安全技术检验制度是防止“带病”机动车上路，减少道路交通安全隐患，确保机动车安全行驶的重要举措。机动车安全技术检验主要包括注册登记检验和定期检验。

1）注册登记安全技术检验。申请机动车登记时，应当接受对该机动车的安全技术检验，准予登记的机动车应当符合机动车国家安全技术标准。但是，经国家机动车产品主管部门依据机动车国家安全技术标准认定的企业生产的机动车车型，该车型的新车在出厂时经检验已符合机动车国家安全技术标准，获得检验合格证的，可免予安全技术检验。

2）机动车定期安全技术检验。对登记后上道路行驶的机动车，应当依照法律、行政法规的规定，根据车辆用途、载客载货数量、使用年限等不同情况，定期进行安全技术检验。已注册登记的机动车进行安全技术检验时，机动车行驶证记载的登记内容与该机动车的有关情况不符，或者未按照规定提供机动车第三者责任强制保险凭证的，不予通过检验。

机动车定期安全技术检验标准

车　型	每2年检验1次	每年检验1次	每6个月检验1次
营运载客汽车	—	5年以内	超过5年
载货汽车和大型、中型非营运载客汽车	—	10年以内	超过10年
小型、微型非营运载客汽车	6年以内	超过6年	超过15年
摩托车	4年以内	超过4年	—

4　机动车报废制度

国家实行机动车强制报废制度，根据机动车的安全技术状况和不同用途，规定不同的报废标准。达到报废标准的机动车不得上道路行驶。报废的大型客、货车及其他营运车辆应当在公安机关交通管理部门的监督下解体。

二、机动车驾驶员

机动车驾驶员的素质与安全行车密切相关。素质高的驾驶员发生交通事故的可能性小，而素质低的驾驶员容易发生交通事故。因此，机动车驾驶员参与交通必须具备一定的许可条件，并且遵守道路交通安全法律法规，这些都是确保安全行车的关键。

1　依法取得驾驶证

1）驾驶证的申请。申请机动车驾驶证时，应当符合公安部门规定的驾驶许可条件，下表列举了有关条件的具体规定。

初次申请驾驶证的条件

<table>
<tr><th rowspan="2">申请准驾车型</th><th rowspan="2">年龄条件</th><th colspan="3">身体条件</th></tr>
<tr><th>身高(cm)</th><th>视力</th><th>备注</th></tr>
<tr><td>小型汽车、小型自动挡汽车、残疾人专用小型自动挡载客汽车、轻便摩托车</td><td>18～70</td><td rowspan="2">不限</td><td rowspan="2">两眼裸视力或者矫正视力达到对数视力表4.9以上，无红绿色盲</td><td rowspan="6">听力：两耳分别距音叉50厘米能辨别声源方向。有听力障碍但佩戴助听设备能够达到以上条件的，可以申请小型汽车、小型自动挡汽车准驾车型的机动车驾驶证。
上肢：双手拇指健全，每只手其他手指必须有三指健全，肢体和手指运动功能正常。但手指末节残缺或者右手拇指缺失的，可以申请小型汽车、小型自动挡汽车、低速载货汽车、三轮汽车准驾车型的机动车驾驶证。
下肢：双下肢健全且运动功能正常，不等长度不得大于5厘米。但左下肢缺失或者丧失运动功能的，可以申请小型自动挡汽车准驾车型的机动车驾驶证。右下肢、双下肢缺失或者丧失运动功能但能够自主坐立的，可以申请残疾人专用小型自动挡载客汽车准驾车型的机动车驾驶证。
躯干、颈部：无运动功能障碍</td></tr>
<tr><td>低速载货汽车、三轮汽车、普通三轮摩托车、普通二轮摩托车或者轮式自行机械车</td><td>18～60</td></tr>
<tr><td>城市公交车、大型货车、无轨电车或者有轨电车</td><td>20～50</td><td>155以上</td><td rowspan="4">两眼裸视力或者矫正视力达到对数视力表5.0以上，无红绿色盲</td></tr>
<tr><td>中型客车</td><td>21～50</td><td>150以上</td></tr>
<tr><td>牵引车</td><td>24～50</td><td>155以上</td></tr>
<tr><td>大型客车</td><td>26～50</td><td>155以上</td></tr>
</table>

2）机动车驾驶培训。在道路上学习机动车驾驶技能应当使用教练车，在教练员随车指导下，按照公安机关交通管理部门指定的路线、时间进行，与教学无关的人员不得乘坐教练车。学员在学习驾驶中有道路交通安全违法行为或者造成交通事故的，由教练员承担责任。

教练教学方式错 学员驾车酿大祸

2010年5月，山东聊城某驾校教练员带领学员在指定的公路上试驾，学员在教练员的一声“喝斥”下，手忙脚乱地把车开上了非机动车道，与同向行驶的电动三轮车尾随相撞，乘车老人被撞伤，造成老人高位截瘫，生活不能自理。

原因分析：

教练员带领学员驾驶教练车时，由于教学方式不当，致使学员受惊吓，错误操作，驶入非机动道，妨碍非机动车正常通行，导致交通事故。

预防措施：

教练员必须具有高度的责任感和良好的职业素质，在驾驶培训过程中，要遵守国家相关法律法规和驾培机构的相关管理规定，采用合理的教学方式进行教学。

3）驾驶证考试。公安机关交通管理部门应当对申请机动车驾驶证的人进行考试，经考试合格后，发给与申请准驾车型相应类别的机动车驾驶证。

接受驾驶技能考试的，按照本人机动车驾驶证载明的准驾车型考试。考试科目分为道路交通安全法律、法规和相关知识考试科目(简称“科目一”)、场地驾驶技能考试科目(简称“科目二”)、道路驾驶技能和安全文明驾驶常识考试科目(简称“科目三”)。

2　驾驶证的使用

1）记分制度。公安机关交通管理部门对机动车驾驶员违反道路交通安全法律、法规的行为，除依法给予行政处罚外，实行累积记分制度，记分周期为12个月。依据道路交通安全违法行为的严重程度，一次记分的分值为：12分、6分、3分、2分、1分5种。

机动车驾驶员在一个记分周期内记分未达到12分，所处罚款已经缴纳的，记分予以清除；记分虽未达到12分，但尚有罚款未缴纳的，记分转入下一记分周期。

对在一个记分周期内累积记分达到12分的，由公安机关交通管理部门扣留其机动车驾驶证，该机动车驾驶人应当按照规定参加道路交通安全法律、法规和相关知识的学习并接受科目一考试。考试合格的，记分予以清除，发还机动车驾驶证；考试不合格的，继续参加学习和考试。机动车驾驶员拒不参加公安机关交通管理部门通知的学习，也不接受考试的，由公安机关交通管理部门公告其机动车驾驶证停止使用。

机动车驾驶员在一个记分周期内记分2次以上达到12分或者累积记分达到24分以上的，除扣留机动车驾驶证、参加学习、接受科目一考试外，还应当接受道路驾驶技能考试。考试合格的，记分予以清除，发还机动车驾驶证；考试不合格的，继续参加学习和考试。

机动车驾驶人按规定换领机动车驾驶证时，应当接受公安机关交通管理部门的审验。

2）驾驶实习期。机动车驾驶员初次申领机动车驾驶证后的12个月为实习期。在实习期内驾驶机动车的，应当在车身后部粘贴或者悬挂统一式样的实习标志。

实习期内应当粘贴实习标志

机动车驾驶员在实习期内不得驾驶公共汽车、营运客车或者执行任务的警车、消防车、救护车、工程救险车以及载有爆炸物品、易燃易爆化学物品、剧毒或者放射性等危险物品的机动车；驾驶的机动车不得牵引挂车。

驾驶人在实习期内驾驶机动车上高速公路

行驶，应当由持相应或者更高准驾车型驾驶证三年以上的驾驶人陪同。其中，驾驶残疾人专用小型自动挡载客汽车的，可以由持有小型自动挡载客汽车以上准驾车型驾驶证的驾驶人陪同。

3）驾驶证的有效期。机动车驾驶证上注有驾驶证的有效期，分为6年、10年和长期有效 3种。在6年有效期内，每个记分周期均未达到12分的，换发10年有效期的机动车驾驶证；在机动车驾驶证的10年有效期内，每个记分周期均未达到12分的，换发长期有效的机动车驾驶证。

机动车驾驶员应当在驾驶证的有效期内驾驶机动车。机动车驾驶员在驾驶证的有效期满前90日内，需申请换证，并提交有关身体条件的证明。换发机动车驾驶证时，公安机关交通管理部门应当对机动车驾驶证进行审验。

3　对机动车驾驶员的要求

1）驾驶员应当按照驾驶证载明的准驾车型驾驶机动车；驾驶机动车时，应当随身携带机动车驾驶证。

2）机动车驾驶员应当遵守道路交通安全法律法规的规定，按照操作规范安全驾驶、文明驾驶。

3）驾驶员驾驶机动车上道路行驶前，应当对机动车的安全技术性能进行认真检查[①]；不得驾驶安全设施不全或者机件不符合技术标准等具有安全隐患的机动车。

出车前检查
车辆状况

4）任何人不得强迫、指使、纵容驾驶员违反道路交通安全法律法规和机动车安全驾驶要求驾驶机动车。

5）机动车驾驶员在机动车驾驶证丢失、损毁、超过有效期或者被依法扣留、暂扣期间以及记分达到12分的，不得驾驶机动车。

6）饮酒、服用国家管制的精神药品或者麻醉药品，或者患有妨碍安全驾驶机动车的疾病，或者过度疲劳影响安全驾驶的，不得驾驶机动车。

昏昏欲睡仍行车　车辆失控撞大客

2009年5月18日10时，重庆市一辆普通小客车由重庆驶往福建方向，行至江西省吉安市319国道551km处时，由于驾驶员长时间疲劳驾驶，意识模糊，车辆驶入逆行车道，与对向车道的大客车发生正面相撞，造成小客车3人死亡、大客车上1人受伤。

原因分析：

驾驶员从午夜零时至事故发生时，已连续驾驶车辆达10个小时，在非常疲劳的情况下，依然继续驾驶车辆，终于造成车辆失控驶入逆行车道，发生交通事故。

预防措施：

疲劳驾驶是道路交通事故的重要原因之一，驾驶员应当严格遵守道路交通安全法规，连续驾驶不得超过4小时，每天驾驶时间不得超过8个小时，注意中途休息，确保行车过程中精力充沛。

三、道路交通信号

交通信号是道路交通规则的重要载体，是道路交通参与者相互沟通的基本语言，为交通参与者科学地分配通行权，使他们有秩序地顺利通行。因此，教练员有必要让学员理解和掌握道路交通信号灯、交通标志和标线、交通警察指挥手势等相关内容，掌握与其他交通参与者沟通的基本工具。

① 安全检视内容详见本书第四章。

1　交通信号灯

交通信号灯是利用图形符号和不同的颜色向交通参与者传递特定信息的设施，是交通信号的重要组成部分。

交通信号灯的类型和作用

分　　类	实物图举例	作　　用
机动车信号灯		指导机动车、非机动车通行。绿灯亮时，准许车辆通行，但转弯的车辆不得妨碍被放行的直行车辆、行人通行；黄灯亮时，已越过停止线的车辆可以继续通行；红灯亮时，禁止车辆通行，但右转弯的车辆在不妨碍被放行的车辆、行人通行的情况下，可以通行
非机动车信号灯		
人行横道信号灯		一般设在人流较多的重要交叉路口的人行横道两端，指导行人通行。绿灯亮时，准许行人通过人行横道；红灯亮时，禁止行人进入人行横道，但是已经进入人行横道的，可以继续通过或者在道路中心线处停留等候
车道信号灯		一般安装在需要单独指挥的车道上方，只对在该车道行驶的车辆起指挥作用，其他车道的车辆和行人仍按规定信号行驶。绿色箭头灯亮时，准许本车道车辆按指示方向通行；红色叉形灯或者箭头灯亮时，禁止本车道车辆通行
方向指示信号灯		一般安装在交通繁忙、需要引导交通流的交叉路口，是指挥机动车行驶方向的专用指示信号。信号灯的箭头方向向左、向上、向右分别表示左转、直行、右转
闪光警告信号灯		闪光警告信号灯为持续闪烁的黄灯，一般设在有危险的路口或路段，提示车辆、行人通行时注意瞭望，确认安全后通过
道路与铁路平面交叉道口信号灯		两个红灯交替闪烁或者一个红灯亮时，表示禁止车辆、行人通行；红灯熄灭时，表示允许车辆、行人通行

2　交通标志

道路交通标志[①]是以颜色、形状、字符、图形等向道路使用者传递消息，用于管理交通的设施。

道路交通标志的类型和作用

分类		实物图举例	作用
主标志	警告标志		警告车辆、行人注意危险地点的标志
	禁令标志		禁止或限制车辆、行人交通行为的标志
	指示标志		指示车辆、行人行进的标志
	指路标志	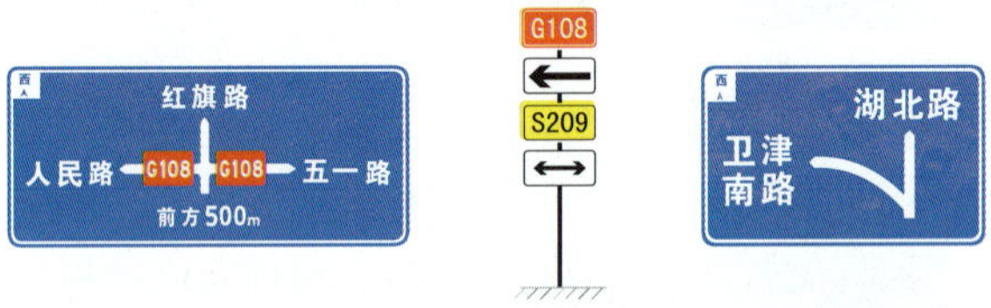	传递道路方向、地点、距离等信息的标志
	旅游区标志		提供旅游景点方向、距离的标志
	作业区标志		通告道路施工区通行信息的标志
辅助标志			附设在主标志下，起辅助说明作用的标志
告示标志			告知路外设施、安全行驶信息以及其他信息的标志

① 所有交通标志，请参见《道路交通标志和标线》（GB 5768）。

3　交通标线

道路交通标线[①]是由施划或安装于道路上的各种线条、箭头、文字、图案及立面标记、实体标记、突起路标和轮廓标等所构成的交通设施，它的作用是向道路使用者传递有关道路交通的规则、警告、指引等信息，可以与标志配合使用，也可以单独使用。

指示标线——指示车行道、行车方向、路面边缘、人行道、停车位、停靠站及减速丘等的标线。

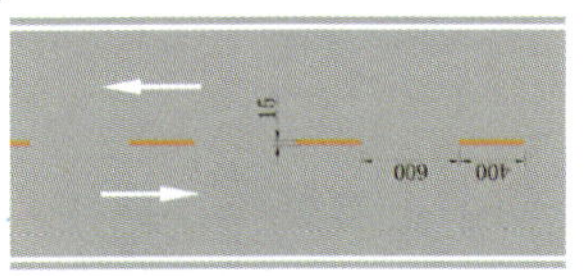
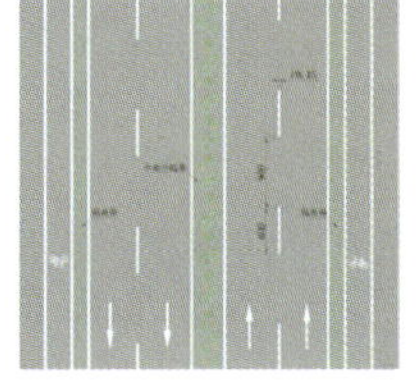
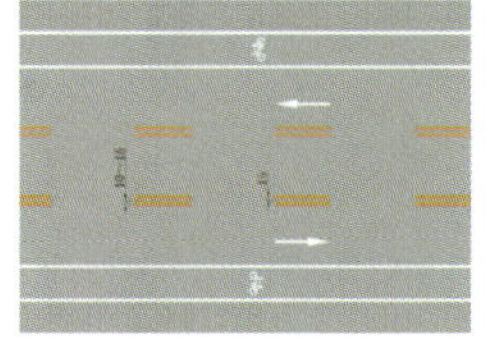

禁止标线——告示道路交通的遵行、禁止、限制等特殊规定的标线。车辆驾驶人及行人必须严格遵守。

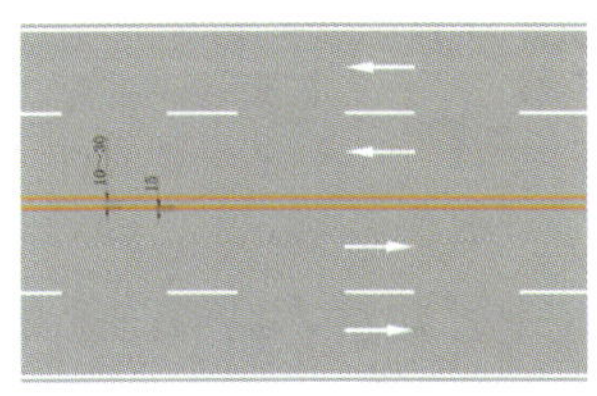
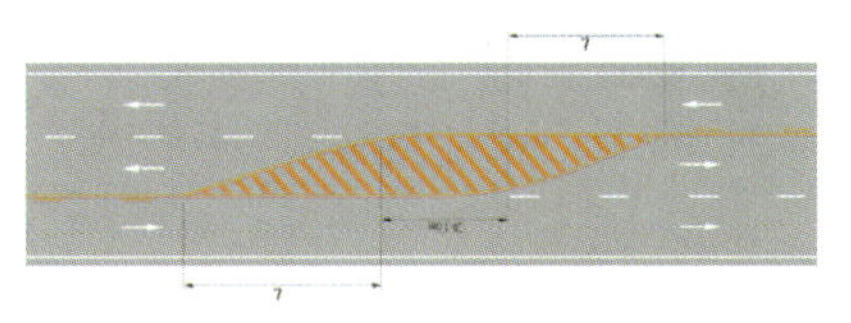
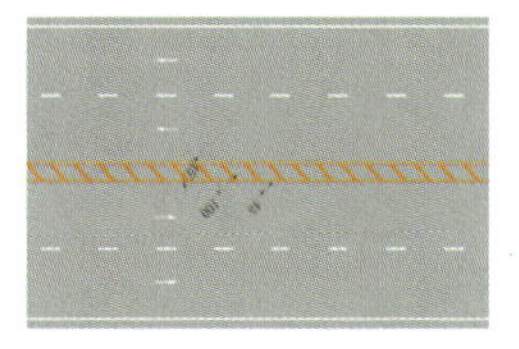

警告标线——促使道路使用者了解道路上的特殊情况，提高警觉准备应变防范措施的标线。

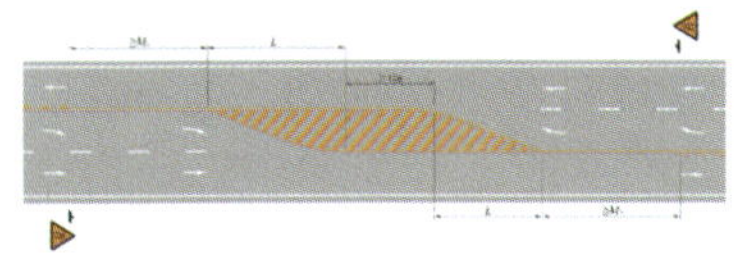
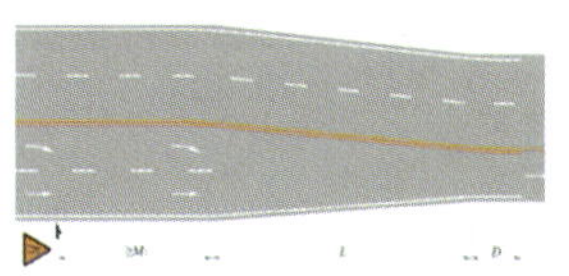
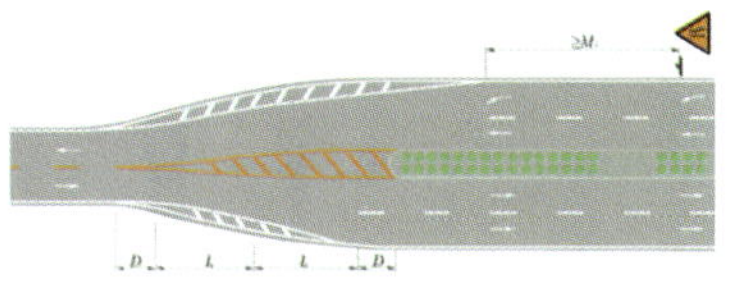

4　交通警察指挥手势

交通警察指挥手势主要有8种类型，如下表所示。

交通警察指挥手势

分　类	图　例	作　用
停止信号		左臂向前上方直伸，掌心向前，不准前方车辆通行
直行信号		左臂向左平伸，掌心向前；右臂向右平伸，掌心向前，向左摆动，准许右方直行的车辆通行
左转弯信号		右臂向前平伸，掌心向前；左臂与手掌平直向右前方摆动，掌心向右，准许车辆左转弯，在不妨碍被放行车辆通行的情况下可以掉头

① 所有交通标线，请参见《道路交通标志和标线》（GB 5768）。

续上表

分　类	图　例	作　用
左转弯待转信号		左臂向左下方平伸，掌心向下；左臂与手掌平直向下方摆动，准许左方左转弯的车辆进入路口，沿左转弯行驶方向靠近路口中心，等候左转弯信号
右转弯信号		左臂向前平伸，掌心向前；右臂与手掌平直向左前方摆动，手掌向左，准许右方的车辆右转弯
变道信号		右臂向前平伸，掌心向左；右臂向左水平摆动，车辆应当腾空指定的车道，减速慢行
减速慢行信号		右臂向右前方平伸，掌心向下；右臂与手掌平直向下方摆动，车辆应当减速慢行
示意车辆靠边停车信号		左臂向前上方平伸，掌心向前；右臂向前下方平伸，掌心向左；右臂向左水平摆动，车辆应当靠边停车

车辆应当按照交通信号通行；遇有交通警察现场指挥时，应当按照交通警察的指挥通行；在没有交通信号的道路上，应当在确保安全、畅通的原则下通行。

四、道路通行规定

道路通行规定中与机动车驾驶员密切相关的内容包括一般规定、机动车通行的规定和高速公路的特别规定等，是机动车驾驶员参与交通必须遵守的交通规则，是确保道路交通安全、有序和畅通的基础，教练员必须让学员理解和掌握。

1　一般规定

1）右侧通行。机动车、非机动车实行右侧通行。在道路同方向划有2条以上机动车道的，左侧为快速车道，右侧为慢速车道。在快速车道行驶的机动车应当按照快速车道规定的速度行驶，未达到快速车道规定的行驶速度的，应当在慢速车道行驶。摩托车应当在最右侧车道行驶。慢速车道内的机动车超越前车时，可以借用快速车道行驶。

2）分道通行。根据道路条件和通行需要，道路划分为机动车道、非机动车道和人行道时，机动车、非机动车、行人实行分道通行。没有划分机动车道、非机动车道和人行道时，机动车在道路中间通行，非机动车和行人在道路两侧通行。

分道通行，路路畅通

2　速度规定

1）机动车上道路行驶，不得超过限速标志、标线标明的速度。在没有限速标志、标线的路段，应当保持安全车速。在没有道路中心线的城市道路，最高行驶速度为30km/h；在没有道路中心线的公路，最高行驶速度为40km/h；同方向只有1条机动车道的城市道路，最高行驶速度为50km/h；同方向只有1条机动车道的公路，最高行驶速度为70km/h。

2）进出非机动车道，通过铁路道口、急弯路、窄路、窄桥时，最高行驶速度不得超过30km/h。

3）在冰雪、泥泞的道路上行驶，或者遇有雾、雨、雪、沙尘、冰雹，能见度在50米以内时，最高行驶速度不得超过30km/h。

4）设计最高车速低于70km/h的机动车，不得进入高速公路。高速公路限速标志标明的最高车速不得超过120km/h，最低车速不得低于60km/h。在高速公路上行驶的小型载客汽车最高车速不得超过120km/h，其他机动车不得超过100km/h，摩托车不得超过80km/h。

5）机动车在高速公路上行驶，车速超过100km/h时，应当与同车道的前车保持100m以上的距离；车速低于100km/h时，与同车道的前车距离可以适当缩短，但最小距离不得少于50m。

高速公路安全间距的规定

交通情况	灯光的使用	车速	安全距离
能见度小于200m	开启雾灯、近光灯、示廓灯和前后位灯	不超过60km/h	与同车道前车保持100m以上
能见度小于100m	开启雾灯、近光灯、示廓灯、前后位灯和危险报警闪光灯	不超过40km/h	与同车道前车保持50m以上
能见度小于50m	开启雾灯、近光灯、示廓灯、前后位灯和危险报警闪光灯	不超过20km/h	保持足够的安全距离

不顾雨天道路湿滑 超速行驶坠入山洼

2010年2月11日3时30分，湖南湘西州永顺县石堤镇S306线536km加700m处，一辆丰田小轿车因雨天路滑车速过快发生侧翻，导致坠崖事故，造成车上3人死亡，2人受伤。

原因分析：

雨天道路湿滑，驾驶员安全意识淡薄，违反道路交通法规的规定，超速行驶，导致车辆侧滑翻车，坠入山沟。

预防措施：

强化驾驶员的安全意识，行车过程中，严格遵守道路交通安全法规的有关规定，确保行车安全。

3 通过交叉路口的规定

1）机动车行经人行横道时，应当减速行驶；遇行人正在通过人行横道时，应当停车让行；行经没有交通信号的道路，遇行人横过道路时，应当避让。

2）机动车通过交叉路口，应当按照交通信号灯、交通标志、交通标线或者交通警察的指挥通过；行经没有交通信号灯、交通标志、交通标线或者交通警察指挥的交叉路口时，应当减速慢行，并让行人和优先通行的车辆先行。

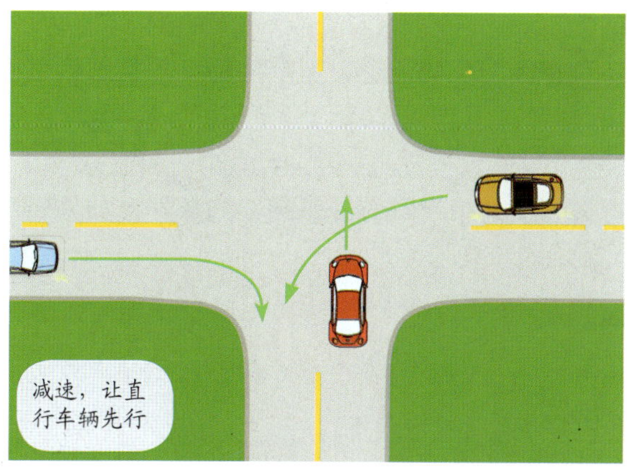

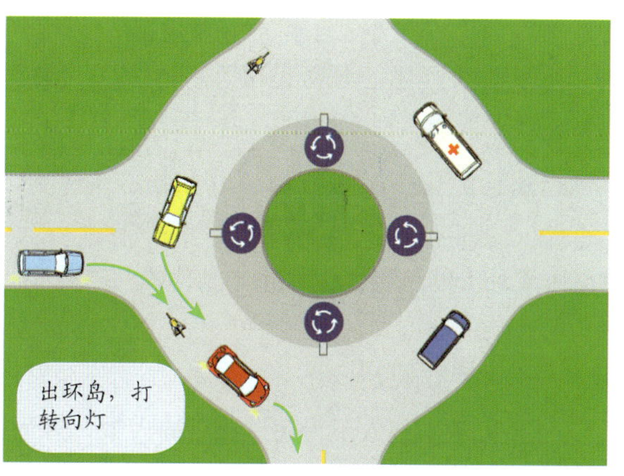

3）机动车遇有前方交叉路口交通阻塞时，应当依次停在路口以外等候，不得进入路口。在没有交通信号灯、交通标志、交通标线和交通警察指挥的交叉路口，遇到停车排队等候或者缓慢行驶时，机动车应当依次交替通行。

4）机动车通过有交通信号灯控制的交叉路口时，准备进入环形路口的让已在路口内的机动车先行；在没有方向指示信号灯的交叉路口，转弯的机动车让直行的车辆、行人先行，相对方向行驶的右转弯机动车让左转弯车辆先行。

5）机动车通过没有交通信号灯控制也没有交通警察指挥的交叉路口时，有交通标志、标线控制的，让优先通行的一方先行；没有交通标志、标线控制的，在进入路口前停车瞭望，让右方道路的来车先行；转弯的机动车让直行的车辆先行；相对方向行驶的右转弯的机动车让左转弯的车辆先行。

6）机动车通过铁路道口时，应当按照交通信号或者管理人员的指挥通行；没有交通信号或者管理人员的，应当减速或者停车，在确认安全后通过。

自觉按顺序停车

4　超车规定

机动车超车时，应当提前开启左转向灯，变换使用远、近光灯或者鸣喇叭提示前车。在没有道路中心线或者同方向只有1条机动车道的道路上，前车遇后车发出超车信号时，在条件许可的情况下，应当降低速度、靠右让路。后车应当在确认有充足的安全距离后，从前车的左侧超越，在与被超车辆拉开必要的安全距离后，开启右转向灯，驶回原车道。

按顺序进入隧道，禁止超车

禁止超车的情况及潜在的危险分析

禁止超车的情况	负面影响或者潜在的危险
前车正在左转弯、掉头	后车没有超车的足够空间，如果强行超车，可能会造成交通事故
前车正在超车	会形成多车并行，危险性增加
与对面来车有会车可能	可能面临同时应对会车、超车的情况，增加了行车的危险性
前车为执行紧急任务的警车、消防车、救护车、工程救险车	会影响特种车辆的优先通行，影响特种车辆执行紧急任务
行经铁路道口、交叉路口、窄桥、弯道、陡坡、隧道、人行横道、市区交通流量大的路段等没有超车条件的	道路情况或者交通情况没有提供超车的条件，如果强行超车，可能会造成交通事故

5　车辆装载规定

1）机动车载人不得超过核定的人数，客运机动车不得违反规定载货。

2）机动车载物应当符合核定的载质量，严禁超载；载物的长、宽、高不得违反装载要求，不得遗洒、飘散载运物。禁止货运机动车载客。货运机动车需要附载作业人员的，应当设置保护作业人员的安全措施。

违规超载——违法超载

3）机动车运载超限且不可解体的物品，影响交通安全的，应当按照公安机关交通管理部门指定的时间、路线、速度行驶，悬挂明显标志。在公路上运载超限且不可解体的物品，应当依照《中华人民共和国公路法》的规定执行。

4）机动车载运爆炸物品、易燃易爆化学物品以及剧毒、放射性等危险物品，应当经公安机关批准后，按指定的时间、路线、速度行驶，悬挂警示标志并采取必要的安全措施。

严重超载制动失灵 下坡连续尾随相撞

2010年1月20日12时20分，广东韶关市乳源县境内，一辆大货车由北向南行驶至乳源县大桥镇长下坡路段（S249线41km加500m）时，在车辆超载情况下连续使用制动，造成制动失效，追撞同向行驶的小客车，强大的惯性导致前方四辆小客车、一辆大货车、一辆半挂车、一辆小货车连续尾随相撞，造成6人死亡、11人受伤。

原因分析：

大型货车因严重超载，在长下坡路段连续长时间制动，造成制动器热衰退，导致制动失灵，从而引发事故。

预防措施：

驾驶员应当树立良好的安全意识，遵守道路交通法规，拒绝超载行驶。在行车前，驾驶员应重点检查制动系统，防止行驶过程出现故障。遇长下坡路段，驾驶员应挂低速挡，利用发动机制动控制车速。

6 车辆停放规定

路边临时停车应当紧靠道路右侧，车辆停稳前不得开车门和上下人员，开关车门不得妨碍其他车辆和行人通行。临时停车时，机动车驾驶员不得离车，上下人员或者装卸物品后，立即驶离。机动车在道路上临时停车，应当遵守下列规定：

在设有禁停标志、标线的路段，在机动车道与非机动车道、人行道之间设有隔离设施的路段以及人行横道、施工地段，不得停车。

在交叉路口、铁路道口、急弯路、宽度不足4m的窄路、桥梁、陡坡、隧道以及距离上述地点50m以内的路段，不得停车。

在公共汽车站、急救站、加油站、消防栓或者消防队（站）门前以及距离上述地点30m以内的路段，除使用上述设施的以外，不得停车。

7 车辆灯光使用规定

车辆向左转弯、向左变更车道、准备驶入环岛、准备超车、驶离停车地点或者掉头时，应当提前开启左转向灯；向右转弯、向右变更车道、超车完毕驶回原车道、靠路边停车时，应当提前开启右转向灯。

机动车在夜间没有路灯、照明不良或者遇有雾、雨、雪、沙尘、冰雹等低能见度情况下行驶时，应当开启前照灯、示廓灯和后位灯，但同方向行驶的后车与前车近距离行驶时，不得使用远光灯。机动车雾天行驶应当开启雾灯和危险报警闪光灯。

夜间会车应当在距相对方向来车150m以外改用近光灯，在窄路、窄桥与非机动车会车时应当使用近光灯。车辆在夜间通过急弯、坡路、拱桥、人行横道或者没有交通信号灯控制的路口时，应当交替使用远、近光灯示意。

五、道路交通事故处理

交通事故一方面给人民的生命和财产带来损害，另一方面，往往由于损害较小的交通事故没能得到及时的处理，使得交通堵塞，降低了道路通行能力。因此，教练员需要让学员了解如何正确、快速地进行交通事故现场处理和交通事故赔偿等方面的知识。

1　道路交通事故现场处理

1）事故现场的保护。在道路上发生交通事故，车辆驾驶员应当立即停车，保护现场；造成人身伤亡的，车辆驾驶人应当立即抢救受伤人员，并迅速报告执勤的交通警察或者公安机关交通管理部门。因抢救受伤人员变动现场的，应当标明位置。当事人故意破坏、伪造现场、毁灭证据的，承担全部责任。

2）事故现场的简易处理。发生交通事故后，为了尽可能地减少交通事故对道路通行的影响，采取允许事故当事人现场自行处理事故的机制，这是对道路交通事故处理体制的重大改革。

没什么大问题，咱们商量解决

交通事故简易处理方法

事故现场处理	基　本　条　件
事故当事人自行解决	– 交通事故未造成人员伤亡； – 当事人对事实及成因没有争议； – 当事人自愿自行协商处理损害赔偿事宜； – 当事人必须记录交通事故的相关信息，并共同签名后才可以撤离现场
公安机关交通管理部门使用简易程序处理	– 交通事故未造成人员伤亡，当事人对事实及成因有争议，不即行撤离现场或者自行撤离现场后，经协商未达成协议的； – 受伤人员认为自己伤情轻微，当事人对事实及成因无争议，但是对赔偿有争议的

2　道路交通事故责任

机动车之间发生交通事故的，由有过错的一方承担责任；双方都有过错的，按照各自过错的比例分担责任。

机动车与非机动车驾驶人、行人之间发生交通事故的，由机动车一方承担责任；但是，有证据证明非机动车驾驶人、行人违反道路交通安全法律法规，机动车驾驶人已经采取必要处置措施的，减轻机动车一方的责任。交通事故的损失是由非机动车驾驶人、行人故意造成的，机动车一方不承担责任。

发生交通事故后当事人逃逸的，逃逸的当事人承担全部责任。但是，有证据证明对方当事人也有过错的，可以减轻责任。

3　道路交通事故赔偿

1）保险公司赔偿。肇事车辆参加机动车第三者责任强制保险的，由保险公司在责任限额范围内支付抢救费用；抢救费用超过责任限额的，未参加机动车第三者责任强制保险或者肇事后逃逸的，由道路交通事故社会救助基金先行垫付部分或者全部抢救费用，道路交通事故社会救助基金管理机构有权向交通事故责任人追偿。

2）赔偿争议的解决。当事人对交通事故损害赔偿有争议，各方当事人一致请求公安机关交通管理部门调解的，应当在收到交通事故认定书之日起10日内，提出书面调解申请。

对交通事故损害赔偿的争议，当事人可以请求公安机关交通管理部门调解，也可以直接向人民法院提起民事诉讼。经公安机关交通管理部门调解，当事人未达成协议或者调解书生效后不履行的，当事人可以向人民法院提起民事诉讼。

小知识

《道路交通安全法》在以人为本的原则指导下，通过建立机动车第三者责任保险制度、道路交通社会救助基金制度以及新的道路交通事故损害赔偿责任的规则，完善并加强了对道路交通事故受害人的保障机制。

六、法律责任

法律责任是对道路交通违法行为的处罚。通过对违法行为的制裁，以达到培养交通参与者的守法意识，规范交通参与者参与交通行为的目的。

1 行政处罚的种类

对道路交通安全违法行为的处罚种类包括：警告、罚款、暂扣或者吊销机动车驾驶证、拘留以及民事责任和刑事责任等，其中的行政处罚措施如下表所示。

道路交通安全违法行为行政处罚的种类

行政处罚的种类	含义
警告	对违反交通安全法规，情节轻微，未影响道路通行，后果不严重的交通安全违法行为实施的强制性告诫措施
罚款	强制交通安全违法行为人当场或者在规定的期限内缴纳一定数额金钱的行政处罚措施
暂扣机动车驾驶证	因机动车驾驶员的交通安全违法行为而暂停其驾驶资格的处罚措施
吊销机动车驾驶证	对发生重大交通事故构成犯罪，或者具有肇事后逃逸行为，以及其他违反道路交通法规的机动车驾驶员实施的取消其驾驶资格的处罚手段
拘留	对交通安全违法行为人实施的在短时间内限制其人身自由的行政处罚

2 交通安全违法行为的处罚措施

部分交通安全违法行为的处罚措施

违法行为	处罚措施
机动车驾驶人违反道路交通安全法律、法规关于道路通行规定的 故意遮挡、污损或者不按规定安装机动车号牌的	处警告或者20元以上200元以下罚款
未取得机动车驾驶证、机动车驾驶证被吊销或者机动车驾驶证被暂扣期间驾驶机动车的 强迫机动车驾驶人违反道路交通安全法律、法规和机动车安全驾驶要求驾驶机动车，造成交通事故，尚不构成犯罪的	处200元以上2000元以下罚款，并处15日以下拘留
将机动车交由未取得机动车驾驶证或者机动车驾驶证被吊销、暂扣的人驾驶的 机动车行驶超过规定时速50%的	处200元以上2000元以下罚款，并处吊销机动车驾驶证

续上表

违 法 行 为	处 罚 措 施
饮酒后驾驶机动车的	处暂扣6个月机动车驾驶证，并处1000元以上2000元以下罚款
饮酒后驾驶营运机动车的	处15日拘留，并处5000元罚款，吊销机动车驾驶证，5年内不得重新取得机动车驾驶证
醉酒后驾驶机动车的	由公安机关交通管理部门约束至酒醒，吊销机动车驾驶证，依法追究刑事责任；5年内不得重新取得机动车驾驶证
醉酒后驾驶营运机动车的	由公安机关交通管理部门约束至酒醒，吊销机动车驾驶证，依法追究刑事责任；10年内不得重新取得机动车驾驶证，重新取得机动车驾驶证后，不得驾驶营运机动车
饮酒后或者醉酒驾驶机动车发生重大交通事故，构成犯罪的	依法追究刑事责任，并由公安机关交通管理部门吊销机动车驾驶证，终生不得重新取得机动车驾驶证
公路客运车辆载客超过额定乘员的；货运机动车超过核定载质量的	处200元以上500元以下罚款，由公安机关交通管理部门扣留机动车至违法状态消除
公路客运车辆载客超过额定乘员20%或者违反规定载货的；货运机动车超过核定载质量30%或者违反规定载客的	处500元以上2000元以下罚款，由公安机关交通管理部门扣留机动车至违法状态消除

小 知 识

根据《机动车驾驶证申领与使用规定》中的违法行为记分分值规定，机动车驾驶人有下列违法行为之一，一次记12分：

（1）驾驶与准驾车型不符的机动车的；

（2）饮酒后驾驶机动车的；

（3）驾驶营运客车（不包括公共汽车）、校车载人超过核定人数20%以上的；

（4）造成交通事故后逃逸，尚不构成犯罪的；

（5）上道路行驶的机动车未悬挂机动车号牌的，或者故意遮挡、污损、不按规定安装机动车号牌的；

（6）使用伪造、变造的机动车号牌、行驶证、驾驶证、校车标牌或者使用其他机动车号牌、行驶证的；

（7）驾驶机动车在高速公路上倒车、逆行、穿越中央分隔带掉头的；

（8）驾驶营运客车在高速公路车道内停车的；

（9）驾驶中型以上载客载货汽车、校车、危险物品运输车辆在高速公路、城市快速路上行驶超过规定时速20%以上或者在高速公路、城市快速路以外的道路上行驶超过规定时速50%以上，以及驾驶其他机动车行驶超过规定时速50%以上的；

（10）连续驾驶中型以上载客汽车、危险物品运输车辆超过4小时未停车休息或者停车休息时间少于20分钟的；

（11）未取得校车驾驶资格驾驶校车的。

3 行政强制措施

除了行政处罚外，公安机关交通管理部门还可以依法在现场采取一些行政强制措施，包括以下几个方面：

1）扣留车辆；

2）扣留机动车驾驶证；

3）拖移机动车；

4）收缴非法牌证、装置及拼装或报废的机动车；

5）检验体内酒精、国家管制的精神药品、麻醉药品含量。

教 学 提 示

教学目标

熟练掌握《道路交通安全法》及其实施条例的相关内容，理解和掌握道路交通信号的相关内容；了解违法处理程序、道路交通事故处理办法、驾驶证申领和使用、驾驶员考试标准和要求及机动车登记的有关内容。

教学重点、难点

驾驶证申领和使用、驾驶员考试标准和要求以及道路通行规定的相关知识。

教学方法和手段

结合典型的重特大事故案例讲解，配合使用教学磁板等现代化多媒体教学手段进行互动教学。

第二节　道路运输法规及相关知识

道路运输与人民群众生产和日常生活联系得非常紧密。长期以来，道路运输行业主要依据部门规章和地方性道路运输条例进行管理，而各地制定的准入条件和管理制度不尽一致，给经营者和人民群众的生产、日常生活带来了诸多的不便。为此，国务院于2004年4月14日讨论通过了《中华人民共和国道路运输条例》(以下简称《道路运输条例》)，并于2004年7月1日起正式施行。

一、道路运输法规概述

《道路运输条例》是规范道路运输经营和道路运输相关业务的行政法规。其中，道路运输经营包括道路旅客运输经营和道路货物运输经营，道路运输相关业务包括站（场）经营、机动车维修经营和机动车驾驶员培训。从事道路运输经营以及道路运输相关业务，应当遵循依法经营、诚实信用、公平竞争的原则。

1　《道路运输条例》的立法目的和意义

《道路运输条例》体现了维护道路运输市场秩序，保障道路运输的安全，保护道路运输有关各方当事人的合法权益，促进道路运输业健康发展的目的。

《道路运输条例》是我国第一部规范道路运输经营和管理行为的行政法规，填补了我国道路运输管理行政法规的空白；适应我国道路运输业发展的需要，适应《行政许可法》实施的要求，适应我国加入世界贸易组织的需要；充分体现了以人为本、执政为民的思想，明确了道路运输管理机构的职责，建立和完善了道路运输市场准入、市场监管和市场退出三大机制，对规范道路运输活动，促进全国统一开放、竞争有序的道路运输市场的形成和健康发展具有非常重要的立法意义和现实意义。

2　《道路运输条例》的适用范围

从行为范围的角度考虑，从事道路运输经营以及道路运输相关业务，应当遵守《道路运输条例》。

从主体范围的角度考虑，从事道路运输经营以及道路运输相关业务的人，包括公民、法人或其他组织，或者说是个人和单位，都应当遵守《道路运输条例》。

*二、道路旅客运输规定及相关知识

道路旅客运输是指以旅客为运输对象，以汽车为主要运输工具实现有目的的旅客空间位移的运输活动，具有安全、及时、经济、方便、舒适和文明等特点。为了保证旅客运输的品质，教练员应要求从事旅客运输的驾驶学员掌握道路旅客运输的基本知识。

1　道路旅客运输的分类及特点

1）道路旅客运输的分类。道路旅客运输经营根据运营方式不同可划分为班车(加班车)客运、包车客运、旅游客运、出租客运四种类型。

①班车客运是指营运客车在城乡道路上按照固定的线路、时间、站点、班次运行的一种客运方式，根据经营区域和营运线路长度分为一类客运班线（地区所在地与地区所在地之间的客运班线或者营运线路长度在800km以上的客运班线）、二类客运班线（地区所在地与县之间的客运班线）、三类客运班线（非毗邻县之间的客运班线）和四类客运班线（毗邻县之间的客运班线或者县境内的客运班线）。加班车客运是班车客运的一种补充形式，在客运班车不能满足需要或无法正常运营时，临时增加或调配客车按原线路、站点运行的方式。

②包车客运是指以运送团体旅客为目的，将客车包租给用户安排使用，提供驾驶劳务，按照约定的起始地、目的地和途经线路行驶，按行驶里程或者包用时间计费并统一支付费用的一种客运方式，按照其经营区域分为省际包车客运和省内包车客运。

③旅游客运是指以运送旅游观光的旅客为目的，在旅游景区内运营或者其线路至少有一端在旅游景区(点)的一种客运方式，按照营运方式分为定线旅游客运和非定线旅游客运。定线旅游客运按照班车客运管理，非定线旅游客运按照包车客运管理。

④出租客运是指以小型客车为主要运输工具，按乘客意愿呼叫、停歇、上下、等待，按里程或时间计费的一种区域性旅客运输，是包车客运的一种特殊形式。

2）道路旅客运输的特点。

①运营区域广。道路旅客运输线路密集、运营区域广，能够建立城市与城市、城市与乡村、乡村与乡村之间的联系，可以服务到社会生产和生活的各个角落。

②运营方式多样。道路旅客运输可以满足多种客运需要，如长途、超长途、高速客运、旅游、包车、出租等，可以满足旅客的多种需求。

③适应性强。道路旅客运输不受地理环境的限制，对道路、气候环境的适应性强，既可在高速路面行驶，又可在偏远山区和乡村道路上运营，能够深入到其他运输方式达不到的地方。

④机动、灵活、便利。道路旅客运输可实现“门到门”的直达运输。既可组织成一定规模完成大批量的运输任务，又可单车作业，上门接、送客；既可独立承担客运任务，又可与其他运输方式组合成联合运输。

2　申请道路旅客运输经营的相关规定

1）申请条件。安全性是旅客运输经营质量的核心要素。影响旅客运输安全最重要的3个因素是车辆状况、驾驶人员的素质和安全生产管理制度的健全，旅客运输经营者往往因过分追求经济利益，而忽视了这3个因素。因此，从驾驶人员、车辆和安全制度入手，把好道路运输市场的准入关，是确保旅客运输安全和服务质量的根本前提。

申请旅客运输经营应具备的条件

项　目	申 请 条 件
车辆	与其经营业务相适应并经检测合格的车辆
驾驶人员	– 取得相应的机动车驾驶证； – 年龄不超过60周岁； – 3年内无重大以上交通责任事故记录； – 经设区的市级道路运输管理机构对有关客运法律法规、机动车维修和旅客急救基本知识考试合格，并取得相应从业资格证
安全生产管理制度	有健全的安全生产管理制度

由于班线客运经营业务具有固定线路、固定班次、固定客运站点和停靠站点的特点，申请从事班线客运经营业务的，还应当有明确的路线和站点方案。

2）申请程序。

①申请从事县级行政区域内客运经营的，向县级道路运输管理机构提出申请；申请从事省、自治区、直辖市行政区域内跨2个县级以上行政区域客运经营的，向其共同的上一级道路运输管理机构提出申请；申请从事跨省、自治县、直辖市行政区域客运经营的，向所在地的省、自治区、直辖市道路运输管理机构提出申请。

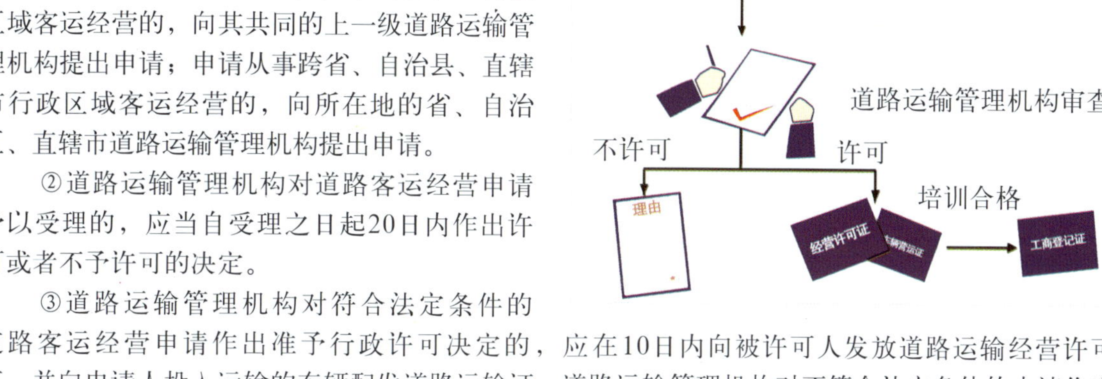

②道路运输管理机构对道路客运经营申请予以受理的，应当自受理之日起20日内作出许可或者不予许可的决定。

③道路运输管理机构对符合法定条件的道路客运经营申请作出准予行政许可决定的，应在10日内向被许可人发放道路运输经营许可证，并向申请人投入运输的车辆配发道路运输证；道路运输管理机构对不符合法定条件的申请作出不予行政许可决定的，应当向申请人出具《不予交通行政许可决定书》。

④被许可人应当持道路运输经营许可证依法向工商行政管理机关办理登记手续。

小 知 识

申请从事国际道路运输经营的，应当具备取得道路运输经营许可证的企业法人资格，在国内从事道路运输经营满3年，且未发生重大以上道路交通责任事故，并向省、自治区、直辖市道路运输管理机构提出申请。

中国国际道路运输经营者应当在其投入运输车辆的显著位置，标明中国国籍识别标志。外国国际道路运输经营者的车辆在中国境内运输，应当标明本国国籍识别标志，并按照规定的运输线路行驶；不得擅自改变运输线路，不得从事起止地都在中国境内的道路运输经营。

3　道路旅客运输的特殊要求

1）客运车辆应具备的条件。

①应当使用符合国家规定的车辆从事道路客运经营，车辆技术性能应符合国家标准《营运车辆综合性能要求和检验方法》（GB 18565）、《道路车辆外廓尺寸、轴荷和质量限值》（GB 1589）的要求，禁止使用报废的、擅自改装的、拼装的、检测不合格的客车以及其他不符合国家规定的车辆从事道路客运经营。

技术性能不合格 车辆失控酿大祸

2010年3月15日9时20分，山西省临汾市乡宁县境内国道309线1193km加100m处，一辆半挂牵引车在下坡路段因制动失控，碾轧正在路边植树的3位村民，后与停在前方的一辆交警执勤车和一辆正在接受检查的货车相撞，造成植树的3名村民死亡。

原因分析：

半挂牵引车长期从事货物运输，制动系统技术状况下降，已不符合国家规定的技术标准，加之驾驶员未及时报修、保养制动系统，在下坡路段车辆失控，从而引发事故。

预防措施：

驾驶员应当对从事道路运输经营的车辆加强维护和检测，确保车辆符合国家规定的标准。此外，驾驶员应当遵守道路交通安全法规及道路运输条例的有关规定，具有良好的安全意识，严禁超载，确保行车的安全。

②从事高速公路客运或者营运线路长度在800km以上的客运车辆，其技术等级应当达到行业标准《营运车辆技术等级划分和评定要求》（JT/T 198）规定的一级技术等级；营运线路长度在400km以上的客运车辆，其技术等级应当达到二级以上；其他客运车辆的技术等级应当达到三级以上。

③从事高速公路客运、旅游客运和营运线路长度在800km以上的客运车辆，其车辆类型等级应当达到行业标准《营运客车类型划分及等级评定》（JT/T 325）规定的中级以上。

④必须经公安机关车辆管理部门定期安全审验合格，并依据国家有关技术规范进行定期检测、维护，确保客运车辆技术状况良好。县级以上道路运输管理机构应当定期对客运车辆进行审验，每年审验一次。

加强对车辆性能的检测

⑤客运车辆外部的适当位置喷印企业名称或者标识，在车厢内显著位置公示道路运输管理机构监督电话、票价和里程表。车前风窗玻璃下侧放置道路运输管理部门统一制作的营运路线、区间标志和运输用途标志。

⑥安装有运输管理部门统一制作的标示、标志灯和设施，随车配有符合要求的危险警告标志、灭火器等安全设备，配有符合使用要求的苫布、绳网等物品。

2）客运驾驶员安全行车的特殊要求。

①应严格遵守道路运输法规和操作规程，认真做好车辆日常维护，确保车辆技术状况良好；保持车辆清洁和车内空气清新，保证车上消防等各项设施齐全有效。认真填写行车日志，做到安全驾驶、文明服务。

②应当随车携带道路运输证、从业资格证等有关证件，在规定位置放置客运标志牌，证件不得转让、出租。客运班车驾驶员还应当随车携带道路客运班线经营许可证明。

③协助乘务员组织旅客上车，装运行李，维护好旅客乘车秩序，检查行李装捆情况，尺寸、重量是否符合规定，禁止乘客在门道或者过道上放置行李；行车途中应提醒乘客注意安全，不要将手和头部伸出窗外。

④应遵守《汽车客运站安全生产管理规范》的有关规定，服从车站管理人员的指挥和管理，保证正点运行。行驶中遇稽查人员查车时，应主动停车接受检查。

⑤应当加强对从业人员的安全、职业道德教育和业务知识、操作规程培训，确保道路运输安全。

3）客运经营行为的特殊要求。

①国家鼓励道路客运经营实行规模化、集约化、公司化经营，禁止挂靠经营。客运经营者应当按照道路运输管理机构决定的许可事项从事客运经营活动，不得转让、出租道路运输经营许可证件。

②道路客运班线属于国家所有的公共资源。班线客运经营者取得经营许可后，应当向公众提供连续运输服务，不得擅自暂停、终止或者转让班线运输。客运站经营者终止经营的，应当提前30日告知原许可机关和进站经营者。

③进站客运经营者应当在发车30min前备齐相关证件进站等待发车，不得误班、脱班、停班（进站客运经营者不按时派车辆应班，1h以内视为误班，1h以上视为脱班）。进站客运经营者因故不能发班的，应当提前1日告知客运站经营者，双方要协商调度车辆顶班。

④客运包车应当凭包车客运标志牌，按照约定的时间、起始地、目的地和线路运行，并持有包车票或者包车合同。凭临时客运标志牌运营的客车应当按正班车的线路和站点运行。

⑤不得违反规定载货，严禁客运车辆超载；在载客人数已满的情况下，允许再搭乘不超过核定载客人数10%的免票儿童。途中停、歇或者就餐后须核实乘客人数后方能开车。

⑥不得强迫旅客乘车，不得中途将旅客交给他人运输或者甩客，不得敲诈旅客，不得擅自更换客运车辆，不得阻碍其他经营者的正常经营活动。

⑦应当遵守有关运价规定，使用规定的票证，不得乱涨价、恶意压价、乱收费。

⑧应当制订有关交通事故、自然灾害及其他突发公共事件的道路运输应急预案。

⑨应当为旅客投保承运人责任险。在运输过程中造成旅客人身伤亡，行李毁损、灭失，当事人对赔偿数额有约定的，依照其约定；没有约定的，参照国家有关港口间海上旅客运输和铁路旅客运输赔偿责任限额的规定办理。

小 知 识

承运人责任险是一种责任保险，主要是指对客运经营者在运输过程中发生交通事故或者其他意外事故，致使旅客遭受人身伤亡或直接财产损失，依法应当由被保险人对旅客承担的赔偿责任，由保险公司在保险责任限额内给予赔偿。承运人责任险的保障范围包括旅客人身伤亡赔偿、旅客财产损失赔偿、相关的法律诉讼费用三个部分。

4 道路旅客运输优质服务意识

客运驾驶员应当为旅客提供良好的乘车环境，确保车辆设备、设施齐全有效，保持车辆清洁、卫生，并采取必要的措施防止在运输过程中发生侵害旅客人身、财产安全的违法行为。

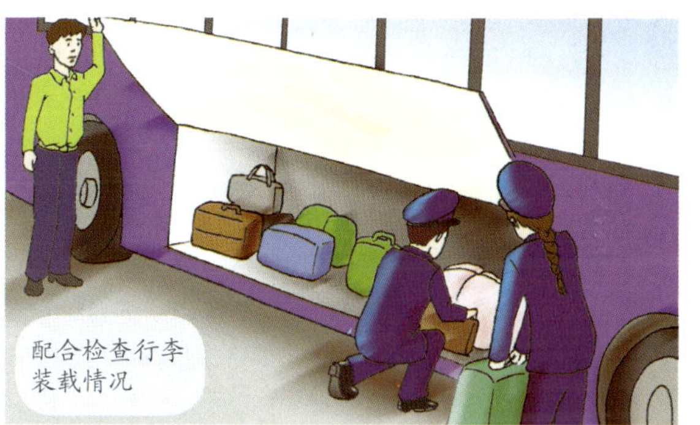

配合检查行李装载情况

1）班车客运服务规范：

①准时将车驶入指定站台，做好旅客上车准备，并与车站服务人员和乘务员做好配合。

②旅客上车后，协助车站站务人员检查行李的装捆情况和清点旅客人数，以免发生漏乘或出现行李差错。

③发车前向旅客介绍本次班车的班次、沿途停靠站和终点站、发车时间和到达时间、紧急出口的位置；强调旅客不得携带国家规定的危险物品及其他禁止携带的物品乘车。

严禁携带危险物品

④客运班车应按照许可的线路、班次、站点运行，在规定的途经站点进站上下旅客，无正当理由不得改变行驶线路，不得站外上客或者沿途揽客。

⑤行驶途中，每隔2h左右让旅客休息一次，重新开车前须清点车上人数；客车驾驶员连续驾驶时间不得超过4h。

疲劳驾驶埋隐患 逆向行驶把命丧

2010年5月23日2时，辽宁省阜新市彰武县境内，一挂车驾驶员因疲劳驾驶，造成车辆驶入逆行车道，与正常行驶的豪华卧铺客车在铁朝高速306km处相撞，造成33人死亡，24人受伤。

原因分析：

挂车驾驶员由于长时间疲劳驾驶，从高速公路服务区驶出后，逆向行驶很长一段时间。驾驶员并未感知车辆正在逆行，最终与对向行驶的卧铺客车相撞，造成重大交通事故。

预防措施：

强化驾驶员的安全意识、遵守道路交通法规的意识以及增强社会责任感，严禁疲劳驾驶。

⑥进站或到站时，应按指定的位置或站位平稳停车，并协助车站人员或乘务员组织旅客下车。

2）包车客运服务规范：

①主动与包车单位联系，了解包车时间、行车路线、行驶里程等具体要求。

②提前检查车辆技术状况，保持车容和车内整洁，准时将车辆开到约定地点，做好载客准备。

③掌握计费标准和方法，在执行包车运输过程中，准确记录行车情况，为计费提供依据。

④行车中遇有特殊情况，应根据包车单位的意见处理，同时报告本单位。

⑤包车任务完成后，及时返回本单位，并详细汇报包车运输情况。

3）旅游客运服务规范：

①驾驶员穿着整齐、举止文明，保持车容及车内整洁，提前检查车辆技术状况，准时将车辆开至出发点，等待游客上车。

②服从导游的安排，在规定的停靠点或停车场停车，停车后驾驶员不得擅自离开车辆。

③到达规定的开车时间时，驾驶员要协助导游清点人数，防止漏客，必要时可适当延长开车时间。

④行经地势险要地段，驾驶员应协助导游提醒游客注意安全，必要时可组织游客下车步行通过，确保运营安全。

帮助乘客，做好服务

4）出租客运服务规范：

①遵纪守法，合法经营，文明行车，礼貌待客；做到服务主动、热情、耐心、周到，乘客用车，先请上车，后问去向，不得拒载和强行拉客。

②乘客上下车时，主动开启车门，帮助乘客提拿行李，搀扶老弱病残者上下车。

③主动为乘客解决困难，准确回答乘客提出的问题，按照乘客指定的目的地选择经济行驶路线，不得故意绕行。

④使用标准计价器，按计价器显示的数额收费，并及时给予专用票据，不得向乘客索要小费或物品。

⑤等候乘客时人不离车，乘客放在车上的物品应妥善看管，乘客遗忘在车上的物品应及时返还。

5　道路旅客运输经营违法行为法律责任

典型违法行为及相应的处罚措施

<table>
<tr><th>违 法 行 为</th><th>处 罚 措 施</th></tr>
<tr><td>未取得道路客运经营许可，擅自从事道路客运经营的</td><td rowspan="4">责令停止经营；有违法所得的，没收违法所得，处违法所得2倍以上10倍以下的罚款；没有违法所得或者违法所得不足2万元的，处以3万元以上10万元以下的罚款；构成犯罪的，依法追究刑事责任</td></tr>
<tr><td>未取得道路客运班线经营许可，擅自从事班车客运经营的</td></tr>
<tr><td>使用失效、伪造、变造、被注销等无效的道路客运许可证件从事道路客运经营的</td></tr>
<tr><td>超越许可事项，从事道路客运经营的</td></tr>
</table>

续上表

违法行为	处罚措施
客运站经营者非法转让、出租道路运输经营许可证件的	责令停止违法行为，收缴有关证件，处2000元以上1万元以下的罚款；有违法所得的，没收违法所得
客运班车不按批准的客运站点停靠或者不按规定线路、班次行驶的	责令改正，处1000元以上3000元以下的罚款；情节严重的，由原许可机关吊销道路运输经营许可证或者吊销相应的经营范围
加班车、顶班车、接驳车无正当理由不按原正班车的线路、站点、班次行驶的	
客运包车不按约定的起始地、目的地和线路行驶的	
以欺骗、暴力等手段招揽旅客的	
在旅客运输途中擅自变更运输车辆或者将旅客移交他人运输的	
不按照规定携带道路运输证件的	责令改正，处警告或者20元以上200元以下的罚款
已不具备开业要求的有关安全条件、存在重大运输安全隐患的	责令限期改正；在规定时间内不能按要求改正且情节严重的，由原许可机关吊销道路运输经营许可证或者吊销相应的经营范围
不按规定维护和检测客运车辆的	责令改正，处1000元以上5000元以下的罚款
使用擅自改装或者擅自改装已取得道路运输证的客运车辆的	责令改正，处5000元以上2万元以下的罚款

*三、道路货物运输规定及相关知识

道路货物运输是指以货物为运输对象，以载货汽车和汽车列车为主要工具，将货物完整无损地运送到目的地，实现货物有目的的空间位移的运输活动。道路货物运输可根据客户的要求，实现“门到门”服务，运输形式方便、灵活，运输过程要求迅速、准确、完整、安全。教练员应要求从事道路货物运输的驾驶学员掌握各种货物运输的基本知识，并能够根据货物的特点和有关要求安全地完成货物运输。

1　道路货物运输的分类及特点

道路货物运输包括道路普通货运、道路货物专用运输、道路大型物件运输和道路危险货物运输[①]。国家鼓励采用集装箱、封闭厢式车和多轴重型车运输。

1）道路普通货运。道路普通货运是指因货物本身的性质普通，在装卸、运送、保管过程对运输车辆没有特殊要求的货物运输，如运输钢材、木材、沙石、煤炭、蔬菜等物品。

普通货运按照货物批量，可分为整批货物运输和零担货物运输。

① 道路危险货物运输的内容详见第40页。

①托运人一次托运货物计费质量在3t以上或不足3t，但货物性质、体积、形状需要由核定载质量在3t以上的车辆运输的，称为整批货物运输。此外，因托运人要求或者受道路、装卸条件限制，承运人安排核定载质量在3t以下的车辆一次运送货物的，也可视为整批货物运输。整批货物运输适宜批量大的普通货物“门到门”的运输，具有简单、安全、单位运输成本低的特点。

②托运人一次托运货物计费质量在3t以下，承运人将多批货物配装成一辆车运输的，称为零担货物运输。整批货物运输方便、灵活，但其计划性较差、组货渠道杂、单位运输成本高。

普通货运按照装卸运输要求，可分为计件货物运输和堆积货物运输。

①计件货物运输。每件货物都有一定的形状和体积，具有独立的包装，可按体积或质量单独计量装运。

计件货物运输

②堆积货物运输。有的货物可成堆堆放，但在装卸过程中适宜采用疏松、铲抓、倾卸等操作方法，如煤炭、黄沙、矿石等；有的货物可成叠码垛、计量、运送，但不适宜倾卸，如砖、瓦等；有的轻泡货物密度低、体积大，堆码重心高，运输中稳定性差。

2）道路货物专用运输。道路货物专用运输是指使用集装箱、冷藏保鲜设备、罐式容器等专用车辆进行的货物运输。

①集装箱运输是指汽车承运载货集装箱或空载集装箱的运输，具有高速、高效、安全、经济等特点。

集装箱货物运输

②冷藏保鲜专用运输是指使用保温、冷藏专用运输车辆，运送对温度有特别要求的货物运输，如运输鲜鱼、虾等。

③罐式容器专用运输是指使用与被运送货物相适应的容器的专用运输车辆，运送无包装的液体货物或颗粒状、粉末状固定货物的运输，如运输水、散装水泥等。

3）道路大型物件运输。道路大型物件运输是指汽车运载具有超长、超高、超宽或质量超重等特点的大型物件的运输。

2　申请道路货物运输经营的相关规定

1）申请条件。普通货物运输经营与旅客运输经营相似，也是从驾驶人员、车辆和安全生产管理制度这3方面入手，来把握普通货物运输市场的准入关。

申请货物运输经营应具备的条件

项　　目	申　请　条　件
车辆	与其经营业务相适应并经检测合格的车辆
驾驶人员	— 取得与驾驶车辆相应的机动车驾驶证； — 年龄不超过60周岁； — 经设区的市级道路运输管理机构对有关道路货物运输法规、机动车维修和货物及装载保管基本知识考试合格，并取得从业资格证
安全生产管理制度	有健全的安全生产管理制度

2）申请程序：

①申请从事道路货物运输经营的，应向县级道路运输管理机构提出申请，并提供相应材料。

②道路运输管理机构对道路货物运输经营申请予以受理的，应当自受理之日起20日内作出许可或者不予许可的决定。

③道路运输管理机构对符合法定条件的道路货物运输经营申请作出准予行政许可决定的，应在10日内向被许可人发放道路运输经营许可证，并向申请人投入运输的车辆配发道路运输证（在道路运输证上标明车辆技术等级）；道路运输管理机构对不符合法定条件的申请作出不予行政许可决定的，应当向申请人出具《不予交通行政许可决定书》。

④被许可人应当持道路运输经营许可证依法向工商行政管理机关办理登记手续。

⑤道路货物运输经营者需要终止经营的，应当在终止经营之日30日前告知原许可的道路运输管理机构，并办理有关注销手续。道路货物运输和货运站经营者变更名称、地址等，应当向作出原许可决定的道路运输管理机构备案。

3　货物安全装卸知识

1）包装储运图示标志。有些货物具有易碎、怕晒、怕雨淋等特性，对货物装卸、储运和保管安全有特殊的操作要求，因此，在此类货物的外包装上标打相应的标志，提醒操作人员注意。

①根据《包装储运图示标志》GB 191—2008的规定，共有17类标志：

易碎物品：表明运输包装件内装易碎物品，搬运时应小心轻放	禁止手钩：表明搬运运输包装件时禁用手钩	向上：表明该运输包装件在运输时应竖直向上
怕晒：表明运输包装件不能直接照晒	怕辐射：表明该物品一旦受辐射会变质或损坏	怕雨：表明该运输包装件怕雨淋
重心：表明该包装件的重心位置便于起吊	禁止翻滚：表明不能翻滚该运输包装件	此面禁用手推车：表明搬运货物时此面禁止放在手推车上
禁用叉车：表明不能用升降叉车搬运的包装件	由此夹起：表明搬运货物时可用夹持的面	此处不能卡夹：表明搬运货物时不能用夹持的面
“最大···千克” 堆码质量：表明该运输包装件所能承受的最大质量极限	n 堆码层数极限：表明可堆码相同运输包装件的最大层数	禁止堆码：表明该包装件只能单层放置
由此吊起：表明起吊货物时挂绳索的位置	温度极限：表明该运输包装件应该保持的温度范围	

1
2
3
4
5
6
7

②标志在各种包装件上的粘贴位置：箱类包装，标志位于包装端面或侧面；袋类包装，标志位于包装明显处；桶类包装，标志位于桶身或桶盖；集装单元货物，标志位于四个侧面。

2）货物装卸应遵循的原则。

①装卸货物时，应注意货物外包装的储运图示标志，严格遵守安全操作规程，不野蛮装卸，保证货物的安全；按货物的分类和要求，严格执行货物混装限制的有关规定；按要求对货物采取固定、隔离措施，并采取必要的措施保证货物装卸、运输的安全。

不同特性货物装卸、保管和运输要求

货　物　类　型	性　能　特　征	实　物	装卸、保管和运输要求
耐温性差的货物	遇温度变化易变质	冰块	采取防热措施
耐湿性差的货物	受潮后成分和性能易发生变化	粮食	采取防潮措施
脆弱性货物	受撞击或重压易出现破碎或变形	玻璃、陶瓷	应小心轻放
互抵触性的货物	相互接触会产生有害作用	煤炭	严禁混装和混合储存
易腐性货物	一般温度下易变质、腐坏	鲜鱼	采取防腐措施

②运输的货物应当符合货运车辆核定的载质量，车辆载物的长、宽、高不得违反装载要求：货物长度、宽度不得超出车厢；重型、中型载货汽车、半挂车载货高度从地面起不得超过4m，载运集装箱的车货总高度不得超过4.2m；其他载货机动车的车货总高度不得超过2.5m。

3）普通货物安全装卸知识。

①装货时，承运车辆驾驶员应会同理货人员核单监查，并注意查看货物的包装，发现未按规定包装、包装破损或有潮湿、发热等现象，应要求托运人重新包装或整理加固，否则应拒绝装车。

②零担、贵重货物装车时，应严格执行限制货物混装的有关规定，做到轻搬、轻放，先装直达、后装中转，远距离的在里、近距离的在外；重的货物放在车辆的中心，并在轻的货物前，轻重搭配、质量分布均衡；重不压轻、大不压小、实不压虚、重心尽可能低；有包装的在下、无包装的在上，标志向外、箭头向上；在空隙处加入填充物，将车厢充满；在车门处加隔离物，避免开车厢门时货物脱落。

③装完货物时，应检查货物的外部状态、货物数量、加固情况，确保没有超限、超载、固定不牢和质量失衡现象。

④货物装载完毕后，敞式货车应用油布捆扎牢固，厢式货车应关好车厢门，避免在运输过程中出现货物湿损、脱落、扬撒等现象。

货物脱落，影响行车安全

⑤承运车辆驾驶员应联系收货人验收交接货物，并按指定地点卸货。卸货时，驾驶员会同理货人员核单监卸，逐批清点货物名称、件数，指导装卸人员轻拿轻放，按流向分库搬进货位码垛。

交验货物

4）鲜活、易腐货物安全装卸知识。

①鲜活、易腐货物原则上采用专车专运，禁止与其他货物混装。

②装载水果、蔬菜、鲜活动物时，各货件之间应留有一定的间隙，使空气能在货件之间充分流动；货件与车辆底板、车壁留有适当的间隙，以便经由车壁和底板传入车厢内的热量，可以由空气吸收而不致直接影响货物。

③装载牛、马等活口动物时，应用绳索将其拴牢在高栏板内；家禽和其他小动物则用集装笼或专用工具固定在车厢内，保持平稳、妥当。

④装载易腐货物时，冷冻货物应采取紧密堆码而不留空隙，以减少货物与外界的热量传递，保持冷冻效果；但某些易碎的冷冻货物（如鱼、虾），应防止过分紧压，损伤货物，影响质量。

5）集装箱、罐式容器专用车辆安全装卸知识。

①集装箱吊装时，应听从指挥，注意安全；吊装完毕后，应用转锁装置将集装箱锁牢；卸货时，承运车辆驾驶员凭箱口的铅封交付，不点件计收。

②罐式容器专用车辆装载前，应检查有关设备是否齐全，运行正常；罐装时必须留有足够的膨胀余量，以便能经受在正常运输条件下产生的内部压力；装载完毕后，应及时关好闸门。

6）大型物件安全装卸知识。

①承运人应根据托运人的要求、大型物件的特点和装卸操作规程，按约定的时间将车辆开到装卸地点进行装卸作业；托运人应进行现场监装、监卸。

②承运人应预先了解货物的尺寸、货物的实际质量及形状、货物的质心位置，了解装运中有何特殊要求，如是否可以卧倒装运等；应提前察看装卸场地附近是否有电缆、水管、煤气管道、沟管及其他地下建筑物，判断是否适合机械装卸，确定车辆能否进入装卸场地。

③货物装车后，必须用垫木、铁丝或钢丝缆绳等固定牢固，以防货物滑动；圆柱等易滚动的货物，必须使用座架或凹木加固。

4　货物安全保管知识

1）货物仓储安全保管知识。

①应会同货主核单监查货物的品名、件数，并注意查看货物的包装，发现未按规定包装、包装破损或有潮湿等影响存放安全的货物，应及时协调货主更换、整理、加固包装后再予保管。

②与货主预先约定货物保管场所或保管方法，货物保管人不得擅自改变。

③应按照货物性质、保管要求分类存放货物，可按照货物的性质分类存放、按照货物的流向分类存放、按照重不压轻的原则存放、按照货物特殊的存放要求存放，危险货物应单独存放。堆码货物时，应按照货物外包装储运图示标志的要求操作，如货物包装有箭头标志的，应箭头向上，而不应倒置、倾斜摆放。

④应根据货物的特性采取相应的防护措施，保证货物的品质。如保管易受潮的货物，应采取防潮措施。

2）运送途中安全保管知识。

①驾驶员应对受理承运的货物负责保管，防止货物在运输途中变质、腐烂、短少或损失。

②零担货物配载运送时，应做到配载货物的品名、件数及途经站点与随车携带的零担货物运单和交接清单内容一致。在途经站点装卸货物时，应严格按照安全操作规程装卸，按件点交给收货人，避免出现货损货差；装卸完毕后，应捆扎牢固或关好车厢门。

③运送鲜活、易腐货物时，应根据其特点，采用相应保鲜、保活和固定措施，运输途中应积极配合随车押运人员定时停车照料，以保障货物品质；运送贵重物品时，尤其是拼装零担运输时，应采取有效的防盗、抢措施，谨防货损货差，确保货物安全运达目的地。

5　货物安全运输的基本要领

货物安全运输的基本要领，正确的处理运输过程中的特殊情况，有效地避免运输事故，是每一位学员应掌握的重要内容。

1）货运车辆应具备相关的条件。

①应当使用符合国家规定的车辆从事道路货运经营，车辆技术性能应符合国家标准《营运车辆综合性能要求和检验方法》(GB 18565)、《道路车辆外廓尺寸、轴荷及质量限值》(GB 1589)的要求，禁止使用报废的；擅自改装的、拼装的、检测不合格的货车以及其他不符合国家规定的车辆从事道路

货运经营。

②必须经公安机关车辆管理部门定期安全审验合格，并依据国家有关技术规范进行定期检测、维护（车辆二级维护执行情况不作为路检路查项目），确保货运车辆技术状况良好。县级以上道路运输管理机构应当定期对货运车辆进行审验，每年审验一次。

③对达到国家规定的报废标准或者经检测不符合国家强制性标准要求的货运车辆，应当及时交回道路运输证，不得继续从事道路货物运输经营。

2）货运经营应遵守相关的法律规定。

①应当按照道路运输经营许可证核定的经营范围从事货物运输经营，不得运输法律、行政法规禁止运输的货物，不得转让、出租道路运输经营许可证件；在受理法律、行政法规规定限运、凭证运输的货物时，应当查验并确认有关手续齐全有效后方可运输。

小知识

禁运物品一般是指非法生产的违禁物品，如毒品、假劣药品以及伪造、非法印刷的人民币。限运、凭证运输货物一般是指具有高危险性（如剧毒化学品、致病微生物、核材料等）或是具有专营要求（如血液制品、枪支、麻醉药品、烟草、木材、食盐、野生动植物等）的物品，根据国家的有关法律规定，在运输前必须向有关管理机关办理准运手续后方可运输。

②应当聘用持有从业资格证的驾驶人员。驾驶人员应当掌握货物运输安全行车方法，驾驶与其从业资格类别相符的车辆。驾驶营运车辆时，应当随身携带从业资格证、道路运输证，道路运输证不得转让、出租、涂改、伪造；连续驾驶时间不得超过4h。

③应当使用符合国家规定标准的车辆从事道路运输经营；应当按照国家有关规定在重型货运车辆、牵引车上安装、使用行驶记录仪。

④运输的货物应当符合货运车辆核定的载质量，载物的长、宽、高不得违反装载要求。禁止货运车辆违反国家有关规定超限、超载运输，禁止使用货运车辆运输旅客。

超速又超载 越线撞摩托

2007年8月18日16时50分，四川凉山州会理县，一辆大货车行驶至108国道288km加300m处时，由于严重超载、超速和处置措施不当，与一辆摩托车相撞后，侧翻在公路上，造成3人死亡、1人受伤。

原因分析：

大货车严重超载，增加了驾驶员对车辆控制的难度，而且车辆超速行驶，致使车辆失控越过道路中心线，与摩托车相撞。

预防措施：

强化驾驶员的安全意识和遵守道路交通法规的意识，严禁超载行驶、超速行驶，确保行车的安全。

⑤应当采取有效的措施，防止货物变质、腐烂、短少或损失，防止货物脱落、扬撒等情况发生，国家鼓励实行封闭式运输。

⑥应当制定有关交通事故、自然灾害、公共卫生以及其他突发公共事件的道路运输应急预案；发生交通事故、自然灾害、公共卫生以及其他突发公共事件，应当服从县级以上人民政府或者有关部门的统一调度、指挥。

3）普通货物安全运输的要领。

①做好车辆日常维护工作，并按国家有关规定接受定期检测，确保车辆技术状况良好。

②装卸货物时，要协助并督促装卸人员严格遵守安全操作规程进行装卸；装完货物后，应当检查是否有超限、超载和质量失衡等现象。

③在运输途中，应平稳驾驶，禁止超速行驶；遇转弯、路况较差的路面时，应提前减速慢行，避免颠簸，损坏货物。

④运输途中，应当经常检查货物捆扎、堆垛、偏载情况，防止货物丢失。

检查装载情况

4）鲜活、易腐和贵重货物安全运输的要领。

①承运鲜活、易腐货物应及时，尽可能压缩运输时间，保障货物的品质；行车中尽量避免紧急制动，配合押运人员定时停车检查货物供氧、保温等情况。

②运送贵重货物时，应可能实行快运，超长距离运输应配备两名驾驶员；途中应尽量平稳、避免紧急制动，定时停车检查车厢和油布的捆扎情况。

5）大型物件货物安全运输的要领。

①全面了解货物的情况，包括货物的形状和尺寸、实际质量、质心位置、装运中有何特殊要求等。涉及超限运输的，应当按照《超限运输车辆行驶公路管理规定》办理相应的审批手续。

②运输大型物件之前，应当综合考虑运输路线，对承运路线的道路和桥梁的宽度、弯道半径、承载能力以及其他车辆的流通情况，进行充分的调查研究，制定详细的道路运输组织方案和应急措施，必要时对桥梁进行加固，确保运输安全。

③对于超高、长大、笨重货物，运输时须由托运人配备电工随车护送，必要时还须请有关部门协同引道，排除障碍，保证运输顺利进行。

④运输中应按照规定悬挂明显的标志（标志应放置在货物超限的末端），以提示过往车辆、行人注意；白天行车时，应悬挂标志旗；夜间行驶和停车休息时，应当设置标志灯。

⑤驾驶员应按照有关部门核定的路线行驶，集中精力，谨慎驾驶，密切注意运行情况，利用灯光、喇叭等配合运输。

6　道路货物运输经营违法行为法律责任

典型违法行为及相应的处罚措施

违　法　行　为	处　罚　措　施
未取得道路货物运输经营许可，擅自从事道路货物运输经营的	责令停止经营；有违法所得的，没收违法所得，处违法所得2倍以上10倍以下的罚款；没有违法所得或者违法所得不足2万元的，处以3万元以上10万元以下的罚款；构成犯罪的，依法追究刑事责任
使用失效、伪造、变造、被注销等无效的道路运输经营许可证件从事道路货物运输经营的	
超越许可的事项，从事道路货物运输经营的	
不按照规定携带道路运输证的	责令改正，处警告或者20元以上200元以下的罚款
已不具备开业要求的有关安全条件、存在重大运输安全隐患的	责令改正；在规定时间内不能按要求改正且情节严重的，由原许可机关吊销道路运输经营许可证或者吊销其相应的经营范围
不按规定维护和检测运输车辆的	责令改正，处1000元以上5000元以下的罚款

续上表

<table>
<tr><th>违法行为</th><th>处罚措施</th></tr>
<tr><td>使用擅自改装或者擅自改装已取得道路运输证的车辆的</td><td>责令改正，处5000元以上2万元以下的罚款</td></tr>
<tr><td>强行招揽货物的</td><td rowspan="2">责令改正，处1000元以上3000元以下的罚款;情节严重的，由原许可机关吊销道路运输经营许可证或者吊销其相应的经营范围</td></tr>
<tr><td>没有采取必要措施防止货物脱落、扬撒的</td></tr>
<tr><td>非法转让、出租道路运输经营许可证件的</td><td>责令停止违法行为，收缴有关证件，处2000元以上1万元以下的罚款；有违法所得的，没收违法所得</td></tr>
<tr><td>取得道路货物运输经营许可的道路货物运输经营者使用无道路运输证的车辆参加货物运输的</td><td>责令改正，处3000元以上1万元以下的罚款</td></tr>
</table>

四、道路危险货物运输规定及相关知识

危险货物是指具有爆炸、易燃、毒害、腐蚀、放射性等特性，在运输、装卸和储存保管过程中，容易造成人身伤亡、财产毁损和环境污染而需要特别防护的货物。道路危险货物运输具有很大的风险性，运输过程中稍有不慎，极易导致泄漏，污染环境，甚至导致严重的火灾，造成人身伤亡和财产损失。教练员应要求从事危险货物运输的驾驶学员掌握危险货物运输的基本知识，包括危险货物的分类和特性、车辆的技术要求和安全设施、包装标志及运送、装卸、交接过程中的安全质量要求等基础知识，能够针对行车中的特殊情况，采取有效的预防和应急措施。

1　危险货物的分类和特性

《危险货物分类和品名编号》（GB 6944）按危险货物具有的危险性或最主要的危险性分为9个类别，有些类别可再分成项别，类别和项别的号码顺序不是危险程度的顺序。每一危险货物对应一个编号，但对其性质基本相同，运输、存储条件和灭火、急救方法相同的危险货物，也可使用同一编号。

1）爆炸品。爆炸品是指在外界作用下(如受热、撞击等)，能发生剧烈的化学反应，瞬时产生大量的气体和热量，使周围压力急剧上升，发生爆炸，对周围的环境造成破坏的物品，如炸药、烟花爆竹等，主要危险是爆炸性。

2）气体。气体主要包括易燃气体、非易燃无毒气体和毒性气体。易燃气体是指在常压下遇明火、高温即会发生燃烧或爆炸，燃烧时其蒸气对人畜有一定的刺激毒害作用的气体，其主要危险是易燃、爆炸；非易燃无毒气体是指温度在20℃以下，压力不低于280kPa情况下运输的气体或深冷液化气体，如液化石油气、压缩天然气，其主要危险是爆炸；毒性气体是指其毒性或腐蚀性会危害人体健康的气体，如催泪瓦斯、液氯，其主要危险是有毒。

3）易燃液体。易燃液体是指在其闪点温度时，放出易燃蒸气的液体或液体混合物，或是在溶液或悬浮液中含有固体的液体，如乙醇、汽油等。主要危险是其挥发性蒸气导致燃烧和爆炸，甚至可通过皮肤、消化道和呼吸道进入人体，产生腐蚀、中毒的后果。

4）易燃固体、易于自燃的物质、遇水放出易燃气体的物质。易燃固体是指燃点低，对热、撞击、摩擦敏感，易被外部火源点燃，燃烧迅速，并可能散发出有毒烟雾或有毒气体的固体物质，如硫黄、火柴等；易于自燃的物质是指自燃点低，在空气中易于发生氧化反应，放出热量而自行燃烧的物品，如黄磷、镁等；遇水放出易燃气体的物质是指遇水或受潮时，发生剧烈化学反应，放出大量的易燃气体和热量的物品，如电石、钠等。主要的危险是易燃性、腐蚀性、毒害性和爆炸性。

5）氧化性物质和有机过氧化物。氧化性物质是指自身不一定可燃，但可以放出氧气而有助于其他物质燃烧的物质，如硝酸钾、氯酸钾等；有机过氧化物是指含有过氧基的有机物，其本身易燃易爆，极易分解，对热、振动或摩擦较敏感的物质。主要危险是氧化性、助燃性、爆炸性、毒害性和腐蚀性。

6）毒性物质和感染性物质。毒性物质是指经吞食、吸入或皮肤接触后可能造成死亡或严重受伤或健康损害的物质，如砒霜、杀虫剂、氰化物、生漆等，主要危险是毒性、腐蚀性和易燃性；感染性物质是指含有病原体，能引起病态，甚至死亡的物质，如病菌、病毒等，主要危险是传染疾病危害健康。

7）放射性物质。放射性物质是指能够自原子核内部自发地、不断地向周围放出穿透力很强、而人的感觉器官不能察觉的射线的物质，如镭、铊和硼等。主要危险是辐射污染，最终使人员受到辐射伤害，能使人患放射性病，甚至死亡。

8）腐蚀性物质。腐蚀性物质是指通过化学作用使生物组织接触时会造成严重损伤，或在渗漏时会严重损害甚至毁坏其他货物或运载工具的物质，如硫酸、硝酸、盐酸和氢氧化钠等。主要危险是腐蚀性、毒性、易燃性或氧化性。

9）杂项危险物质和物品。杂项危险物质和物品是指不属于上述八类危险性，但具有磁性、麻醉、毒害或其他类似性质，能使人情绪烦躁或不适，以致影响行车和飞行安全的物品，如磁铁、干冰、榴莲等。

危货驾驶员疲劳驾驶 弯道车速过快酿事故

2008年2月14日凌晨5时左右，一辆载有17.5吨硝酸的槽罐车，在途经春永线萧山区义桥镇西山村段时，突然发生侧翻，坠下路基起火，罐体破裂，硝酸泄漏。黄绿烟雾夹杂着呛人气味，不断涌出。槽罐车驾驶员当场死亡。

原因分析：

事发时在凌晨5时，驾驶员处于疲劳驾驶状态。途经弯道时，车速过快，车上17.5吨硝酸液体的巨大惯性，是造成事故的主要原因。

预防措施：

运输危险货物的驾驶员，应强化安全意识和专业知识，严禁违章行车，避免疲劳驾驶，确保行车的安全。

2 申请道路危险货物运输经营的相关规定

1）申请条件。与普通货物运输相比，货物的特殊性决定了危险货物运输经营存在着更大的风险。因此，危险货物运输不仅要满足普通货物运输的基本条件，而且在车辆、设备、从业人员以及安全管理制度方面有更高、更严格的要求。

申请危险货物运输经营应具备的特殊条件

项　目	申 请 条 件
车辆、设备	– 有5辆以上经检测合格的危险货物运输专用车辆，专用车辆技术性能符合国家相关标准的要求； – 专用车辆配备有效的通讯工具，安装行驶记录仪或定位系统，如移动电话、卫星定位系统等； – 配备有与运输的危险货物性质相适应的安全防护、环境保护和消防设施设备
从业人员	驾驶人员、装卸管理人员、押运人员应经所在地设区的市级人民政府交通主管部门考试合格，取得相应从业资格证
安全生产管理制度	有健全的安全生产管理制度

2）申请程序。

①申请从事道路危险货物运输经营的，应向所在地设区的市级道路运输管理机构提出申请，并提交相关材料。

②道路运输管理机构对道路货物运输经营申请予以受理的，应当自受理之日起20日内作出许可或者不予许可的决定。

③道路运输管理机构决定准予许可的，应在10日内向道路危险货物运输经营申请人发放道路运输经营许可证，向非经营性道路危险货物运输申请人发放道路危险货物运输许可证，并向申请人投入运输的车辆配发道路运输证（在道路运输证上标明允许运输危险货物的类别、项别）。

④被许可人应当持道路运输经营许可证或者道路危险货物运输许可证依法向工商行政管理机关办理登记手续。

⑤道路危险货物运输企业或者单位终止危险货物运输业务的，应当在终止之日的30日前告知原许可机关，并办理有关注销手续。

3　危险货物车辆的技术要求和安全设施

1）危险货物车辆的技术要求。

①应当使用符合国家规定的车辆从事道路危险货运运输，车辆技术性能应符合国家标准《机动车运行安全技术条件》（GB 7258）、《营运车辆综合性能要求和检验方法》（GB 18565）、《道路车辆外廓尺寸、轴荷及质量限值》（GB 1589）的要求，车辆技术等级应达到行业标准《营运车辆技术等级划分和评定要求》（JT/T 198）规定的一级技术等级。

②必须经公安机关车辆管理部门定期安全审验合格，并依据国家有关技术规范进行定期检测、维护，确保车辆技术状况良好；设区的市级道路运输管理机构应当定期对专用车辆进行审验，每年审验一次；对达到国家规定的报废标准或者经检测不符合国家强制性标准要求的专用车辆，应当及时交回道路运输证，不得继续从事道路危险货物运输。

③禁止使用报废的、擅自改装的、检测不合格的、车辆技术等级达不到一级的和其他不符合国家规定的车辆从事道路危险货运运输；除铰接列车、具有特殊装置的大型物件运输专用车辆外，严禁使用货车列车从事危险货物运输；禁止使用移动罐体（罐式集装箱除外）从事危险货物运输；倾卸式车辆只能运输散装硫磺、萘饼、粗蒽、煤焦沥青等危险货物。

④运输剧毒、爆炸、易燃、放射性危险货物的，应当具备罐式车辆或厢式车辆、专用容器，车辆应当安装行驶记录仪、定位系统和必要的通讯工具（如手机）。

⑤运输爆炸、强腐蚀性危险货物的罐式专用车辆的罐体容积不得超过20m^3，运输剧毒危险货物的罐式专用车辆的罐体容积不得超过10m^3，但罐式集装箱除外；运输剧毒、爆炸、强腐蚀性危险货物的非罐式专用车辆，核定载质量不得超过10t。

⑥车辆车厢底板应平整完好，周围栏板应牢固；在装运易燃、易爆危险货物时，铁质底板应采用木质底板或橡胶底板等防护衬垫措施；控温厢式货车内应有制冷或加温装置及保温措施，驾驶室应有温度控制系统。恒温或制冷装置在一个箱体内的，还应有一套或一套以上备用控温装置。

⑦罐式专用车辆的罐体应符合《汽车运输液体危险货物常压容器（罐体）通用技术条件》等规定的技术条件；使用装运液化石油气和有毒液化气体的罐（槽）车及其设备，应符合国家有关部门对液化石油气汽车罐（槽）车安全管理的规定；罐式专用车辆应当在罐体检验合格的有效期内承运危险货物。

⑧定期对装运放射性同位素的专用运输车辆、设备、搬运工具、防护用品进行放射性污染程度的检查，当污染量超过规定的允许水平时，不得继续使用。

2）危险货物车辆的安全设施。

①车辆应按照国家标准《道路运输车辆危险货物运输车辆标准》(GB 13392)的要求安装标志灯和悬挂标志牌；标志灯的光源为荧光物质，灯体正面为等腰三角形，正、反面中间印有“危险”字样，侧面印有“！”；标志灯安装于驾驶室顶部外表面中前部（从车辆侧面看）中间（从车辆正面看）位置；标志牌的形状为菱形，材质为金属板材，表面帖覆反光膜；标志牌一般悬挂于车辆后厢板或罐体后面的几何中心部位附近，避开车辆放大号。

小 知 识

运输爆炸、剧毒危险货物车辆，应在车辆两侧面厢板几何中心部位附近的适当位置各增加悬挂一块标志牌；运输放射性危险货物的车辆，标志牌的悬挂位置和数量应符合《放射性物质安全运输规程》(GB 11806)的规定；低栏板车辆可视情选择适当位置悬挂标志牌；罐式车辆可选择按规定位置悬挂标志牌或以反光材料按规定在罐体上喷绘标志。

②车辆电路系统应有切断总电源和隔离电火花装置，切断总电源装置应安装在驾驶室内；运送易燃、易爆危险货物车辆的排气管，应装有隔热和熄灭火星装置，并配装符合《汽车导静电橡胶拖地带》(JT 230)规定的导静电橡胶拖地带。

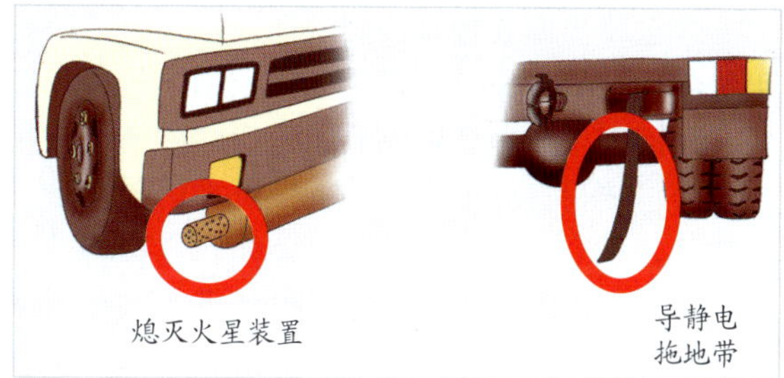

③装运危险货物的罐（槽）应适合所装货物的性能，具有足够的强度，并根据不同货物的需要配备泄压阀、防波板、遮阳物、压力表、液位计、导除静电等相应的安全装置；罐（槽）外部的附件应有可靠的防护设施，必须保证所装货物不发生“跑、冒、滴、漏”，并在阀门口装置积漏器。

④根据所装危险货物的性质和包装形式的需要，应配备相应的消防器材和捆扎、防水、防散失等用具，消防器材在车上应安装牢靠并便于取用；装运集装箱、大型气瓶等的专用车辆，必须设置有效的紧固装置。

⑤各种装卸机械、工、属具，应有可靠的安全系数；装卸易燃、易爆危险货物的机械及工、属具，应有消除产生火花的措施。

⑥运输剧毒、爆炸和I 级包装①危险货物专用车辆的，应当配备与其他设备、车辆、人员隔离的专用停车区域，并设立明显的警示标志。

4　危险货物运输包装标志和要求

1）危险货物包装标志。

生产厂家根据国家发布的标志式样印制，在危险货物出厂前，将标志印在货物内、外包装上。根据国家标准《危险货物包装标志》(GB 190—2009)，危险货物包装标志的图形共30种，其中标记4种，标签26种。

① 参考国家标准《危险货物运输包装通用技术条件》（GB 12463）。

2）危险货物运输包装要求。

对危险货物进行包装并确保其符合国家安全运输的要求是托运人的责任。根据危险货物的性质和运送的特点，以及包装应起的作用，危险货物包装必须满足以下要求：

①包装应结构合理，具有一定的强度，防护性能好。包装的材质、形式、规格、方法和单件质量，应与所装危险货物的性质和用途相适应，便于装卸、运输和储存。一般来说，液体货物的包装强度应比固体货物高。

②包装应质量良好，其构造和封闭形式应能承受正常运输条件下的各种作业风险，不应因温度、湿度或压力的变化而发生任何渗漏，包装表面应清洁，不允许黏附有害的危险物质。

③包装与内装物直接接触部分，必要时应有内涂层或进行防护处理，包装材质不得与内装物发生法学反应而形成危险产物或导致削弱包装强度。内容器应当固定，如属易碎性物品，应在内、外包装之间使用与内装物性质相适应的衬垫，起到缓冲作用。

④包装封口应根据内装物性质采用严密封口、液密封口或气密封口。复合包装的内容器和外包装应紧密贴合，外包装不得有擦伤内容器的凸出物。

⑤包装内的爆炸物品必须衬垫妥实，在运输中不得发生危险性移动；盛装液体爆炸品容器的封闭形式，应具有防渗漏的双重保护；除内包装能充分防止爆炸品与金属物接触外，铁钉和其他没有防护涂料的金属部件不得穿透外包装，避免增强爆炸品的撞击感度，增加运输危险。

⑥每种危险货物包装件应按其类别贴有相应的标志，标志应清晰，并保证在货物储运期内不脱落。箱状包装标志应贴在包装端面或侧面的明显处；袋、捆包装标志应贴在包装明显处；桶形包装标志应贴在桶身或桶盖；集装箱、成组货物标志应贴在四个侧面。

小 知 识

当危险货物具有一种以上的危险性时，应用主标志表示主要危险性类别，并用副标志来表示重要的其他的危险性类别，副标志图形的下角不应标有危险货物的类项号。

对装卸、储运和保管安全有特殊要求的危险货物，还应在其外包装的正确位置标打相应的储运图示标志。储运图示标志应避免采用易于同危险货物包装标志相混淆的颜色。

5　危险货物交接过程中的安全质量要求

1）交付托运过程的安全要求。

①托运人应当委托具有道路危险货物运输资质的企业承运，严格按照国家有关规定包装；应如实详细地填写运单上规定的内容，提交与托运的危险货物完全一致的安全技术说明书和安全标签（托运未列入《危险货物品名表》GB 12268的危险货物时，还应提交危险货物鉴定表），并向承运人说明危险货物的品名、数量、危害、应急措施等情况。

②危险货物性质或消防防范相抵触的货物应分别托运；托运须控温运输的危险货物，托运人应向承运人说明控制温度、危险温度和控温方法，并在运单上注明；托运需要添加抑制剂或者稳定剂的危险货物，托运人在交付托运时应添加抑制剂或稳定剂，并在运单上注明。

③承运人应拒绝运输法律、行政法规禁止运输的货物，应拒绝运输托运人应派押运人员而未派的危险货物；法律、行政法规规定托运人必须办理有关手续后方可运输的危险货物，承运人应当查验有关手续齐全有效后方可承运。

2）送达交付过程的安全操作。

①承运人自接货起至送达交付前，应负保管责任；货物交接时，双方应做到点收、点交，由收货人在运单上签收。发生剧毒、爆炸、放射性物品货损、货差的，应及时向当地公安部门报告。

②危险货物运送抵卸货地点后，由接货地点的装卸人员卸货入库等候收货人取货；卸货完毕应办理交接手续，运送人的职责已履行，危险货物的保管责任即由接货人承担，并由接货人通知收货人迅速领取货物。

③危险货物运达卸货地点后，因故不能及时卸货的，应安排专人负责看管车辆和所装危险货物，并及时与托运人联系妥善处理；不能及时处理的，承运人应立即报告当地公安部门。

6　危险货物装卸过程中的安全质量要求

1）危险货物装卸前的准备。

①装卸作业现场要远离热源，通风良好；电气设备应符合国家有关规定要求，严禁使用明火灯具照明，照明灯应具有防爆性能；易燃、易爆货物的装卸场所要有防静电和避雷装置。

②运输危险货物的车辆应按装卸作业的有关安全规定驶入装卸作业区，应停放在容易驶离作业现场的方位上，不准堵塞安全通道。停靠货垛时，应听从作业区业务管理人员的指挥，车辆与货垛之间要留有安全距离。待装卸的车辆与装卸中的车辆应保持足够的安全距离。

③装卸作业前，车辆发动机应熄火，并切断总电源（需从车辆上取得动力的除外）。在有坡度的场地装卸货物时，应采取防止车辆溜坡的有效措施。装卸危险货物的托盘、手推车应尽量专用，在装卸前应对装卸机具进行检查。

④装卸作业前应对照运单，核对危险货物的品名、编号、规格、数量、件重，并认真检查货物包装的完好情况。货物的包装、标志、安全技术说明书、安全标签、标识、标志等与运单不符或包装破损、撒漏、包装不符合有关规定，应要求托运人重新包装或修理加固，否则拒绝装车。

2）危险货物装卸过程的安全操作。

①装卸作业时，应穿戴相应的防护用具，并采取相应的人身肌体保护措施；防护用具使用后，应按照国家环保要求集中清洗、处理；对被剧毒、放射性、恶臭物品污染的防护用具应分别清洗、消毒。

②危险货物的装卸作业，应当在装卸管理人员的现场指挥下进行；禁止与普通货物混装。

③装卸作业时，应根据危险货物包装的类型、体积、重量、件数等情况和包装储运图示标志的要求，采取相应的措施，谨慎操作；应根据危险货物的性质和保管要求，轻装轻卸，分区存放，堆码整齐，紧凑牢靠，保持装载平衡，易于点数；带有通气孔的包装件不准倒置、侧置，防止所装货物泄漏或混入杂质造成危险；罐装时必须留有足够的膨胀余量，以便能经受在正常运输条件下产生的内部压力。

④装卸过程中需要移动车辆时，应先关上车厢门或栏板。若车厢门或栏板在原地关不上时，应有人监护，在保证安全的前提下才能移动车辆。车辆起步要慢，停车要稳。

3）危险货物装卸后的安全处置。

①装车后，应用绳索等将货物捆扎牢固，关好车厢门和阀门；对易滑动的包装件，应用防散失的网罩覆盖并用绳索捆扎牢固或用苫布覆盖严密；应对货物的堆码、捆绑、固定、隔离、遮盖等情况进行检查。

②危险货物装卸完毕，装运过剧毒品和受到危险货物污染的车辆、工具应到指定地点进行清扫、洗刷和消毒处理，并做好记录，注明原装危险货物品名和洗刷消毒方法及日期；危险货物的撒漏物和污染物应送到当地环保部门指定地点集中处理。

及时清扫
作业现场

7　危险货物运送过程中的安全质量要求

1）危险货物运送前的准备。

①运输爆炸物品、易燃易爆化学物品以及剧毒、放射性等危险物品，应事先报经当地公安机关批准，按指定的路线、时间、速度行驶。严禁超载、超限。

②除驾驶员外，专用车辆上应当另外配备对运输全过程进行监管的押运人员。驾驶员、押运人员应随车携带道路运输证、从业资格证，了解所装运危险货物的性质、危害特性、包装物或者容器的使用要求和发生意外事故时的处置措施，熟练掌握消防器材的使用方法。

③应当根据危险货物性质，采取相应的遮阳、控温、防爆、防静电、防火、防振、防水、防冻、防粉尘飞扬、防撒漏等措施，防止危险货物脱落、扬撒、丢失以及燃烧、爆炸、辐射、泄漏等。

2）危险货物运送过程中的安全要求。

①运送危险货物过程中，押运人员应密切注意车辆所装载的危险货物，根据危险货物性质定时停车检查，发现问题及时会同驾驶人员采取措施妥善处理。驾驶人员、押运人员不得擅自离岗、脱岗。

要定时停车检查

②运送易燃液体时不得接近明火、高温场所；运送易燃物品应避开辐射，保持通风良好，防止受潮；遇有天气、道路路面状况发生变化，应根据所载危险货物的特性，及时采取安全防护措施，确保运送安全。

③运输散装危险货物罐时，应采取防护措施，防止罐体受到横向、纵向的碰撞及翻倒时导致罐壳及其装卸设备损坏；运输有机氧化物，应加入稳定剂，采取有效的控温措施；途中要定时检查运输组件内的环境温度并记录，及时关注温度变化；环境温度超过控制温度时，应及时采取相应补救措施，超过应急温度，应启动有关应急程序。

④运输危险废物时，应采取防止污染环境的措施，并遵守国家有关危险货物运输管理的规定。运输医疗废物时，应使用有明显医疗废物标识的专用车辆。医疗废物专用车辆应当达到防渗漏、防遗撒以及其他环境保护和卫生要求；专用车辆使用后，应当在医疗废物集中处置场所内及时进行消毒和清洁；运送医疗废物的专用车辆不得运送其他物品。

8 道路危险货物运输经营违法行为法律责任

典型违法行为及相应的处罚措施

<table>
<tr><th>违法行为</th><th>处罚措施</th></tr>
<tr><td>未取得道路危险货物运输许可，擅自从事道路危险货物运输的</td><td rowspan="2">由县级以上道路运输管理机构责令停止运输，有违法所得的，没收违法所得；构成犯罪的，依法追究刑事责任</td></tr>
<tr><td>使用失效、伪造、变造、被注销等无效道路危险货物运输许可证件从事道路危险货物运输的</td></tr>
<tr><td>超越许可事项，从事道路危险货物运输的</td><td rowspan="2">责令停止违法行为，收缴有关证件，处2000元以上1万元以下的罚款；有违法所得的，没收违法所得</td></tr>
<tr><td>非法转让、出租道路危险货物运输许可证件的</td></tr>
<tr><td>未按规定维护和检测专用车辆的</td><td>责令改正，处1000元以上5000元以下的罚款</td></tr>
<tr><td>不按照规定携带道路运输证的</td><td>责令改正，处警告或者20元以上200元以下的罚款</td></tr>
<tr><td>从事道路危险化学品运输的驾驶人员、押运人员、装卸管理人员未取得从业资格证的</td><td rowspan="2">处2万元以上10万元以下的罚款；构成犯罪的，依法追究刑事责任</td></tr>
<tr><td>运输、装卸危险化学品不符合国家有关法律、法规、规章的规定和国家标准，并未按照危险化学品的特性采取必要安全防护措施的</td></tr>
</table>

续上表

违法行为	处罚措施
没有采取必要措施防止货物脱落、扬撒的	责令改正，处1000元以上3000元以下的罚款；情节严重的，由原许可机关吊销道路运输经营许可证或者道路危险货物运输许可证，或者吊销相应的经营范围
已不具备开业要求的有关安全条件、存在重大运输安全隐患的	责令限期改正；在规定时间内不能按要求改正且情节严重的，由原许可机关吊销道路运输经营许可证或者道路危险货物运输许可证，或者吊销相应的经营范围
擅自改装已取得道路运输证的专用车辆及罐式专用车辆罐体的	责令改正，并处5000元以上2万元以下的罚款

教学提示

教学目标

让学员了解道路运输的基本常识，了解道路运输条例的目的和意义，了解道路客(货)运输的申请条件及相关规定，了解相关违规行为的危害和法律责任。培养学员(尤其是道路运输从业人员)遵守法律法规的意识，道路运输安全经营的意识以及诚信经营、提供优质服务的意识。

教学重点、难点

道路客(货)运输的相关知识、违规行为的危害和法律责任。

教学方法和手段

结合典型的重特大事故案例讲解，配合使用多媒体课件等现代化教学手段。

第三节 机动车驾驶员培训及从业人员管理的相关规定

机动车驾驶员培训是道路运输相关业务的重要组成部分，是影响道路运输安全的重要因素。机动车驾驶员培训实行社会化。为规范机动车驾驶员培训经营活动，维护机动车驾驶员培训市场秩序，保护各方当事人的合法权益，交通部颁布了《机动车驾驶员培训管理规定》（交通部2006年第2号令），并于2006年4月1日起正式实施。教练员应理解该管理规定的内涵，以便在驾驶培训过程中做到遵章守法，规范施教。

一、机动车驾驶员培训机构经营许可与管理

县级以上地方人民政府交通主管部门负责组织领导本行政区域内的机动车驾驶员培训管理工作，县级以上道路运输管理机构负责具体实施本行政区域内的机动车驾驶员培训管理工作。

1 机动车驾驶员培训业务的分类

机动车驾驶员培训依据经营项目、培训能力和培训内容实行分类许可。

机动车驾驶员培训业务根据经营项目分为普通机动车驾驶员培训、道路运输驾驶员从业资格培训、机动车驾驶员培训教练场经营三类。普通机动车驾驶员培训根据培训能力分为一级普通机动车驾驶员培训、二级普通机动车驾驶员培训和三级普通机动车驾驶员培训三类。道路运输驾驶员从业

资格培训根据培训内容分为道路客货运输驾驶员从业资格培训和危险货物运输驾驶员从业资格培训两类。

获得一级普通机动车驾驶员培训许可的，可以从事三种(含三种)以上相应车型的普通机动车驾驶员培训业务；获得二级普通机动车驾驶员培训许可的，可以从事两种相应车型的普通机动车驾驶员培训业务；获得三级普通机动车驾驶员培训许可的，只能从事一种相应车型的普通机动车驾驶员培训业务。

获得道路客货运输驾驶员从业资格培训许可的，可以从事经营性道路旅客运输驾驶员、经营性道路货物运输驾驶员的从业资格培训业务；获得危险货物运输驾驶员从业资格培训许可的，可以从事道路危险货物运输驾驶员的从业资格培训业务。获得道路运输驾驶员从业资格培训许可的，还可以从事相应车型的普通机动车驾驶员培训业务。

获得机动车驾驶员培训教练场经营许可的，可以从事机动车驾驶员培训教练场经营业务。

2 机动车驾驶员培训业务的申请

申请普通机动车驾驶员培训业务应具备的条件

项 目	条 件
培训机构	有健全的培训机构。包括教学、教练员、学员、质量、安全、结业考试和设施设备管理等组织机构，并明确负责人、管理人员、教练员和其他人员的岗位职责
管理制度	有健全的管理制度。包括安全管理制度、教练员管理制度、学员管理制度、培训质量管理制度、结业考试制度、教学车辆管理制度、教学设施设备管理制度、教练场地管理制度、档案管理制度等
教学人员	所配备的理论教练员数量应当不少于教学车辆总数的10%；每种车型所配备的相应驾驶操作教练员应当不少于该种车型车辆总数的110%
管理人员	有与培训业务相适应的管理人员。包括理论教学负责人、驾驶操作训练负责人、教学车辆管理人员、结业考核人员和计算机管理人员
教学车辆	应当符合国家有关技术标准要求，并装有副后视镜、副制动踏板、灭火器及其他安全防护装置。教学车型及数量应当符合相关规定
教学设施、设备和场地	有必要的教学设施、设备和场地。租用教练场地的，还应当持有书面租赁合同和出租方土地使用证明，租赁期限不得少于3年

申请从事道路运输驾驶员从业资格培训业务时，还需要具备以下条件：

申请道路运输驾驶员从业资格培训业务应具备的其他条件

项 目	条 件	
	道路客货运输驾驶员从业资格培训业务	危险货物运输驾驶员从业资格培训业务
具备相应车型的普通机动车驾驶员培训资格	应当同时具备大型客车、城市公交车、中型客车、小型汽车(含小型自动挡汽车)等四种车型中至少一种车型的普通机动车驾驶员培训资格和通用货车半挂车(牵引车)、大型货车等两种车型中至少一种车型的普通机动车驾驶员培训资格	应当具备通用货车半挂车(牵引车)、大型货车等两种车型中至少一种车型的普通机动车驾驶员培训资格
教学人员	2名以上相应的教练员	2名以上的教练员

续上表

项 目	条 件	
	道路客货运输驾驶员从业资格培训业务	危险货物运输驾驶员从业资格培训业务
教学设施、设备和场地	应当配备相应的机动车构造、机动车维护、常见故障诊断和排除、货物装卸保管、医学救护、消防器材等教学设施、设备和专用场地	满足道路客货运输驾驶员从业资格培训业务要求的同时，还应当配备常见危险化学品样本、包装容器、教学挂图、危险化学品实验室等设施、设备和专用场地

1）申请程序。申请从事机动车驾驶员培训业务的，应当向所在地县级道路运输管理机构提出申请，并提交相应的材料。道路运输管理机构对机动车驾驶员培训业务申请予以受理的，应当自受理申请之日起15日内审查完毕，作出许可或者不予许可的决定。被许可的机动车驾驶员培训机构应当持机动车驾驶员培训许可证件依法向工商行政管理机关办理有关登记手续。

2）许可证件发放与有效期。机动车驾驶员培训许可证件由省级道路运输管理机构统一印制并编号，县级道路运输管理机构按照规定发放和管理。

机动车驾驶员培训许可证件实行有效期制。从事普通机动车驾驶员培训业务和机动车驾驶员培训教练场经营业务的证件有效期为6年；从事道路运输驾驶员从业资格培训业务的证件有效期为4年。机动车驾驶员培训机构应当在许可证件有效期届满前30日到作出原许可决定的道路运输管理机构办理换证手续。

3　机动车驾驶员培训经营管理

1）机动车驾驶员培训机构应当在注册地开展培训业务，不得采取异地培训、恶意压价、欺骗学员等不正当手段开展经营活动。

2）机动车驾驶员培训机构应当按照全国统一的教学大纲进行培训。培训结束时，应当向结业人员颁发机动车驾驶员培训结业证书。

3）机动车驾驶员培训实行学时制，按照学时合理收取费用。对每个学员理论培训时间每天不得超过6个学时，实际操作培训时间每天不得超过4个学时。

4）机动车驾驶员培训机构应当使用符合标准并取得牌证、具有统一标识的教学车辆。禁止使用报废的、检测不合格的和其他不符合国家规定的车辆从事机动车驾驶员培训业务。不得随意改变教学车辆的用途。

5）机动车驾驶员培训机构在道路上进行培训活动，应当遵守公安机关交通管理部门指定的路线和时间，并在教练员随车指导下进行，与教学无关的人员不得乘坐教学车辆。

6）机动车驾驶员培训机构应当按照有关规定向县级以上道路运输管理机构报送培训记录以及有关统计资料。

7）省级道路运输管理机构应当建立机动车驾驶员培训机构质量信誉考评体系。机动车驾驶员培训机构质量信誉考评应当包括培训机构的基本情况、教学大纲执行情况、结业证书发放情况、培训记录填写情况、教练员的质量信誉考核结果、培训业绩、考试情况、不良记录等内容。

4　机动车驾驶员培训经营违法行为法律责任

机动车驾驶员培训经营违法行为的处罚措施

经营违法行为	处罚措施
未按照要求聘用教学人员的	责令限期整改；逾期整改不合格的，予以通报

续上表

经营违法行为	处罚措施
未按规定报送培训记录和有关统计资料的	责令限期整改；逾期整改不合格的，予以通报
使用不符合规定的车辆及设施、设备从事教学活动的	
存在索取、收受学员财物，或者谋取其他利益等不良行为的	
未定期公布教练员教学质量排行情况的	

二、驾驶培训记录

培训记录包含学员参加驾驶培训的基本信息，如培训课时、学员签名、教练员签名和培训机构准考意见等，是督促驾校严格执行教学大纲、教学计划，确保培训质量的重要途径。

教练员应按照统一的教学大纲规范施教，如实填写教学日志和培训记录。学员完成规定的学习内容和学时，申请驾驶证考试时，应提供培训记录。培训记录须经交通运输部门核实，并存入培训机构为学员建立的档案。

中华人民共和国机动车驾驶培训记录

No.

<table>
<tr><td>姓名</td><td></td><td>性别</td><td></td><td>身份证件号码</td><td></td><td>入学时间</td><td></td><td rowspan="3">(照片)</td></tr>
<tr><td>家庭住址</td><td colspan="4"></td><td>联系方式</td><td colspan="2"></td></tr>
<tr><td colspan="8">申请车型　A1□　A2□　A3□　B1□　B2□　C1□　C2□　C3□　C4□　C5□
D□　E□　F□　M□　N□　P□</td></tr>
<tr><td>科目名称</td><td>培训学时</td><td>学员签名</td><td>教练员签名</td><td>培训单位意见</td><td>道路运输管理机构审核</td></tr>
<tr><td>科目一</td><td></td><td>年　月　日</td><td>年　月　日</td><td>(盖章)
签名：
年　月　日</td><td>(盖章)
签名：
年　月　日</td></tr>
<tr><td>科目二</td><td></td><td>年　月　日</td><td>年　月　日</td><td>(盖章)
签名：
年　月　日</td><td>(盖章)
签名：
年　月　日</td></tr>
<tr><td>科目三</td><td></td><td>年　月　日</td><td>年　月　日</td><td>(盖章)
签名：
年　月　日</td><td>(盖章)
签名：
年　月　日</td></tr>
</table>

注：①培训记录一式三份，在完成培训和考试所有程序，培训机构、道路运输管理机构、公安交通管理部门车辆管理所各存一份。

②在预约科目一、科目二考试时，公安交通管理部门车辆管理所查验培训记录后，应将培训记录退还培训机构，在预约科目三考试时，公安交通管理部门车辆管理所查验培训记录后，应收存归档。

三、道路运输从业人员的分类

为加强道路运输从业人员管理，提高道路运输从业人员综合素质，交通部颁布了《道路运输从业人员管理办法》（交通部2006年第9号令），并于2007年3月1日起正式实施。

道路运输从业人员是指经营性道路客货运输驾驶员、道路危险货物运输从业人员、机动车驾驶培训教练员、道路运输经理人和其他道路运输从业人员。其中，经营性道路客货运输驾驶员包括经营性道路旅客运输驾驶员和经营性道路货物运输驾驶员；道路危险货物运输从业人员包括道路危险货物运输驾驶员、装卸管理人员和押运人员；机动车驾驶培训教练员包括理论教练员、驾驶操作教练员、道路客货运输驾驶员从业资格培训教练员和危险货物运输驾驶员从业资格培训教练员。

四、机动车驾驶培训教练员从业资格管理

1 从业资格申请与从业资格考试

1）从业资格申请条件。

①驾驶理论教练员应符合的条件：取得相应的机动车驾驶证，具有2年以上安全驾驶经历；年龄不超过60周岁；具有汽车及相关专业中专以上学历或者汽车及相关专业中级以上技术职称；掌握道路交通安全法规、驾驶理论、机动车构造、交通安全心理学、常用伤员急救等安全驾驶知识，了解车辆环保和节约能源的有关知识，了解教育学、教育心理学的基本教学知识，具备编写教案、规范讲解的授课能力。

②驾驶操作教练员应符合的条件：取得相应的机动车驾驶证，符合安全驾驶经历和相应车型驾驶经历的要求；年龄不超过60周岁；具有汽车及相关专业中专或者高中以上学历；掌握道路交通安全法规、驾驶理论、机动车构造、交通安全心理学和应急驾驶的基本知识，熟悉车辆维护和常见故障诊断、车辆环保和节约能源的有关知识，具备驾驶要领讲解、驾驶动作示范、指导驾驶的教学能力。

驾驶操作教练员安全驾驶经历要求

教练车型	安全驾驶经历	相应车型驾驶经历
大型客车	10年以上	驾驶大型客车5年以上
通用货车半挂车(牵引车)	10年以上	驾驶通用货车半挂车(牵引车)5年以上
城市公交车	10年以上	驾驶大型客车或城市公交车5年以上
中型客车	10年以上	驾驶中型客车5年以上
大型货车	10年以上	驾驶大型货车5年以上
小型汽车	5年以上	驾驶小型汽车3年以上
低速汽车	5年以上	驾驶低速汽车3年以上
摩托车	5年以上	驾驶摩托车3年以上
其他教练车型	5年以上	驾驶相应车辆4年以上

③道路客货运输驾驶员从业资格培训教练员应符合的条件：具有汽车及相关专业大专以上学历或者汽车及相关专业高级以上技术职称；掌握道路旅客运输法规、货物运输法规以及机动车维修、货物装卸保管和旅客急救等相关知识，具备相应的授课能力；具有2年以上从事普通机动车驾驶员培训的教学经历，且近2年无不良的教学记录。

④危险货物运输驾驶员从业资格培训教练员应符合的条件：具有化工及相关专业大专以上学历或者化工及相关专业高级以上技术职称；掌握危险货物运输法规、危险化学品特性、包装容器使用方法、职业安全防护和应急救援等知识，具备相应的授课能力；具有2年以上化工及相关专业的教学经历，且近2年无不良的教学记录。

2）从业资格申请程序。申请参加教练员从业资格考试的，应当向其户籍地或者暂住地省级道路运输管理机构提出申请，并按照要求提供相应的材料。交通主管部门和道路运输管理机构对符合申请条件的申请人应当安排考试。

3）从业资格考试制度。教练员从业资格实行全国统一考试制度。考试每年举行两次。教练员从业资格全国统一考试由省级道路运输管理机构按照交通部制定的考试大纲、考试题库、考核标准、考试工作规范和程序组织实施。

教练员从业资格考试成绩有效期为1年，考试成绩逾期作废。申请人在从业资格考试中有舞弊行为的，取消当次考试资格，考试成绩无效。

2　从业资格证件管理

1）从业资格证件发放。交通主管部门和道路运输管理机构应当在考试结束10日内公布考试成绩。对考试合格人员，省级道路运输管理机构应当自公布考试成绩之日起10日内颁发教练员证，该从业资格证件在全国通用。

2）从业资格证件有效期。教练员证的有效期为6年。教练员应当在教练员证有效期届满30日前到原发证机关办理换证手续。

3）从业资格证件补办、变更和注销。教练员证遗失、毁损的，应当到原发证机关办理证件补发手续。教练员服务单位变更的，应当到交通主管部门或者道路运输管理机构办理从业资格证件变更手续。

教练员具有下列情形之一的，应当到原发证机关办理有关注销手续：

①提出注销申请的；

②年龄超过60周岁的；

③机动车驾驶证被注销的；

④发生重大以上交通责任事故的。

3　从业行为规定

1）教练员应当按照统一的教学大纲规范施教，并如实填写教学日志和培训记录，不得擅自减少学时和培训内容。

2）教练员从事教学活动时，应当随身携带教练员证，不得转让、转借教练员证。在道路上学习驾驶时，随车指导的教练员应当持有相应的教练员证，即其准教车型与学员申请的准驾车型应相符。

3）机动车驾驶员培训机构应当加强对教练员的职业道德教育和驾驶新知识、新技术的再教育，对教练员每年进行至少一周的脱岗培训，提高教练员的职业素质。

4）机动车驾驶员培训机构应当加强对教练员教学情况的监督检查，定期对教练员的教学水平和职业道德进行评议，公布教练员的教学质量排行情况，督促教练员提高教学质量。

5）省级道路运输管理机构应当制定教练员教学质量信誉考核办法，对教练员实行教学质量信誉考核制度。教练员教学质量信誉考核内容应当包括教练员的基本情况、教学业绩、教学质量排行情况、参加再教育情况、不良记录等。

6）省级道路运输管理机构应当建立教练员档案，教练员教学质量信誉考核结果是教练员档案的重要组成部分。

4　从业违法行为的法律责任

教练员违法行为的处罚措施

<table>
<tr><th>经营违法行为</th><th>处罚措施</th></tr>
<tr><td>未按照全国统一的教学大纲进行教学的</td><td rowspan="2">责令限期整改；逾期整改不合格的，予以通报</td></tr>
<tr><td>填写教学日志、培训记录弄虚作假的</td></tr>
<tr><td>教学过程中有道路交通安全违法行为或者造成交通事故的</td><td rowspan="3">责令限期整改；逾期整改不合格的，予以通报</td></tr>
<tr><td>存在索取、收受学员财物，或者谋取其他利益等不良行为的</td></tr>
<tr><td>未按照规定参加驾驶新知识、新技能再教育的</td></tr>
</table>

续上表

经营违法行为	处罚措施
发生重大以上交通事故，且负主要责任的	发证机关吊销其从业资格证件
身体健康状况不符合有关机动车驾驶和相关从业要求且没有主动申请注销从业资格的	

*五、经营性道路客货运输驾驶员从业资格管理

1　从业资格申请与从业资格考试

1）从业资格申请条件。

①经营性道路旅客运输驾驶员应符合的条件：取得相应的机动车驾驶证1年以上；年龄不超过60周岁；3年内无重大以上交通责任事故；掌握相关道路旅客运输法规、机动车维修和旅客急救基本知识。

②经营性道路货物运输驾驶员应符合的条件：取得相应的机动车驾驶证；年龄不超过60周岁；掌握相关道路货物运输法规、机动车维修和货物装载保管基本知识。

2）从业资格申请程序。申请参加经营性道路客货运输驾驶员从业资格考试的人员，应当向其户籍地或者暂住地设区的市级道路运输管理机构提出申请，并按照要求提供相应的材料。交通主管部门和道路运输管理机构对符合申请条件的申请人应当安排考试。

3）从业资格考试制度。国家对经营性道路客货运输驾驶员实行从业资格考试制度。从业资格考试由设区的市级道路运输管理机构组织实施，每月组织一次考试。从业资格考试成绩有效期为1年，考试成绩逾期作废。申请人在从业资格考试中有舞弊行为的，取消当次考试资格，考试成绩无效。

2　从业资格证件管理

1）从业资格证件发放。交通主管部门和道路运输管理机构应当在考试结束10日内公布考试成绩。对考试合格人员，设区的市级道路运输管理机构应当自公布考试成绩之日起10日内颁发相应的道路运输从业人员从业资格证件，该从业资格证件全国通用。

2）从业资格证件有效期。从业资格证件有效期为6年。从业人员应当在从业资格证件有效期届满30日前到原发证机关办理换证手续。

3）从业资格证件补办、变更和注销。从业人员在发证机关所在地以外从业，且从业时间超过3个月的，应当到服务地管理部门备案。从业资格证件遗失、毁损的，应当到原发证机关办理证件补发手续。从业人员服务单位变更的，应当到交通主管部门或者道路运输管理机构办理从业资格证件变更手续。

从业人员具有下列情形之一的，由原发证机关注销其从业资格证件：

①持证人死亡的；

②持证人申请注销的；

③年龄超过60周岁的；

④机动车驾驶证被注销或者被吊销的；

⑤超过从业资格证件有效期180日未申请换证的。

4）从业人员诚信考核。交通主管部门和道路运输管理机构应当将从业人员的违章行为记录在从业资格证的违章记录栏内，并通报发证机关。发证机关应当将该记录作为从业人员诚信考核和计分考核的依据，并存入管理档案。

从业人员诚信考核和计分考核周期为12个月，从初次领取从业资格证件之日起计算。诚信考核等级分为优良、合格、基本合格和不合格，分别用AAA级、AA级、A级和B级表示。在考核周期内，累计计分超过规定的，诚信考核等级为B级。

省级交通主管部门和道路运输管理机构应当将从业人员每年的诚信考核和计分考核结果向社会公布，供公众查阅。

3　从业行为规定

1）经营性道路客货运输驾驶员应当在从业资格证件许可的范围内从事道路运输活动。在从事道路运输活动时，应当携带相应的从业资格证件，并应当遵守国家相关法规和道路运输安全操作规程，不得违法经营、违章作业。

2）经营性道路客货运输驾驶员不得超限、超载运输，连续驾驶时间不得超过4个小时。

3）经营性道路旅客运输驾驶员应当按照规定填写行车日志。

4）经营性道路旅客运输驾驶员应当采取必要措施保证旅客的人身和财产安全，发生紧急情况时，应当积极进行救护。经营性道路货物运输驾驶员应当采取必要措施防止货物脱落、扬撒等，严禁驾驶道路货物运输车辆从事经营性道路旅客运输活动。

5）道路运输从业人员应当按照规定参加国家相关法规、职业道德及业务知识培训。

4　从业违法行为的法律责任

经营性道路客货运输驾驶员从业违法行为的处罚措施

<table>
<tr><th>从业违法行为</th><th>处罚措施</th></tr>
<tr><td>未取得相应从业资格证件，驾驶道路客货运输车辆的</td><td rowspan="3">责令改正，处200元以上2000元以下的罚款；构成犯罪的，依法追究刑事责任</td></tr>
<tr><td>使用失效、伪造、变造的从业资格证件，驾驶道路客货运输车辆的</td></tr>
<tr><td>超越从业资格证件核定范围，驾驶道路客货运输车辆的</td></tr>
<tr><td>身体健康状况不符合有关机动车驾驶和相关从业要求且没有主动申请注销从业资格的</td><td rowspan="3">由发证机关吊销其从业资格证件</td></tr>
<tr><td>发生重大以上交通事故，且负主要责任的</td></tr>
<tr><td>发现重大事故隐患，不立即采取消除措施，继续作业的</td></tr>
</table>

#六、道路危险货物运输从业人员从业资格管理

1　从业资格申请与从业资格考试

1）从业资格申请条件。

①道路危险货物运输驾驶员应符合的条件：取得相应的机动车驾驶证；年龄不超过60周岁；3年内无重大以上交通责任事故；取得经营性道路旅客运输或者货物运输驾驶员从业资格2年以上；接受相关法规、安全知识、专业技术、职业卫生防护和应急救援知识的培训，了解危险货物性质、危害特征、包装容器的使用特性和发生意外时的应急措施。

②道路危险货物运输装卸管理人员和押运人员应符合的条件：年龄不超过60周岁；初中以上学历；接受相关法规、安全知识、专业技术、职业卫生防护和应急救援知识的培训，了解危险货物性质、危害特征、包装容器的使用特性和发生意外时的应急措施。

2）从业资格申请程序。申请参加道路危险货物运输驾驶员、装卸管理人员和押运人员从业资格考试的，应当向其户籍地或者暂住地设区的市级交通主管部门提出申请，并按照要求提供相应的材料。交通主管部门和道路运输管理机构对符合申请条件的申请人应当安排考试。

3）从业资格考试制度。国家对道路危险货物运输从业人员实行从业资格考试制度。从业资格考试由设区的市级人民政府交通主管部门组织实施，每季度组织一次考试。从业资格考试成绩有效期为1年，考试成绩逾期作废。申请人在从业资格考试中有舞弊行为的，取消当次考试资格，考试成绩无效。

2　从业资格证件管理

1）从业资格证件发放。交通主管部门和道路运输管理机构应当在考试结束10日内公布考试成绩。对考试合格人员，设区的市级交通主管部门应当自公布考试成绩之日起10日内颁发相应的道路运输从业人员从业资格证件，该从业资格证件全国通用。

2）从业资格证件有效期。从业资格证件有效期为6年。从业人员应当在从业资格证件有效期届满30日前到原发证机关办理换证手续。

3）从业资格证件补办、变更和注销。从业人员在发证机关所在地以外从业，且从业时间超过3个月的，应当到服务地管理部门备案。从业资格证件遗失、毁损的，应当到原发证机关办理证件补发手续。从业人员服务单位变更的，应当到交通主管部门或者道路运输管理机构办理从业资格证件变更手续。

从业人员具有下列情形之一的，由原发证机关注销其从业资格证件：

①持证人死亡的；

②持证人申请注销的；

③年龄超过60周岁的；

④机动车驾驶证被注销或者被吊销的；

⑤超过从业资格证件有效期180日未申请换证的。

4）从业人员诚信考核。交通主管部门和道路运输管理机构应当将从业人员的违章行为记录在从业资格证的违章记录栏内，并通报发证机关。发证机关应当将该记录作为从业人员诚信考核和计分考核的依据，并存入管理档案。

从业人员诚信考核和计分考核周期为12个月，从初次领取从业资格证件之日起计算。诚信考核等级分为优良、合格、基本合格和不合格，分别用AAA级、AA级、A级和B级表示。在考核周期内，累计计分超过规定的，诚信考核等级为B级。

省级交通主管部门和道路运输管理机构应当将从业人员每年的诚信考核和计分考核结果向社会公布，供公众查阅。

3　从业行为规定

1）道路危险货物运输从业人员应当在从业资格证件许可的范围内从事道路运输活动。道路危险货物运输驾驶员除可以驾驶道路危险货物运输车辆外，还可以驾驶原从业资格证件许可的道路旅客运输车辆或者道路货物运输车辆。

2）在从事道路运输活动时，道路危险货物运输从业人员应当携带相应的从业资格证件，并应当遵守国家相关法规和道路运输安全操作规程，不得违法经营、违章作业。

3）道路危险货物运输从业人员应当按照规定参加国家相关法规、职业道德及业务知识培训。

4）道路危险货物运输驾驶员不得超限、超载运输，连续驾驶时间不得超过4个小时，应当按照规定填写行车日志。

5）道路危险货物运输驾驶员应当按照道路交通安全主管部门指定的行车时间和路线运输危险货物；道路危险货物运输装卸管理人员应当按照安全作业规程对道路危险货物装卸作业进行现场监督，确保装卸安全；道路危险货物运输押运人员应当对道路危险货物运输进行全程监管。道路危险货物运输从业人员应当严格按照《汽车运输危险货物规则》(JT 617)、《汽车运输、装卸危险货物作业规程》(JT 618)操作，不得违章作业。

6）在道路危险货物运输过程中发生燃烧、爆炸、污染、中毒或者被盗、丢失、流散、泄漏等事故，道路危险货物运输驾驶员、押运人员应当立即向当地公安部门和所在运输企业或者单位报告，说明事故情况、危险货物品名和特性，并采取一切可能的警示措施和应急措施，积极配合有关部门进行处置。

4　从业违法行为的法律责任

道路危险货物运输从业人员从业违法行为的处罚措施

<table>
<tr><th>从　业　违　法　行　为</th><th>处　罚　措　施</th></tr>
<tr><td>未取得相应从业资格证件，从事道路危险货物运输活动的</td><td rowspan="3">处2万元以上10万元以下的罚款；构成犯罪的，依法追究刑事责任</td></tr>
<tr><td>使用失效、伪造、变造的从业资格证件，从事道路危险货物运输活动的</td></tr>
<tr><td>超越从业资格证件核定范围，从事道路危险货物运输活动的</td></tr>
<tr><td>身体健康状况不符合有关机动车驾驶和相关从业要求且没有主动申请注销从业资格的</td><td rowspan="3">由发证机关吊销其从业资格证件</td></tr>
<tr><td>发生重大以上交通事故，且负主要责任的</td></tr>
<tr><td>发现重大事故隐患，不立即采取消除措施，继续作业的</td></tr>
</table>

第三章

交通风险与交通安全意识

我国目前的道路交通安全形势严峻，而驾驶员安全意识的淡薄是引发道路交通事故的主要原因。因此，教练员对学员进行交通安全心理与交通风险知识的教育，对于培养学员的安全意识，养成预见性驾驶习惯，有效遏制交通事故的高发具有重要意义。

第一节　交通安全意识的形成

交通安全意识主要包括社会责任意识和遵章守法意识。交通安全意识应始终贯穿在驾驶实践活动中，它包含人的心理因素、伦理道德观念以及人的认知方式和行为习惯等。

一、驾驶学员事故风险变化规律

驾驶学员事故风险性的变化规律

事故风险性	驾驶学员	新手	有经验的驾驶员
高			－ 有侵略性的驾驶员 － 喜欢冒险的驾驶员
中	刚拿驾驶证的新手	有几周驾驶经验的新手	－ 喜欢表现自己的驾驶员 － 有时间压力和精神压力的驾驶员 通过自己考虑，自我反省，可以避免以上情况
低	没有驾驶证的学员		头脑清醒，有良好的控制情绪的能力，遵章守法，文明行车

从驾驶学员到驾驶员的角色变换，其事故风险性也在不断发生变化。开始时，驾驶学员能够在教练员的指导下安全地驾驶。考取驾驶证后，新驾驶员能够小心谨慎地驾驶，避免危险。但随着经验的不断增加，驾驶员往往过高地估计自己的驾驶能力，不能正确认识各种交通风险，不时地扮演冒险家或炫耀者的角色，很容易引发交通事故。

二、交通安全意识的不同境界

安全意识与个人的社会责任感、驾驶道德、操作技能、对道路交通法规的遵守以及道路安全知识的掌握与运用程度有关。其中，社会责任感是决定驾驶员安全意识的重要因素。

安全意识的三种境界

境　界	特　点	原　因
初级境界	在参与交通的过程中，以不发生交通事故作为行为准则，常会出现一些违规的行为	– 社会责任感不强； – 不具备良好的驾驶道德； – 对道路交通法规的理解不足； – 对交通情况的把握能力不够
中级境界	不仅注意安全行车，尽量避免交通事故的发生，而且能控制自己的行为，不影响道路交通的安全性	– 有一定的社会责任感； – 基本具有礼让他人的文明行车意识； – 对道路交通法规有一定的理解； – 对交通情况有一定的把握能力
高级境界	不仅能自觉地保证道路交通的安全性和畅通性，而且能时刻从交通的全局考虑问题	– 具有高度的社会责任感； – 具有良好的驾驶习惯和礼让他人的文明行车意识； – 对道路交通法规有非常深刻的理解和运用能力； – 对交通情况有很好的把握能力

三、培养学员交通安全意识的途径

安全意识教育是驾驶培训的重中之重，在教学过程中教练员要抓住安全意识教育的主线，将其贯穿在驾驶培训的各个环节。

1　增强学员的社会责任感

人类在充分享受汽车文明成果的同时，也面临着交通事故的威胁。交通事故使多少幸福家庭在顷刻之间被击得粉碎；多少老人面临白发人送黑发人的悲惨境地；又有多少青壮年英年早逝，儿童失去快乐的童年。交通事故带给受害人及其亲人的身心伤痛无法估量和弥补，带给社会的危害也无可挽回，而这一切都是驾驶员瞬间操作失误的直接后果。

每一位驾驶员都是交通系统的一个“音符”，对保障交通安全负有社会责任。人们需要安全的交通，社会呼唤安全的驾驶员，避免交通事故，建立和谐交通是我们的共同愿望。教练员要告诫学员：从起动发动机的那一刻开始，你就承担了维护自己和他人生命、保障交通安全的社会重任，任何具有侵略性、冒险性的驾驶行为，不当操作和失误，都有可能危害道路交通安全。作为即将跨入驾驶员队伍的驾驶学员，要本着对生命的充分关爱和尊重的原则，始终把安全放在第一位，谨慎驾驶，文明行车，共同构建一个安全、和谐的交通环境。

2　进行安全知识教育

交通安全意识的形成与驾驶员对道路交通安全知识的认知程度有关。掌握必要的交通安全知识是养成良好的安全意识的前提。如让学员了解交通法规知识，培养遵纪守法意识；掌握交通风险知识，学会提前预测和防范风险；熟悉安全心理常识，有效进行自我心理调节；通晓车辆构造知识，正确保养和维护车辆，自觉实施安全检视；进行驾驶技能训练，提高车辆驾驶能力，减少操作失误等。

对道路交通的正确认知，指导着道路交通行为的正确性。教练员只有进行必要的安全知识教育，才能使学员知法、守法，做到提前预防、仔细观察和预见性驾驶，自觉维护交通安全。

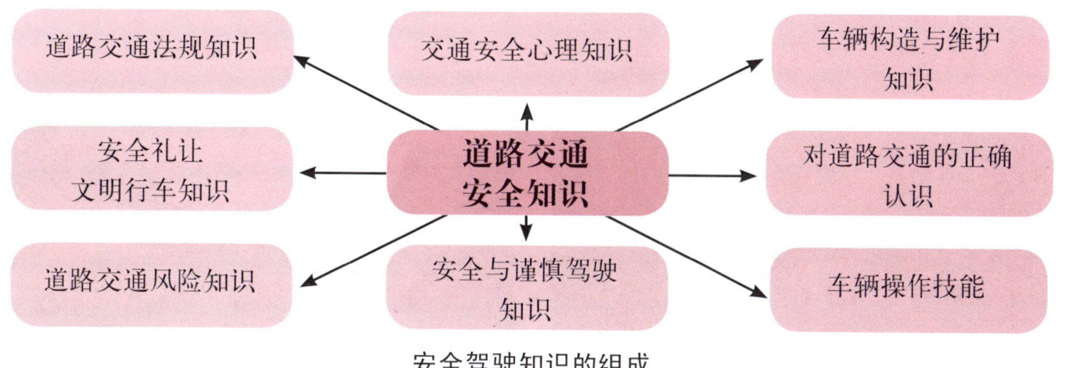

安全驾驶知识的组成

3　培养良好的驾驶习惯

对于学员来说，驾驶技能的掌握相对容易一些，而养成良好的驾驶习惯却不是一朝一夕就能实现的，要经过较长的潜移默化的培养。安全意识的形成除了和学员的个人修养、价值观等有关，更多地需要教练员在教学中向学员传授和强化。

学员在学习驾驶的过程中接受的安全意识教育，对其一生的驾驶行为都将产生深远的影响。良好的驾驶习惯的培养是将安全意识落到实处的重要手段。在驾驶教学的各个环节，教练员都要注重让学员养成正确的驾驶习惯，如培养学员系安全带的习惯，培养学员转弯时通过后视镜观察后方交通情况的习惯。

第二节　交通参与者的风险因素

交通参与者是指以任何一种行为方式参与交通，并对交通状况产生影响的个体，如行人、机动车驾驶员、非机动车驾驶人等。参与道路交通的方式不相同，对道路交通安全肩负的责任和构成的危险也不相同，可能受到的伤害也有差异。学员只有了解道路交通中存在的各种风险因素，才能在实际驾驶中采取预见性的驾驶行为，规避交通风险。

一、行人的交通特性与风险因素

与机动车相比，行人这一群体数量众多，但道路安全知识参差不齐。一些人或是出于对交通法规的漠视，或是贪图方便，常常会选择非人行横道横穿道路，一旦发生交通事故，就会因为缺乏保护而受到重创或致死。行人是道路交通中的弱势群体。

1　儿童

儿童具有爱玩耍、好动的天性，容易产生突然、自发的行为。由于生理和心理发育的特点，儿童在参与交通的过程中，既没有自我保护的意识，也没有自我保护的能力，表现出如下的行为特性：

1）行为无常，注意力通常集中于自己感兴趣的事物。儿童常常会因为玩耍而不顾周边的交通情况，遇到突发事件时，会惊慌失措，错误地选择应对措施。

减速！儿童不会注意车辆

2）身材矮小，容易落入驾驶盲区。和成人相比，儿童身材矮小，特别是当他们处于车辆的某个角落时，不容易被发现。在起步和倒车之前，要下车观察盲区内的情况，确保安全。

3）行车中，必须提前预测来自儿童的危险。在一些情况特殊的交通地段，即使没有看到儿童，也应提前减速，随时准备停车。

2 青少年

在道路交通中，青少年既是一个朝气蓬勃的群体，也是交通风险较大的群体，主要表现在：

1）注意力不集中。青少年对外界事物充满好奇，喜欢东张西望，与同伴同行时，他们喜欢并排行走、谈笑风生，而不注意周边的交通情况。

2）喜欢冒险。青少年常常表现出喜欢冒险而不顾后果的特点，如：喜欢走捷径或者为了向同伴显示“勇敢”而违反交通规则、横穿马路等。

教练员应提示学员行车中遇到青少年，注意提前减速；发现青少年违章、铤而走险时，要注意避让，必要时停车让行。

3 老年人

老年人容易通过外表来辨认，他们的行为特性主要表现在：

1）反应迟钝、行动缓慢。老年人视力与听力不好，反应迟钝，行动迟缓，思维容易只集中到某个事物上，不能迅速地判断交通情况。

2）应变能力差。老年人面对大城市复杂的道路交通情况，往往感到力不从心。例如在横穿马路时，有时候他们会滞留在道路上，有时又会不顾周边的交通危险而突然转身返回。

行车中遇到老年人时，要有耐心，提前降低车速，观察其动态。当发现老年人因为行动缓慢而滞留或突然转身返回时，教练员应提醒学员立即停车，让他们安心通过。

4　残疾人

不同的残疾人伤残情况不同，其对事物的感知、判断能力会有所不同。

1）盲人听觉比较灵敏，但因为看不见周边的物体，所以察觉交通危险的能力较差，横穿街道时比较困难，需要借助盲人通道或者其他人的帮助。

2）聋哑人对声音反应迟钝，听觉较差，常常对声音刺激感觉迟钝或没有反应。

残疾人不能像正常人那样及时避让车辆，需要驾驶员格外关照。如果驾驶员多次鸣喇叭，而前方行人仍没有反应，教练员应提醒学员及时减速避让；当发现前方有盲人时，教练员应提醒学员要及时降低车速，也不要鸣喇叭，防止惊吓和干扰到盲人，必要时要停车让行。

二、机动车的交通特性与风险因素

在交通活动中，不同机动车，由于设计结构、使用功能不同，表现出的交通特点和潜在风险也不同。

1　大型客、货车

大型客、货车的主要交通特性有：

1）车身大、盲区大。大型车外型庞大、盲区也较大，驾驶员视野容易受到遮挡，难于全面观察其他交通参与者的动态。在大型车后行驶的小型车辆尤其不易被发现。

2）惯性大、制动较慢、转向困难。由于惯性大，大型货车和客车加速特性没有小型汽车好，因而行驶速度较低，同时，制动需要的时间也较长。大型车，尤其带有拖车的大型车行驶和转向时，需要较大的空间，容易出现占道的现象。

遇到大型车时，教练员要提醒学员注意提前减速，保持足够的安全间距，特别要留意观察盲区内的交通信息，发现情况立即避让或停车。在不能摸清盲区内交通的情况下，不要强行超车。

2　城市公交车

城市公交车的主要交通特性有：

1）有固定的行驶路线、专用车道和停靠站。

2）起步、停靠和人员上下频繁，常有等车人或下车人猛然跑出。

3）停靠时，常有机动车和自行车从左侧超越。

4）盲区大，驾驶员难以观察周边的交通情况。

公交车是城市交通的一大特点，行经公交车站时，教练员应提醒学员减速慢行，密切观察站内车辆和人员的动态，做好随时停车的准备，防止车前方有人突然冲入道路；特别是从左侧超越停靠的公交车时，要注意观察正在超车的自行车和其他车辆，并与他们保持足够的安全间距。

3 小型汽车

小型汽车的主要交通特性有：

1）车体小、加速性能好、速度快以及操纵灵活，因此在交通活动中容易被其他交通参与者忽视，留给其他驾驶员的反应时间也比较短。

2）行车中遇到小型汽车，教练员应提醒学员注意观察其动态，控制车速，并与小型汽车保持足够的安全距离；当行至有盲区的交通区域时，要注意观察盲区内的车辆情况，发现情况立即避让或停车。

车辆行驶至转弯处，周围有障碍物，影响视线

4 摩托车

摩托车的主要交通特性有：

1）体积较小、速度较快、转弯灵活。由于体积小，灵活性大，摩托车驾驶员常常在拥挤的车道中穿插，这是摩托车容易发生交通事故的重要原因。

2）缺少安全保障设施。摩托车驾驶员基本上处于完全暴露的状态，基本上没有安全保障设施，发生事故时，受到的伤害往往比较严重。

行车中遇到摩托车，教练员应提醒学员注意降低车速，观察摩托车的行驶动态，保持和摩托车的安全间距，随时准备避让或停车，防止和摩托车发生碰撞和刮擦。

注意穿梭的摩托车

5 特种车辆

特种车辆的主要交通特性有：

1）车速快。特种车通常执行紧急任务，时效性很强，因而车速不受限制。如消防车为了尽快地赶到事故地点，常常会在道路上鸣着警报高速行驶，其他车辆均必须为它让出道路。

2）不受通行规定约束，享有优先权。特种车在执行任务时不受行驶速度、行驶路线、行驶方向和指挥等信号的限制，享有优先通行权。

行车中听到特种车辆发出的报警音后，教练员应提醒学员及时判断车辆可能的方位，立刻靠边避让或停车让行，以保证特种车辆的顺利通过。

尽快为特种车辆让行

三、非机动车的交通特性与风险因素

1 自行车

自行车的交通特性主要包括：

1）自行车的交通特性很大程度上与自行车驾驶员的行为特性有关，如：青少年骑自行车时，喜欢逞能、冒险，速度比较快；老年人骑自行车时，速度比较慢，对突发事件的反应不够快。

2）安全保障措施较差，稳定性比较差，容易发生侧倒，尤其当骑自行车人松开车把与路边的熟人打招呼时。

注意骑自行车人的动态

3）自行车容易逆行和占道行驶。遇到雨(雪)天，骑车人常常会只顾低头避雨(雪)，匆忙赶路而不太注意遵守交通法规。当非机动车道路况不好时，自行车常常占用机动车道行驶。负重的自行车遇到前方障碍也会不顾后面的来车，而突然改变行驶路线，占道行驶。

行车中遇到自行车，教练员应提醒学员注意观察其动态，减速慢行，保持安全间距；特别是在雨雪天，要照顾路边的骑车人，随时准备停车或避让，防止自行车突然失控侧倒。当车辆右转弯时，要注意通过后视镜观察路上骑车人的动态，防止转弯时刮碰骑车人。

2　人力车

人力车的交通特性主要包括：

1）制动困难、不能及时避让车辆。人力车主要依靠人力驱动行走，制动装置简单，在遇到突发事件时往往不能及时避让车辆，特别是负重车上坡或通过坑洼路段时，尤为突出。

2）容易出现车辆横转和甩尾现象。装运大量货物的人力车，在停靠路边、避让车辆或单侧车轮阻塞时，会出现车体横转、车尾扫向路中的现象。

3）有时出现曲线行驶现象。上坡时为了省力，人力车往往曲线行驶，下坡则会快速滑行。

行车中遇到人力车时，教练员应提醒学员提前减速、观察其动态；超越和交会时，要和人力车保持足够的侧向安全间距，避免人力车负重或超越障碍时突然发生车体横甩。

3　畜力车

畜力车的交通特性主要包括：

1）不可控因素较多，遇到意外刺激易发生惊车。

2）夜间赶车人困乏时，牲畜往往走到道路中间或左侧，不能避让机动车。

行车中遇到畜力车应该及时降低车速，在靠近畜力车时，教练员应提醒学员避免鸣喇叭或急加速，防止牲畜受惊而发生意外；转弯遇到畜力车时，观察畜力车的占位和去向，让出足够的路面，低速谨慎通过。

四、典型交通环境的交通特性与风险因素

1　平面交叉路口

交叉路口是交通流的交汇处，易于产生交通冲突，是交通事故的多发区域。在教学中，教练员应提醒学员注意平面交叉路口存在的交通风险。

1）人流、车流量大。在平面交叉路口，各种交通参与者汇集，车辆、行人和骑车人会从不同的方向在这里集中，形成交通冲突，相互干扰，交通情况非常复杂。

2）视线盲区多。车辆行至交叉路口时，驾驶员视线易被路口周边的车辆与物体遮挡，难以全面观察交通情况。

3）转弯时，风险增大。车辆在平面交叉路口右转弯时，容易与迎面左转弯的车辆、横向车道直行车辆、横向车道掉头车辆以及右面人行横道行人或非机动车等其他交通参与者发生冲突；左转弯时，容易与迎面左转弯的车辆、迎面右转弯的车辆、横向车道直行车辆、横向车道掉头车辆以及左面人行横道行人或非机动车等其他交通参与者发生冲突，通行风险加大。

转弯处注意礼让

当临近平面交叉路口时，教练员应提醒学员提前降低车速，及时变更车道，注意观察交通信号，礼让具有优先通行权的其他交通参与者。同时，注意观察路口内车辆和行人的动态，特别是盲区内的交通信息，防止有人或车突然出现。当车辆转弯时，要打开转向灯，注意观察后视镜，必要时通过侧头观察周围其他车辆或行人动态，随时准备避让或停车。

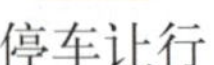
停车让行

减速让行

右转弯的观察过程

左转弯的观察过程

2　道路与铁路平面交叉路口

由于火车惯性大，制动困难，有固定的轨道，很难像汽车一样采取灵活的措施避开可能出现的危险，因此，道路与铁路平面交叉路口的交通风险较大，主要表现为：

1）车辆通行条件较差。道路与铁路路口平面交叉区域往往极不平坦，车辆通过时容易颠簸或被卡住。

2）道口交通混乱。铁道口放行路段的宽度一般都比较窄，放行时，各种交通参与者相互混杂，秩序混乱。

铁道交叉路口往往是重特大交通事故的多发区域，行至铁道口时，教练员应提醒学员注意停车瞭望，防止火车突然出现；在通过铁道交叉路口时，要注意保持和其他同行者之间的安全间距，同时要选择正确的挡位，慢速通过铁轨，避免在铁轨加速、减速和制动，防止在铁轨上出现发动机熄火的现象。

减速！前方有铁路道口

无人看守铁路道口

有人看守铁路道口

3　人行横道

人行横道是行人参与交通受保护的区域，由于行人繁杂，不可预测现象时常出现，增加了行经人行横道时的交通风险，主要表现为：

1）行人时常滞留。一些行动不方便的老人、儿童和残疾人在通过人行横道时，会滞留在横道上或突然转身返回。

2）行人突然横穿道路。在人行横道的通行信号由绿灯变为红灯时，常会出现行人违反交通法规，突然横穿人行横道的现象。

通过人行横道时，要以行人安全为最高准则。当车辆行至人行横道时，教练员应提醒学员注意降低车速，观察行人的动向，随时做好停车准备，防止有人滞留或突然横穿马路。

人行横道

注意行人

做好随时停车的准备

4　学校附近

学校附近是学龄儿童、中小学生或者接送孩子的老人与家长经常来往的地方，行经学校附近的交通风险主要表现为：

1）人员和车辆密集，交通拥堵。在上学和放学高峰时间，学校周围交通混乱，容易发生交通事故。

2）学生时常冲入道路。在放学时段，学生难得有了放松的机会，他们经常嬉戏、打闹，年龄较小的儿童甚至会冲上马路，相互追赶、奔跑。

当驾车行经学校附近时，教练员应提醒学员注意保持低速，密切观察周围行人和车辆的动态和处于盲区内的交通信息；当途经小学和幼儿园附近时，尤其要密切注意儿童的动向，防止儿童突然冲入道路，做好随时停车的准备。

注意儿童

5　隧道

隧道的交通风险主要表现为：

1）隧道内外光线变化较大。山区道路中的隧道通常没有照明设施，隧道内外光线变化较大，尤其是较长的隧道，驾驶员驾车进入隧道时，眼睛通常会有一个从亮到暗的适应过程，这个时间一般比较长，驾驶员会出现视觉的暂时丧失；驶出隧道时，眼睛又有一个从暗到亮的适应过程，使隧道的驾驶风险增加。

2）雨天进出隧道时，容易出现“帘布效应”。下雨时，在隧道的出入口处，由于雨幕和光的折射作用，驾驶员对交通情况的观察会出现失真现象。

3）隧道出口可能有强烈的横风。在隧道内完全没有风，因此驾驶车辆驶出隧道出口处时，需要提前做好准备，当车辆发生两侧移动的情况时，要握稳转向盘，防止车辆发生侧滑或偏离行车道。

进入隧道前，教练员应提醒学员注意交通标志，提前减速慢行；根据需要打开示宽灯和近光灯等车灯，缩短“暗适应”时间。

限制速度

隧道

在隧道行驶过程中，要靠右侧行驶，在设立交通信号和交通标志的隧道中，要严格按照交通信号的规定通行。在车辆到达出口时，要注意眼睛由暗转明的适应过程，握稳转向盘，防止由于横风的影响造成的偏移，或因“帘布效应”造成视觉错觉。

6　弯道和曲线路段

弯道和曲线行驶的交通风险主要表现在以下两方面：

1）离心力作用容易导致侧滑。转弯时如果车速过快，离心力就会超过地面和轮胎之间的附着力，造成车辆侧滑。

2）驾驶员视线受限。弯道和曲线驾驶时，驾驶员的视线往往被山体和其他障碍物阻隔，难以及时发现前方的交通情况。

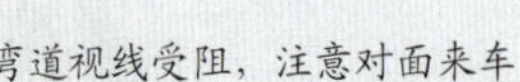
弯道视线受阻，注意对面来车

在弯道和曲线驾驶中，教练员应提醒学员注意降低车速，防止速度过快引起车辆侧滑；充分利用喇叭提醒弯道对面的车辆和行人注意，掌握好转向盘转动和回正的时机；同时要靠右侧行驶，避免占道行驶。

7　上坡和下坡路段

坡道是驾驶员经常会遇到的一种道路环境，尤其是在多山地区。在大城市车辆上立交桥的时候也会碰到类似的情况。坡道驾驶存在的风险因素主要包括：

1）坡顶对面有盲区。接近坡顶时，驾驶员的视线会受到限制，看不清对面来车的动向。

2）车辆需要较大的驱动力。在坡道上，由于车辆重力的作用，车辆会有下溜的趋势，需要更大的驱动力。

3）下坡制动距离延长。车辆下坡由于重力的作用，速度越来越快，制动距离比平坦路面要长。

4）长时间制动容易造成制动热衰退。

避免坡道驾驶的风险，要注意上坡、接近坡顶和下坡的正确操作。上坡时要选好合适的挡位，避免因驱动力不足中途熄火，同时保持与前车的安全间距，低速行驶；接近坡顶时，要控制车速，靠右行驶，并利用鸣喇叭提醒对向车辆注意；下长坡时，换低挡以利用发动机对车辆的牵阻作用降低车速，防止长时间制动导致制动器热衰退，禁止空挡滑行。

第三节　安全驾驶的影响因素

驾驶车辆时，需要驾驶员始终保持充沛的精力并集中注意力。一些不良行为习惯和心理因素，均会影响行车安全。教练员向学员传授交通安全心理知识，对于有效控制影响安全驾驶的负面因素，保障行车安全非常必要。

一、情绪、精神压力对安全行车的影响

1　情绪

在现实生活中，我们每天都有不同的情绪，有时情绪好，有时情绪坏。如高兴、生气、骄傲、忌妒和仇恨等。无论是积极亢奋的情绪，还是消极低沉的情绪，都会影响安全驾驶。

1）带有高兴和骄傲的情绪时，驾驶员易于分散注意力，降低对交通情况的判断能力，或者过高估计自己的能力而开“英雄”车。

2）带有生气和仇恨的情绪时，驾驶员也容易分散注意力，操作失误会增加，甚至有开“斗气”车的倾向。

教练员应提醒学员，行车前产生强烈的情绪时，要及时通过心理调节予以化解。

行车前情绪的控制方法

产生情绪的原因	控制的办法
与领导或同事怄气	转移注意力，想一些轻松愉快的事情
即将参加一次重要的考试，感到紧张	保持自信，暗示自己已准备充分，放松心情
与家人或朋友吵架	换位思考，保持宽容
将与老朋友相聚而激动不已	听一些轻松舒缓的音乐，平静心情

2　精神压力

精神压力来自生活的方方面面。如：在职业生活中，精神压力可来自同事关系、工作压力、过度劳累等；在家庭生活中，精神压力可来自家庭关系不和或疾病；在开车过程中也会因外在的因素产生精神压力，例如：

1）在停车场找不到车位。

2）在恶劣条件下长时间驾驶。

3）交通高峰期，严重的堵车或者时走时停。

精神压力容易分散注意力，紧张和焦虑会导致操作失误增多，甚至会有冒险行车的倾向。因此，教练员应提醒学员，及时找到释放压力的方法，避免影响行车安全。

合理安排时间，保持身体状态

听听音乐，调节心情

二、交通冲突中的自我控制和礼让

道路交通是由不同的交通参与者共同参与构成的，因此，道路交通安全需要交通参与者来共同维护。然而，由于每一位驾驶员的个人修养、生活经历、职业、性格和文化水平存在差异，对道路交通问题的处理方式也不同，由此引发的交通冲突时有发生。

1　交通冲突产生的原因

交通冲突的产生与许多因素有关：如交通拥挤、时间压力、个人情绪等。有些驾驶员为了节省时间喜欢冒险，在拥挤的道路上频繁变更车道、超车，从而引发矛盾；在狭窄的道路上，对向两车辆互不相让；行驶过程中两车互相斗气，你蹭我一下，我别你一下；更有甚者，采取极端的侵略性驾驶行为，将车抛在路上，互相拳脚相加，一争高下，造成交通拥堵或引发事故。越来越多的交通冲突的出现给道路交通的安全与畅通带来巨大的影响。因此，教练员要培养学员的群体观念、协作观念、安全观念，正确处理交通冲突问题。

文明哪里去了？

强行超车，引起报复心理

2　冲突中的自我控制和礼让

面对交通冲突和侵犯性的驾驶行为，教练员应教导学员以行车安全为最高原则，保持豁达宽容的心态，相互礼让。教练员特别要指出“针锋相对”不是解决问题的好办法，如果被侵犯者为了使自己感到“舒服”，表达愤怒等情绪，对驾驶侵犯制造者进行报复，不仅不能解决问题，反而会导致冲突升级，甚至引发交通事故。发生交通冲突时应切记：忍一忍风平浪静，让一让海阔天空。

教练员应该告诫学员，要想得到他人的尊重，首先要学会尊重他人，在行车过程中要采取自律的驾驶行为，避免发生交通冲突。如遵守道路通行规则，保持适当的跟车距离；需要让行时，主动给他车让道；避免频繁变更车道，不占用人行横道；会车时正确使用灯光，按照规定使用信号灯。

交通冲突中的情绪控制

产生情绪的原因	控制的办法
有人超车抢道	保持宽容的态度，容忍他人的错误，尽可能让出车道
后车离你太近，并不停地用喇叭和灯光信号催促你	换位思考：后车驾驶员很可能时间紧迫，我应当及时给他让路，以免让他继续着急
前车行驶速度较慢，妨碍你行车	告诉自己：前车驾驶员可能是一个新手，比较胆小，或者不熟悉地形，同是驾车人，应该多些体谅
夜间会车，对向来车不及时变换灯光，用远光灯使你产生眩目	关闭远光灯，减速避让，必要时选择安全的地点停车
他车违背通行规定，无视你的通行优先权，抢道先行	礼让他车先行

三、疲劳驾驶的危害和预防

疲劳是人经过连续的体力劳动和脑力劳动后，工作能力暂时下降的一种状态。驾驶中的疲劳主要是由于行车中驾驶员长时间的注意力集中、不断观察和判断各种情况，致使感觉器官(如：眼、耳等)和中枢神经始终处于紧张状态。因此，驾驶疲劳是一种神经疲劳。

在我国，驾驶员疲劳已经成为交通事故高发的重要原因之一，20%以上的交通事故是由疲劳驾驶直接导致的。事实上，由于驾驶疲劳引起的交通事故很难界定，因此由疲劳引发事故的比例要远远高于20%。

1　疲劳对安全驾驶的影响

疲劳对安全驾驶的影响主要表现为：判断力下降、反应迟钝和操作失误增加，严重时驾驶员会失去对车辆的控制能力。

疲劳对安全驾驶的影响

疲劳驾驶的影响	主　要　表　现
感、知觉机能弱化	– 听觉和视觉敏锐度降低、产生视觉错觉； – 注意力范围变小、注意力转移迟缓、注意力分配困难； – 驾驶活动必需的生理过程组合的内部协调受到破坏
反应潜伏期显著延长，判断能力下降	– 反应时间显著延长； – 反应的灵敏性和对信号的处理能力下降
操作动作的准确性下降	动作的协调性受到破坏，出现动作过于急促或过分迟缓的现象。严重疲劳时发生手足发抖、脚步不稳、动作失调、肌肉痉挛

2　疲劳的生理和心理表现

根据疲劳的程度不同，可将疲劳分为轻度疲劳期、中度疲劳期和重度疲劳期。当产生轻度疲劳时，驾驶员会出现操作紊乱，操作和判断事物能力下降。当产生中度疲劳时，驾驶员工作能力的各项指标急剧下降，驾驶动作出现经常性差错，极易导致事故发生。当产生重度疲劳时，驾驶员出现经常性的意识短暂丧失和对外界刺激没有反应的现象，是事故的高发期。

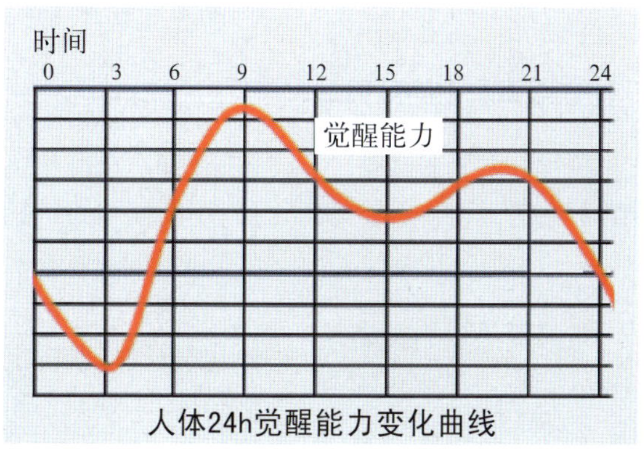

人体24h觉醒能力变化曲线

疲劳的主要征兆

疲劳程度	征兆
轻度疲劳	频繁打哈欠，眼皮沉重，换挡不及时，不准确
中度疲劳	眼睛疼、口干舌燥、走神、全身发热
重度疲劳	虽睁着眼却出现瞬间意识模糊，头不由自主地往下耷拉，心跳加快，视像出现重影，浑身发颤，出冷汗

3　驾驶疲劳的预防

疲劳产生的原因和对策

驾驶员的疲劳表现	疲劳产生的原因	预防措施
感觉困倦	– 睡眠不足 – 连续驾车超过4小时以上	– 调整工作安排，保证行车前有足够的睡眠 – 掌握疲劳自检方法，感觉疲劳时，选择安全的地方停车休息和调整
深夜开车精神不好，犯困	违背生理节律，经常在0:00~5:00时间段行车	科学安排行车时间，充分利用生理高潮期，力求避免生理低谷时驾驶车辆
中枢神经受到抑制，产生困倦	外界信息过少，道路交通环境不利于安全驾驶	– 开窗通风，呼吸新鲜空气，听一些轻松欢快的音乐，活动一下身体 – 适当增加中途休息次数，如每隔2h休息一次
腰酸背痛，头晕目眩，精神烦躁	驾驶环境恶劣，长期保持同一驾驶姿势，驾驶舱的温度、空间、噪声、振动、照明等条件不利于驾驶员行车	改善驾驶工作环境，必要时根据自身状况安排休息
感冒等疾病引起身体不适，四肢乏力、困倦	驾驶员的身心状况不适合行车	避免带病工作或过于饥饿和饱食，合理调配饮食，吃一些容易消化的食物

四、注意力不集中对安全行车的影响

引起驾驶员注意力不集中的原因有许多，如:主观意识、生理状态、情绪和兴趣趋向等。当出现注意力不集中的情况时，驾驶员不能全面地观察、正确地判断和处理目前的交通状况，教练员应提醒学员及时进行调整或者停车。

影响驾驶员注意力的原因和解决办法

注意力不集中的原因	解决办法
精神非常紧张或情绪不稳定	– 在开车前减小精神紧张的程度； – 不能使情绪得到稳定时，最好不要上路行驶
与同伴热烈的交谈	– 开车期间不要过多交谈，说话的同时不要放松对道路交通情况的观察； – 如果交通状况混乱，应禁止交谈； – 在开车期间，不要与同伴进行热烈的交谈或发生激烈的争吵

续上表

注意力不集中的原因	解 决 办 法
音响声过大	– 将音量调小，以便及时了解外界的交通动态(特种车辆警笛和普通车辆喇叭声)； – 不要让吵闹的音乐或收音机中有趣的节目分散注意力； – 在开车期间不要经常“摆弄”收音机
接听或拨打手持电话	– 驾驶车辆时禁止接听或拨打手持电话； – 特殊情况，应将车停到安全地点后再接听或拨打手持电话
车上有小孩哭闹	待妥当处理后，再继续行车

五、饮酒和药物对安全行车的影响

1 饮酒对安全行车的影响

酒后驾车的主要原因是缺乏安全意识，许多机动车驾驶员盲目轻信自己的能力，没有意识到饮酒会影响判断和操作，对驾驶安全构成潜在的危险。

饮酒对行车安全的影响

影响因素	具 体 影 响
觉察力	– 视野变窄、视觉和听觉能力减退； – 不能正确地估计行车车速和安全间距
反应能力	– 反应变慢； – 变得犹豫不决
预见性驾驶能力	– 难以提前对交通情况作出正确的分析和判断，并采取相应的措施； – 严重醉酒时，对交通情况的分析和判断能力完全丧失
自我判断能力	变得胆大、轻率和冒险

无证酒后驾驶 车辆失控坠崖

2009年6月11日18时，哈尔滨市香坊区境内，一无证人员酒后驾驶大客车，分别与同方向行驶的出租车、微型客车尾随相撞，造成3人死亡（出租车内）、3人受伤（出租车内2人、微型客车内1人）。

原因分析：

经查，肇事者在未取得有效驾驶证的情况下，擅自驾车上路行驶。虽然道路条件良好，但肇事者酒后意识模糊，无法判断与前方车辆的安全距离，且操控能力下降，造成严重的交通事故。

预防措施：

驾驶员必须参加驾驶培训，以合法的手段获取机动车驾驶证；通过培训学习安全驾驶知识，掌握安全驾驶技能，树立良好的安全意识；遵章守法，切不可酒后驾驶。

2 药物对安全行车的影响

一些作用于中枢神经系统的药物，如镇静剂、兴奋剂和致幻剂，在服用后会产生一系列的副作用，诱发交通事故。当学员在服用上述类似药物时，教练员不得让其驾驶。这些药物的具体作用见下表：

影响安全行车的药物及其作用

药物类型	积极的作用	负 面 作 用	药物举例
镇静剂	在不减弱人的思维能力的情况下消除人的恐惧感、不安感和紧张情绪	– 使人肌肉活力下降，表现出消极的情绪； – 引起头晕目眩、乏力等症状； – 使机体出现动作协调失控、反应迟钝等危险	安定片、安达可辛等
兴奋剂	疲劳感降低、睡意消失；智力和活动的积极性提高，思维活动改善；动作速度加快	会使驾驶员的某些抑制因素作用减退，以致丧失警觉性和过高地估计自己的能力	咖啡因等
致幻剂	局部麻醉，消除疼痛	– 产生幻觉，出现类似精神分裂症的症状； – 体力和智力下降，短时间内丧失驾驶能力	普西比辛等

第四节 安全与谨慎驾驶知识

安全意识的培养以安全驾驶知识为基础。教练员让学员掌握安全与谨慎驾驶的知识，牢记谨慎驾驶的三条黄金原则：集中注意力、仔细观察和提前预防，对于创建安全、和谐、文明的交通环境具有重要的意义。

安全行车黄金三原则，托起幸福生活

一、安全与谨慎的驾驶态度

1 正确的驾驶态度

驾驶态度是驾驶过程中的一种行为倾向，有什么样的驾驶态度就有什么样的驾驶行为。安全谨慎的驾驶态度的核心是树立安全行车意识。

安全意识的养成受到多方面因素的影响。例如，驾驶员对道路交通的认识是否正确、对道路交通法律法规是否严格遵守，是否具有社会责任感等。具有正确驾驶态度的人能够清楚认识自己在道路交通安全中担负的责任，严格遵章守法；不以自我为中心，处处考虑他人的方便和安全；在驾驶过程中，从不过高估计自己的能力；善于控制自己的情绪，能够礼让照顾他人。

驾驶培训应该始终把对学员安全意识的教育放在首要位置，并贯穿于驾驶培训的各个环节。在理论课上，教练员要向学员传授交通法律法规知识、道路交通风险知识、交通安全心理常识、驾驶员的社会责任、安全谨慎驾驶知识等相关内容；在实操训练中，教练员要以相关理论知识为指导，教授学员掌握各种驾驶操作技能、应急驾驶方法，及时纠正操作错误，培养学员养成良好的驾驶习惯。

2 改善学员驾驶态度的基本方法

人对事物的态度，很大程度上与个人品质修养、对事物的认知程度、个人的兴趣爱好有关。在短暂的教学活动中，要改变学员的不良驾驶态度，并非轻而易举的事情。要达到这个目的，教练员必须掌握以下方法：

1）帮助学员找到问题所在。教练员可以通过观察，帮助学员发现自身存在的问题，也可以结合具体的事故案例，使学员认识到正确的驾驶态度的重要性，找到不足之处。

2）激发学习兴趣。仅仅让学员找到存在的问题，还不能达到改善驾驶态度的目的。教练员要通过耐心诱导和适时指导，激发学员的学习兴趣。

3）给予激励和指导。在这个过程中教练员要善于发现学员的进步，不断地给予学员鼓励和指导，并为学员指引达到目的的途径与方法。

4）帮助学员养成良好的习惯。教练员通过督促，使学员将正确的驾驶态度记在心中并成为习惯动作。如学员在接近人行道时习惯性地降低车速，并环视周围，观察交通情况等。

二、安全与谨慎的驾驶行为

驾驶态度最终是通过安全与谨慎的驾驶行为得到体现，安全与谨慎驾驶行为的内涵包括集中注意力、仔细观察、提前预防、尽量避免驾驶错误等方面。

1 集中注意力

集中注意力是指在各种交通情况和外界干扰条件下，驾驶员始终能集中注意力观察车辆周边交通情况的能力。行车过程时刻伴随着各种危险，驾驶员瞬间的粗心大意都有可能酿成交通事故，因此，驾驶员的注意力是否集中对于安全行车非常重要。

在教学中，教练员不仅要向学员强调注意力对安全驾驶的影响，注意力不集中会导致怎样的后果，还应当帮助学员正确地评价自己和采取必要的预防措施。

紧急情况的预防措施

状　况	交通情况预测	预　防　措　施
有小孩在路侧玩耍	小孩突然从车的前侧跑到路上	始终保持对周边情况的观察，以便能够对突然出现的危险及时地做出反应
熟悉的路段	熟悉的路段上也有潜在的危险	即使在比较熟悉的交通路段，也需要高度集中注意力
学校、幼儿园附近	在学校和幼儿园附近，交通比较混乱，需要注意儿童	驾驶车辆要全神贯注，做好随时停车的准备
长时间开车	长时间开车，尤其是夜间驾驶，驾驶员疲劳感会增加	根据自己的承受能力，确定自己的驾驶时间，感觉疲劳时，应适当休息

2 仔细观察

仔细观察是指驾驶员集中注意力对周边的交通情况进行观察，是安全驾驶的前提和基础。教练员应在驾驶训练中，教会学员如何从最佳的角度纵观全局，合理分配和转移注意力，及时洞察来自各方的危险。

在十字交叉路口右转弯时，教练员应提醒学员，不仅要观察交通信号灯、交通标志标线，而且还要观察左后方、左前方、右前方的交通情况，尤其是右前方人行横道的情况。在教学中，教练员要提醒学员善于利用后视镜观察交通情况，必要时通过侧头看，即所谓的“扭头看”来获取交通信息。对于处于盲区中的交通信息，必要时应下车观察。

3 提前预防

提前预防是指驾驶员在驾驶过程中，及时预测潜在的危险，并提前采取合适的应对措施。提前预防首先要求驾驶员必须能够觉察和正确判断潜在的危险，其次是对可能出现的危险及时作出正确的反应，采取预见性驾驶。

1）觉察危险。觉察危险是预见性驾驶的前提。例如，行人在行车道上行走，并越过中心线，驾驶员须判断出他准备横穿马路。驾驶员对危险的观察和判断受很多因素的影响。

减速，礼让行人

预见性驾驶的影响因素

影响因素	关系
驾驶经验	驾驶经验越丰富，越容易判断在哪些情况下会发生危险
感官	眼睛和耳朵发挥的作用越好，就能越早和越容易觉察危险
安全知识的掌握程度	掌握的安全知识越多，越容易发现潜在的危险
注意力	要求驾驶员有注意力分配和转移的能力，驾驶时精力越充沛、注意力越集中，越容易觉察危险
觉察危险征兆	潜在危险的征兆发现得越早，越容易避开危险
观察能力和判断力	对周围交通情况观察得越全面，发现危险的时间越早

2）避开危险。发现危险，并且采取恰当措施，是预见性驾驶的最终目的。当驾驶员遇到危险时，其控制和避免危险的过程可以用下图表示。

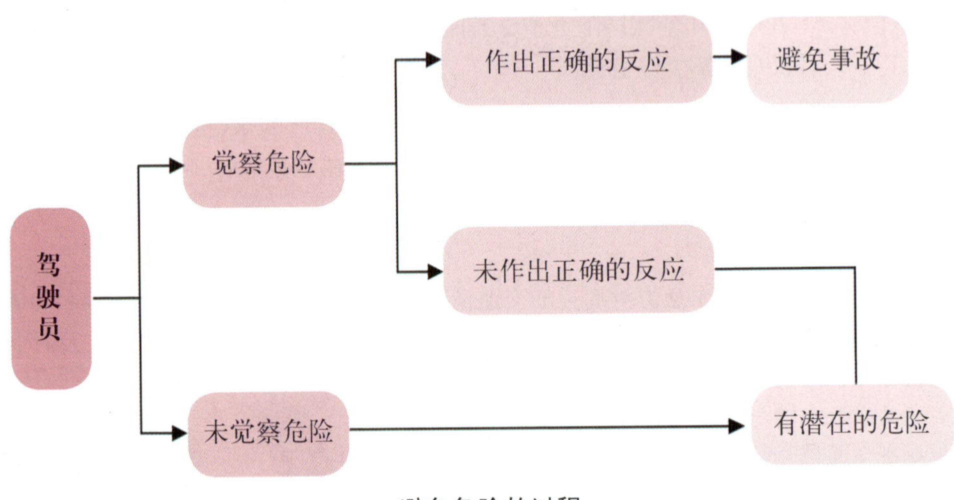

避免危险的过程

在教学中，教练员应向学员强调觉察危险并作出正确反应的重要性，指出不同交通情况下学员应注意的问题，以及如何正确地实施操作等。

4 顾及他人、文明行车

驾驶过程中的不顾及他人和不文明行车是诱发交通事故的重要原因之一，提倡礼让和文明行车是安全与谨慎驾驶的重要内容。

顾及他人、文明行车是尊重生命、具有较强的安全意识、高度的社会责任感和高尚人格的表现。在教学中，教练员应向学员说明什么是不顾及他人和不文明的驾驶行为；这种行为对驾驶安全会产生什么样的影响；驾驶员应当怎样避免这些行为。

两种驾驶行为对比

不顾及他人、不文明的驾驶行为	顾及他人、文明的驾驶行为
酒后驾驶，疲劳驾驶	遵守交通法规，珍爱自身和他人的生命
漠视交通安全，追求刺激，开快车、冒险车，无视他人的优先行驶权，抢道行驶	严格遵守道路通行规定，控制车速
通过泥水路面，不主动减速，造成泥水飞溅，影响行人和其他车辆	关注周边的交通参与者，尤其是行人等弱势群体
对车辆性能疏于了解，漠视车辆维护保养	重视车辆维护与保养，确保车辆具有良好的技术性能
不按规定变换车道，闯红灯，交叉路口暂停时越过停止线，妨碍道路畅通	遵守道路交通法规，知法、守法，确保道路交通有序、畅通
直行车占用左右转弯道，转弯车占用直行道，转弯时不打转向灯	严格按照交通标志标线行车
行车中遇到其他车辆发生故障需要帮助，不加理会	行车中遇到其他交通参与者需要帮助，给予热心帮助
跟车行驶时用喇叭催促前车，逼迫前车让路，制造噪声	耐心地跟车行驶，保持安全间距
运营车辆任意停车揽客、上下客，阻挡后车，造成交通拥挤、堵塞	按照规定停靠，确保道路交通有序、畅通
行车中随意向车外吐痰，抛撒烟蒂和杂物等	车内设置废弃物存放处，具有良好的环保驾驶意识
货车不按规定装载，超载、超长或超重	遵守道路交通法规，不超载，不混装

5　尽量减少驾驶错误

产生驾驶错误的原因有很多，最常见的是驾驶员缺少驾驶经验。在教学中，教练员应及时指出和纠正学员出现的错误，以免养成错误习惯，并加强正确操作的训练。

在驾驶中常犯的错误类型及事例见下表：

错误驾驶行为分析

错误类型	原　因	具　体　事　例
计划不周密，行车前准备不当	忽视车辆的检查与维护	制动系统工作不正常
	行程的时间安排得太紧	由于时间紧迫，开车时精力不集中，而且车速过快
	未做好上路的准备	由于对路线不熟悉，驾驶过程中常常出现错误的行为
注意力不集中	注意力分散	只顾看路边的热闹，“摆弄”收音机或边开车边打手持电话
没有良好的安全意识	对影响安全驾驶的因素可能产生的后果认识不足	疲劳驾驶、酒后驾驶和超载行驶

续上表

错误类型	原　因	具　体　事　例
观察能力差	视力不佳	不能正确观察周边的交通情况
	对周边的交通情况观察不全面	转弯时只顾往前看，未注意车侧的其他交通参与者，例如，忽略了自行车驾驶人
驾驶技能差	驾驶操作不熟练	– 换挡、转向和制动时，不能注意路上的交通情况，在复杂交通状况下极易犯此类错误； – 操作不当使发动机熄火，因而妨碍交通的畅通
	没有驾驶经验	缺乏复杂交通状况下的驾驶经验
	操作错误	换挡时不使用离合器配合
判断能力差	对交通状况判断有误	错误估计了其他交通参与者的动态情况
	安全驾驶知识欠缺	过高强调优先行驶权，文明礼让意识不够
	错误运用类推法	机动车可优先行驶
决策错误	作出错误的决定	过高地估计了穿插时的安全间距，因而造成刮蹭事故
	为追求刺激而采取冒险的驾驶行为	尽管对面有车开来，仍强行超车
	犹豫不决	转弯时尽管空间够大，仍然长时间等待，因而妨碍了交通
	不假思索就作决定	尽管没有必要，仍然变换车道，因而影响了后面车辆的行驶
过于紧张	操作位置错误	突然发现险情，把加速踏板错误地当作制动踏板

教学提示

教学目标

通过交通参与者风险因素、交通安全心理常识和安全与谨慎驾驶知识的介绍，使学员学会自我控制和心理调节的方法，掌握预见性驾驶知识，培养学员顾及他人和文明礼让的驾驶行为。

教学重点和难点

让学员掌握交通参与者的风险因素和安全与谨慎的驾驶方法。

教学方法和手段

在教学中，教练员可以结合现代化的多媒体教学手段，如：教学磁板、教学互动软件、录像等，结合典型事例，直观地向学员展示各种交通场景下可能存在的风险和心理因素对安全行车的影响，重点要介绍各种来自机动车辆、非机动车辆和行人的风险因素及风险预测与感知知识，提醒学员注意观察、控制速度、保持安全间距与提早预防。

教练员要特别强调本着对生命充分尊重的原则，照顾、礼让交通活动中的弱势人群，尤其是儿童、老人和残疾人，提倡体贴驾驶、文明行车。

第四章

安全与节能驾驶操作

教练员除了培养学员良好的安全意识外，还应让学员熟练掌握安全与节能驾驶方面的理论知识，包括车辆的基本结构、车辆的维护、特殊环境安全行车方法、应急驾驶知识、事故现场处理和节能驾驶知识等，以便在保证安全行车的同时，能够处理好与社会和环境之间的关系，促进社会的可持续发展。

第一节　车辆结构与安全性能

了解和掌握车辆的基本结构，尤其是主动、被动安全系统的功用以及车辆的性能，是提高学员安全驾驶操作技能的基础。正确地使用主动、被动安全系统，才能达到减少交通事故发生和降低交通事故损失的目的。合理地使用车辆，保持车辆良好的性能，才能够保证行车时的安全。

一、主动安全系统的结构及功用

车辆安全技术分为主动安全技术和被动安全技术两个方面。本部分主要介绍与主动安全技术相关的主动安全系统结构及功用方面的内容，被动安全系统在本节下一部分内容叙述。

车辆主动安全系统是避免发生交通事故的各种车辆技术措施的统称，目的为“防止事故”。除了照明灯、指示灯及信号灯外，主动安全系统还包括防抱死制动系统(ABS)、驱动防滑控制装置(ASR)、电子稳定程序(ESP)、巡航控制系统(CCS)、间距检测系统和缓速器等智能新技术。

1　防抱死制动系统

没有装备ABS(Anti-Lock Braking System)的车辆在紧急制动时，车轮不再转动而抱死滑移，车轮与路面间的侧向附着力将完全消失。如果是前轮（转向轮）制动到抱死滑移而后轮还在滚动，车辆将失去转向能力（跑偏）；如果是后轮制动到抱死滑移而前轮还在滚动，即使受到不大的侧向干扰力，车辆也将产生侧滑（甩尾）现象，这些均极易造成严重的交通事故。为了充分发挥轮胎与路面间的这种潜在附着能力，目前在轿车、大客车和重型载货车辆上广泛采用了防抱死制动系统。

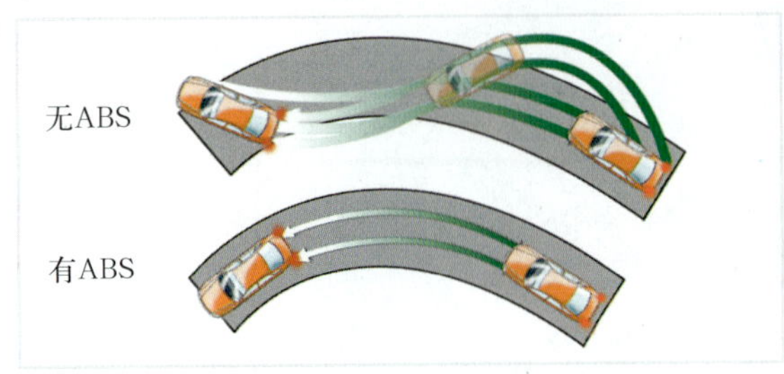

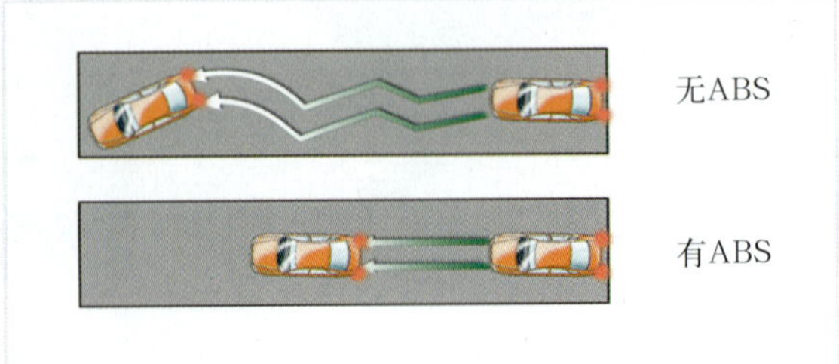

1）ABS的功用是保证车辆在任何路面上进行紧急制动时，能自动控制和调节制动力，防止车轮抱死，使每个车轮产生尽可能大的地面制动力，进而消除制动过程中的跑偏、甩尾等不稳定状态，以获得良好的制动性能、操纵稳定性能。

2）无论是在液压制动系统，还是气压制动系统中，ABS主要由轮速传感器、电控单元和液压调节器三部分组成。轮速传感器监测车轮的速度，作为轮胎滑移的测算依据；电控单元接收传感器信息，判断轮胎滑移的状态，进而发出控制指令；液压调节器根据电控单元的指令调节制动系统的压力。

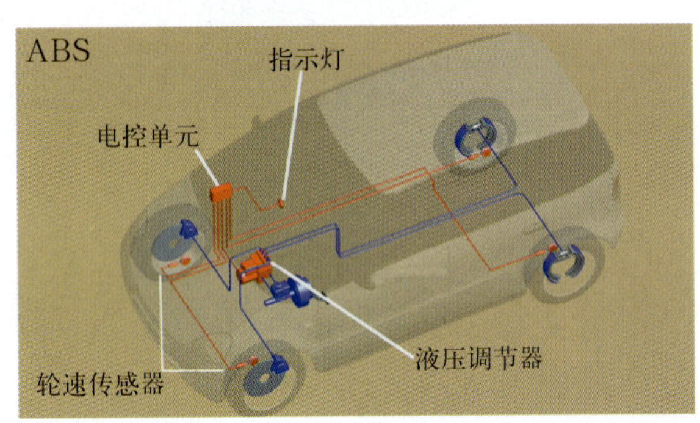

3）ABS的使用注意事项。

①要始终踩住制动踏板不放松。制动时这样操作，才能保证足够和连续的制动力，使ABS有效地发挥作用。

②要保持足够的制动距离。在良好的路面上行驶时，至少要保证离前面的车辆有3s的制动时间；在不好的路面上行驶时，要留给制动更长一些的时间。

③要事先练习使用带ABS的车辆。ABS工作时，制动踏板会有振颤，液压调节器有工作噪声，对此应有所准备，事先感觉在紧急制动时ABS的工作特性，十分必要。不要担心制动踏板振颤和工作噪声，ABS工作时，制动踏板振颤和液压调节器有工作噪声是正常的，而且可使驾驶员感觉到ABS正在起作用，此时不必怀疑制动系统有故障。

④不要比驾驶非ABS的车辆更随意。即使对于有ABS的车辆，急转弯和快速变更车道以及其他急打转向盘的做法，也是不适当和不安全的。

⑤不要反复踩制动踏板。驾驶有ABS的车辆时，反复踩制动踏板会造成ABS工作间歇，导致制动效能降低和制动距离增加。

⑥不要忘记转动转向盘。ABS为驾驶员提供了转向盘的可控能力，但它本身并不能自动完成车辆转向操作。

2　驱动防滑控制装置

虽然ABS能有效防止车轮抱死，避免车辆在紧急制动时因车轮抱死而导致失控的现象，有效地提高车辆制动安全性能，但ABS并不能解决车辆在湿滑路面起步或加速时出现的车轮打滑问题，更不能避免车辆发生侧滑，因此，在ABS的基础上，进一步开发出了驱动防滑控制装置（ASR）。

驱动防滑控制装置（Anti-Slip Regulation，简称ASR），也称为驱动力控制系统（TCS）或牵引力控制系统（TRC）。装备ASR的目的是防止车辆加速时打滑。

ABS和ASR都是用来控制车轮相对地面滑动，以提高车轮与地面之间附着力的。ABS是在车辆制动过程中工作，即在车轮出现滑移时起作用，而ASR则是在车辆行驶过程中工作，即在驱动车轮出现滑转时起作用。一般在车速很低（小于8km/h）时ABS不起作用，而ASR一般在车速很高（大于80km/h）时不起作用。由于ABS与ASR密切相关，常将它们合在一起，可使用共同的部件来控制车轮的运动。

1）ASR的功用是在车辆行驶过程中防止驱动车轮滑转，用于在车辆起步、加速、转向及在湿滑路面行驶时，保证良好的牵引性、稳定性和操控性。

行驶在易滑的路面上，没有ASR的车辆加速时驱动轮容易打滑；如果是后轮驱动的车辆容易甩尾，如果是前轮驱动的车辆容易方向失控。有ASR时，车辆在加速时就不会有或能够避免这种现象。在转弯时，如果发生驱动轮打滑会导致整个车辆向一侧偏移，当有ASR时就会使车辆沿着正确的路线转向。

2）ASR主要由轮速传感器、ABS/ASR电控单元、液压调节器（通常与ABS液压调节器合为一体）和执行器（其中有副节气门、副节气门位置传感器及副节气门步进电动机等）四部分组成。

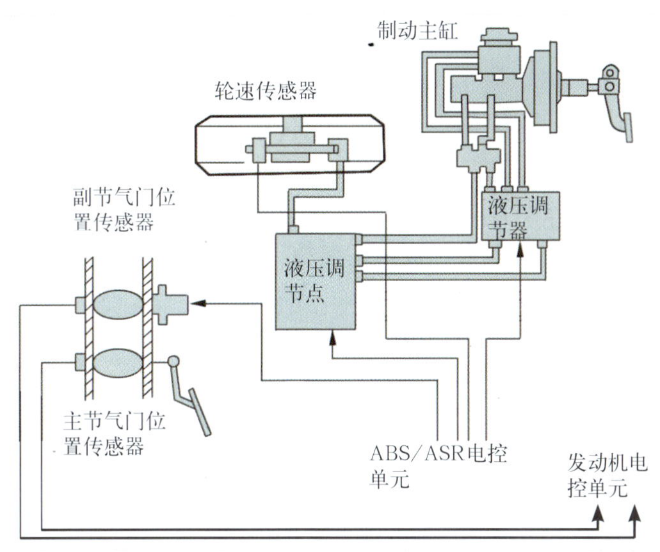

3　电子稳定程序

据统计，有25%导致严重人员伤亡的交通事故是由侧滑引起的，而更有60%的致命交通事故是因侧面相撞而引起的，其主要原因就是车辆发生了侧滑。因此，有效降低车辆侧滑危险的ESP变得非常重要，它可以有效避免发生交通事故，至少可减轻事故所造成的后果。

1）电子稳定程序(Electronic Stability Program，简称ESP)通过调节车轮的制动力或者发动机的输出功率，防止车辆在紧急情况下或转弯时的过度转向或转向不足，使车辆不偏离合适的行驶路线，保持在原来的车道内行驶。

ABS及ASR只能被动地做出反应，而ESP则能够探测和分析车辆的行驶状况，并主动纠正驾驶的错误，防患于未然。ESP是对ABS的补充，通过传感器对车轮转速、车速和转向角度进行相互比较，如果测算出车辆的性能不稳定，就会自动进行修正。

①车辆左转弯，转向不足时，车辆将向车道外偏移，此时，ESP通过调节制动系统，使左后轮受到合适的制动力，使车辆保持原来的行驶路线。

②车辆左转弯，过度转向时，车尾将甩出车道，此时，ESP通过调节制动系统，使右前轮受到合适的制动力，以避免侧滑的危险。

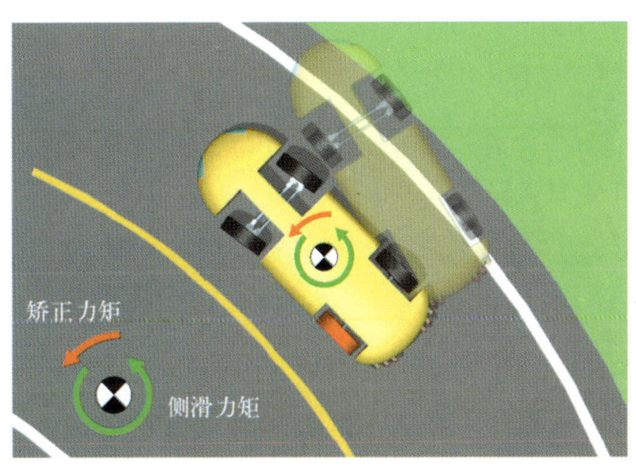

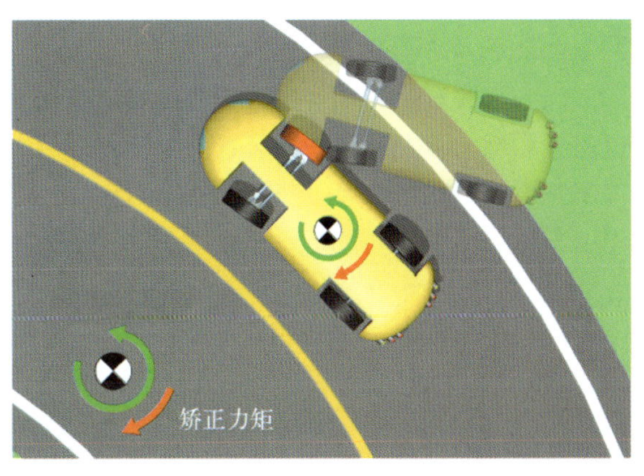

2）ESP由转向角传感器、轮速传感器、侧滑传感器、横向加速度传感器和控制单元等组成。

转向角传感器监测转向盘的转向角度，帮助确定车辆行驶方向是否正确。轮速传感器监测各车轮的速度，确定车轮是否在打滑。侧滑传感器监测车体绕垂直轴线的运动状态，确定车辆是否在打滑。横向加速度传感器监测车辆转弯时的离心力，确定车辆是否在通过弯道时打滑。控制单元通过这些传感器的信号对车辆的运行状态进行判断，进而发出控制指令，修正车辆的行驶状态。

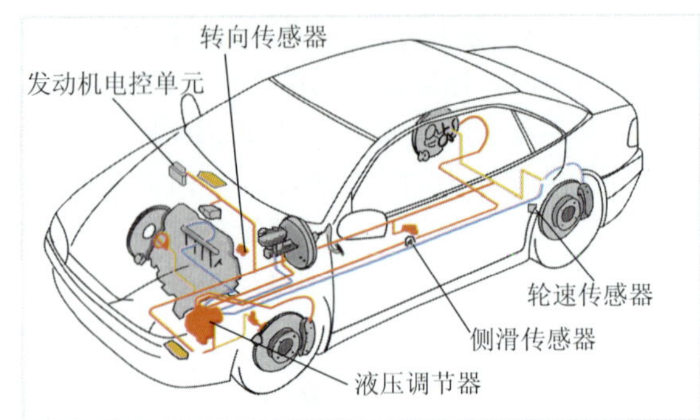

4 巡航控制系统

巡航控制系统（Cruise Control System，简称CCS）也称为恒速控制系统或车速控制系统，是一种可以使车辆自动地以固定速度行驶的装置。由于巡航控制系统能准确地控制设定的速度，从而使高速行驶的车辆更加安全和平稳。不论是手动变速器还是自动变速器，均可装备巡航控制系统。

1）CCS的功用是使车辆在高速公路行驶时，按照驾驶员所设定的速度，不踩加速踏板就可以使车辆自动地以一定的速度行驶。既可以保持车辆车速的稳定，减轻驾驶的操作负担，提高车辆行驶的舒适性，又可以节约燃料和减少有害气体排放。

2）CCS主要由巡航控制开关、车速传感器、电控单元和执行器（控制节气门的开度）四部分组成。车辆在高速公路上行驶速度超过40km/h，道路交通状况良好的情况下，驾驶员打开巡航控制开关，电控单元根据巡航控制开关和车速传感器信号自动地增减节气门的开度，使车辆的行驶速度保持在驾驶员打开巡航控制开关时的速度，省去了驾驶员频繁地踩加速踏板的动作，驾驶员只要掌握转向盘就可轻松地进行驾驶。当驾驶员再踩踏加速踏板、制动踏板、离合器踏板或者操纵巡航控制开关取消巡航控制时，CCS立即解除巡航状态。

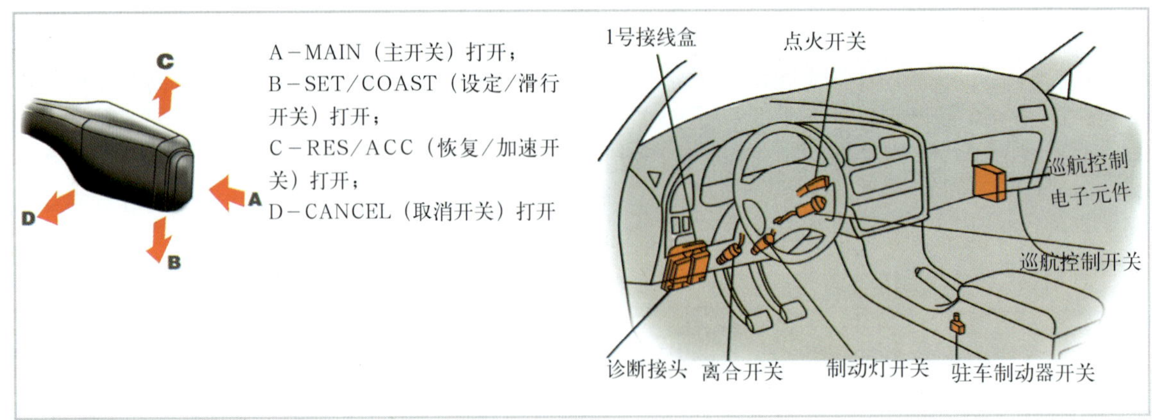

5 间距检测系统

间距检测系统就是利用超声波传感器，检测车辆前、后保险杠附近的障碍物，保证车辆在狭窄道路上和倒车时安全行驶的装置。车辆前后两端都装有传感器。传感器根据超声波发出到接收的时间来判断障碍物的距离，并在遇到障碍物时，通过指示灯或蜂鸣器告知驾驶员。

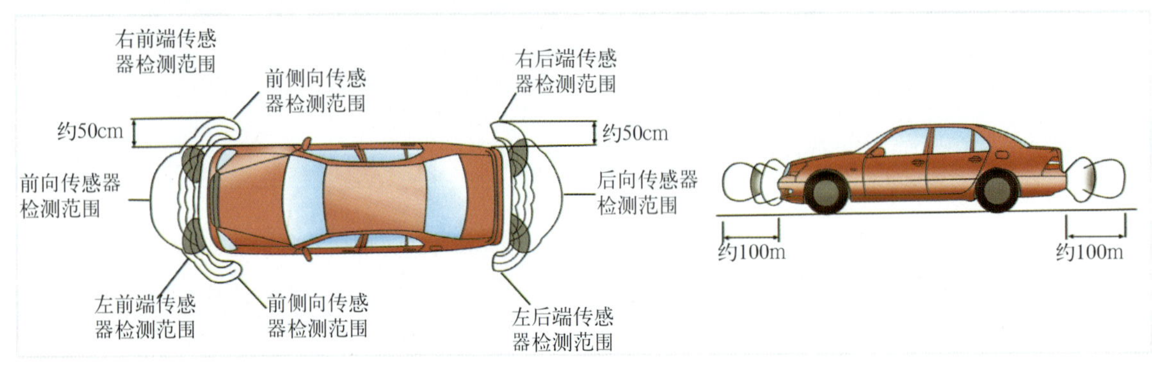

6　缓速器

为了保证长途和山区行驶的安全，在大型客车和重型货车的传动轴上常装有对车辆起缓速作用的缓速器，目前常用的是电磁式缓速器。

1）缓速器的功用是可以在不使用或少使用行车制动装置的条件下，使车辆速度降低或保持稳定，而且不会使车辆紧急制动。

2）电磁式缓速器主要由固定不动的定子（内置若干励磁线圈）和与传动轴连在一起的转子（金属盘状）组成，两者之间有0.5～1.5mm的间隙。当车辆需要减速慢行时，驾驶员操纵控制开关有0、1、2、3、4五个挡位，使电流通过定子的励磁线圈并产生磁场，对在磁场中旋转的转子形成阻力矩，即制动力矩。在转子中产生的电涡流，充分消耗和吸收车辆动能，使车辆速度降低。

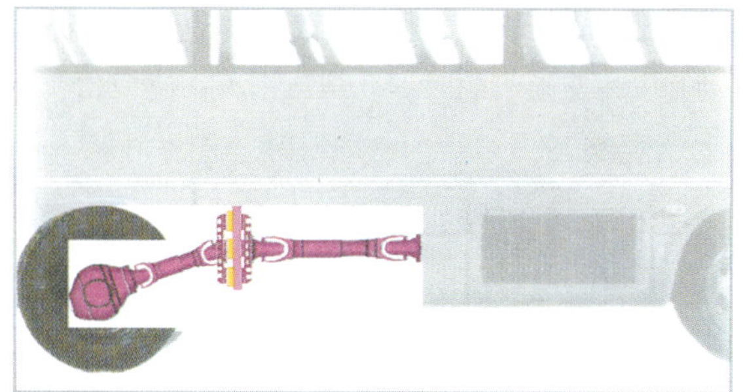

二、被动安全系统的结构及功用

车辆被动安全系统是在交通事故发生时或发生后，避免或减轻对人员及车辆伤害程度的各种车辆技术措施的统称，目的是为了“减轻事故后果”。车辆被动安全系统主要包括安全带、安全气囊、吸能式转向柱及安全车身等。

1　安全带

根据有关部门统计，在所有可能致命的车祸中，如果正确使用安全带，可以挽救约45%的人的生命；如果安全气囊同时起作用，这一比例将上升到60%。此外，安全带能在超过50%的事故中降低甚至消除驾驶员、乘车人受伤的机会。

1）车辆发生碰撞或遇到意外采取紧急制动时，所产生的巨大惯性作用力会使驾驶员、乘车人与转向盘、风窗玻璃、座椅靠背等物体发生二次碰撞，有时甚至会将人抛离座位或抛出车外，极易造成严重的伤害。出现类似危险情况时，安全带能将驾驶员和乘车人牢牢地束缚在座位上，有效地防止二次碰撞，且其缓冲作用还能吸收大量动能，减轻对人的伤害程度。由此可见，看似简单的安全带其实并不“简单”，它是驾驶员和乘车人的“生命带”。在驾驶培训过程中，教练员应向学员强调系安全带的重要性，并让学员养成系安全带的习惯。

安全行车第一步：
系好安全带

2）安全带有两点式、三点式和全背式三种形式，但组成基本相同。安全带主要由织带、带扣锁、导向件及卷收器等组成。

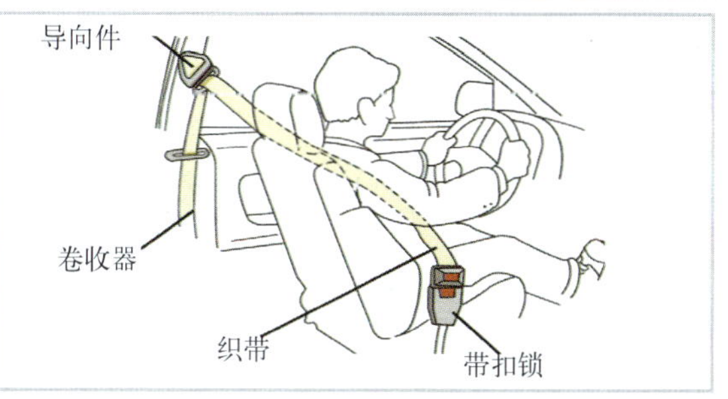

3）三点式安全带，肩部安全带应从肩部与颈根部之间的位置通过，斜挎胸前并牢固佩戴，不要从颈部或胳膊下面通过；腰部安全带应系得尽可能低些，从髋部上经过并始终牢靠佩戴，不可从腹部上通过。

三点式安全带的系法

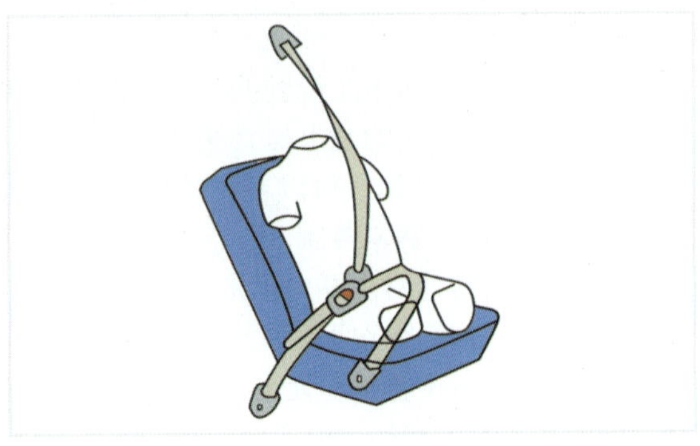

4）儿童安全带和安全座椅。车辆安全带通常依据成人的身高设计，因此，12岁以下、身高不足150cm的儿童不适合佩戴常规的安全带，而必须用专门的儿童安全座椅来保护。否则，在紧急制动和发生交通事故时，儿童会因不正确使用安全带而面临严重的危险。

适用于体重9kg以下儿童

适用于体重9～18kg儿童

适用于体重18kg以上儿童

为儿童选好安全座椅

5）安全带的使用注意事项：

①经常检查：经常检查座椅安全带的技术状态，如发现损坏应及时更换。

②正确使用：一条安全带只能供一个人使用，严禁双人共用；系安全带时，要避免安全带卷曲，且不能让安全带压在坚硬或易碎的物体上，如衣服里的眼镜、钢笔和钥匙等；解除安全带时，松安全带扣按钮后不能立即松手任其复位，避免安全带收卷弹力造成伤害。

③注意保护：不能让安全带与锋利的刀刃摩擦，以免损伤安全带；不能让座椅靠背过于倾斜，否则安全带将不能正确地伸长和收卷。

④妥善放置：座椅上无人时，要将安全带送回卷收器中，将扣舌置于收藏位置，以免在紧急制动时扣舌撞击到其他物体上。

2 安全气囊

当车辆前端发生强烈碰撞时，安全气囊会在瞬间充气、膨出，垫在驾驶员与车内硬物之间，防止驾驶员的头部和胸部撞击到转向盘或仪表板等硬物上，从而避免和减轻人员的伤亡。安全气囊的开发是基于安全带的保护作用有限，目前已经成为大多数轿车的标准安全配置，与安全带互相配合充分发挥对驾驶员和乘车人的辅助保护作用，共同组成辅助乘员保护系统（Supplemental Restraint System，简称SRS）。

1）安全气囊的功用是在车辆碰撞事故中保护驾驶员和乘车人，减轻人员伤害。

2）目前，轿车普遍采用驾驶员正面安全气囊和前排乘车人正面安全气囊，部分中高档轿车还安装有驾驶员和前排乘车人侧面安全气囊以及后排窗帘式安全气囊。安全气囊主要由碰撞传感器、电控单元(其中有气囊中心传感器、安全传感器、点火控制器和诊断电路、驱动电路)、气体发生器与气囊（紧紧地折叠后置于转向盘中间缓冲垫和前排乘车人前仪表板的下面）等组成。

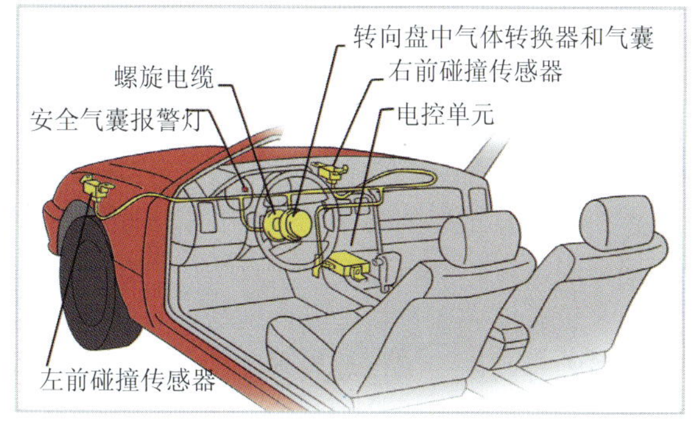

3）安全气囊起作用的时机。并不是所有的碰撞事故都会触发安全气囊，这取决于车辆碰撞的剧烈程度以及碰撞的角度。一般来说，车辆在20km/h以下的速度正面撞击物体或者在车辆前方左右两侧30°以外的方向受到撞击时，均不会触发安全气囊。

4）使用注意事项。

①配合安全带使用。系好安全带是安全气囊发挥保护作用的一个重要条件。否则，安全气囊展开时强大的瞬间撞击力，会对人的头部和颈部等较为脆弱的部位造成严重的伤害，尤其对于儿童，这种伤害可能是致命的。

②禁止在安全气囊附近放置物件。安全气囊触发的瞬间会弹起放置在其上面的物件，从而给乘车人造成伤害。因此，驾驶员应及时清除安全气囊附近的物件，包括打火机、香水等。

③正确安排儿童的座位。警告标志表示，当安全气囊处于工作状态时，副驾驶座位上严禁使用逆行驶方向设置的儿童座椅，以防安全气囊触发时对儿童造成伤害。一般来说，将儿童放置在后排座椅相对更安全。

学会正确放置安全座椅

三、车辆性能对安全行车的影响

车辆的性能主要包括动力性、燃油经济性、制动性、操纵稳定性、舒适性及通过性等几个方面。在以上诸多性能指标中，对安全行车影响最大的是车辆制动性和操纵稳定性。

1　车辆制动性对安全行车的影响

车辆的制动性是指车辆在行驶过程中强制地将车速降低直到停车，或在下坡时能控制车辆保持一定速度的能力。具有良好制动性的车辆可保证其安全行驶，从而提高车辆的平均行驶速度，预防道路交通事故的发生。

影响车辆制动性的主要因素有停车距离、制动效能的恒定性和制动时的方向稳定性。

1）停车距离。行驶的车辆要停下来，需要经过以下制动过程：

① 驾驶员发现需要停车的情况（决定采取制动）；
② 把脚从加速踏板上移下来；
③ 把脚移到制动踏板上；
④ 踩下制动踏板；
⑤ 车轮制动器开始起作用，车轮转速开始降低，车辆开始减速出现制动效果；
⑥ 车辆完全停止。

行驶中的车辆，从驾驶员发现情况到车辆完全停止，经历了驾驶反应距离、制动器反应距离和制动距离三个阶段（合起来称为停车距离）。为了保证车辆行驶的安全性，停车距离越短越好。以下几个方面对停车距离影响较大：

①驾驶员反应距离。驾驶员反应距离是指驾驶员反应时间内车辆所行驶的距离，在车辆制动过程是一个非常重要的环节，占全部停车距离的50%左右。为了缩短驾驶员的反应距离，必须要缩短驾驶员的反应时间，而驾驶员反应时间的长短，主要取决于人的因素，即驾驶员的反应能力和动作能力。只有反应速度快、动作灵敏，反应时间才有可能缩短。这就要求教练员在教学中，训练学员在极短的时间内，不仅要发现险情，而且要针对险情做出相应的处理。集中注意力和仔细观察，是缩短驾驶员反应时间最有效的措施。

②行驶速度。制动距离与制动开始时的车辆初始速度成平方关系增长，当速度从50km/h增加1倍(即100km/h)时，制动距离约为原来的4倍；同时，驾驶员反应时间内行驶的距离和制动器起作用时间内行驶的距离也要延长，而且与速度成正比增加。所以，高速行驶的车辆制动距离将大幅度增加，行驶安全性下降。从保证行车安全的角度来说，行驶中不宜开快车，更不可超速行驶。

③附着系数。附着系数表示轮胎与路面的接触强度，其大小主要取决于路面的种类和状况，与轮胎花纹磨损、轮胎气压和行驶速度也有关。

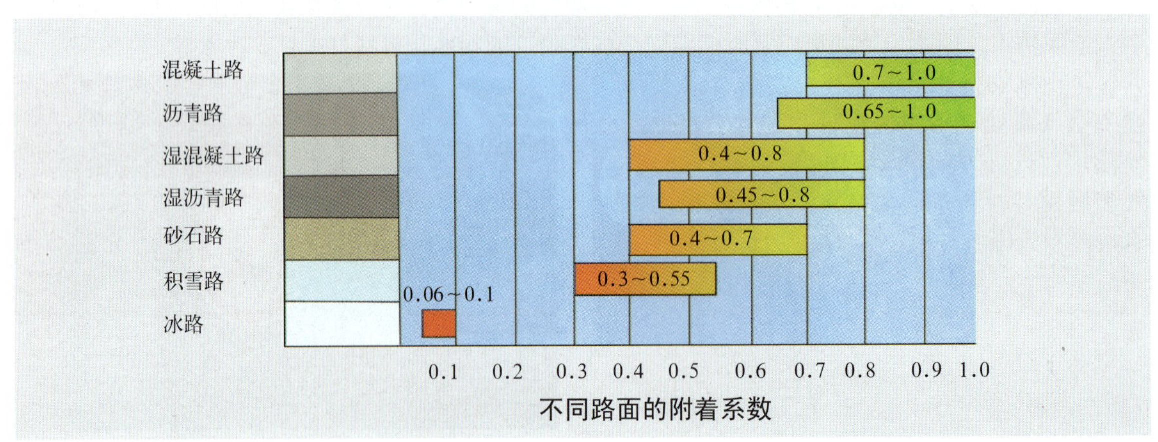

不同路面的附着系数

④装载质量。车辆满载与空载时的制动距离有很大不同，满载时的制动距离要比空载时长。实践证明，在同等速度下，装载质量3t以上的车辆，大约每增加1t载质量，制动距离约增大0.5～1.0m。即车辆在空载和满载行驶时，制动距离将相差很大。

注意：严禁超载。超载既会损害车辆，又会造成使制动距离延长，导致追尾事故。

在满载行驶时，驾驶员要集中注意力，尽早获得需要制动的信息，以便提前进行制动。

控制好速度，禁止盲目高速行车，以免增大制动距离，危及交通安全。

2）制动效能的恒定性。车辆制动效能是指车辆迅速减速直至停车的能力。车辆使用过程中，有两种原因可以引起制动效能的降低：

①制动器的热衰退。当车辆下长坡时，速度会因惯性而加快，为了保证行车安全，需连续较长时间的制动，制动器会因较长时间摩擦而升温（常在300℃以上，甚至高达600～700℃）。制动器温度升高后，制动器摩擦副的摩擦系数减小，摩擦力下降，车辆的制动效能衰退，这种现象称为制动器的热衰退。

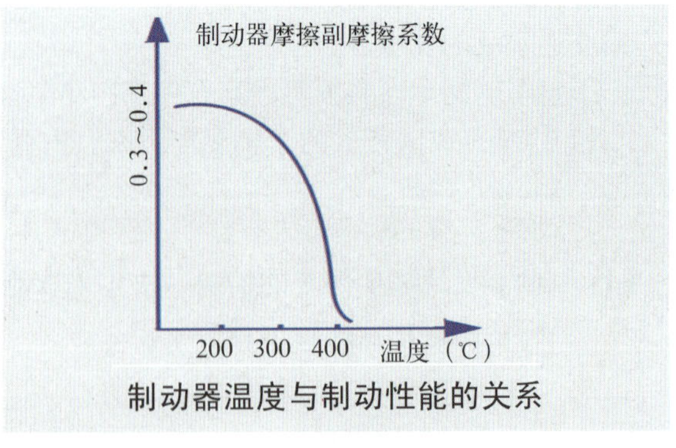

制动器温度与制动性能的关系

②制动器的水衰退。车辆涉水后，由于制动器摩擦副被水浸湿，制动效能也会下降，这种现象称为制动器的水衰退。与鼓式制动器相比，盘式制动器暴露在外，被水浸湿后容易干燥，抗水衰退能力也就比较强。在车辆涉水后，踩几次制动踏板，有意提高制动器温度，使水分迅速蒸发，对缓解制动器的水衰退非常有效。

3）制动时的方向稳定性。制动时的方向稳定性是指在制动过程中，车辆保持直线行驶或按预定弯道行驶的能力。在较滑的路面上制动，尤其是在高速或转弯时紧急制动，车辆容易失去控制而偏离行驶方向，造成冲入对向车道、边沟及滑下山坡等危险情况。在制动过程中，车辆丧失方向稳定性有以下三种情况：

①制动跑偏。制动跑偏是指制动时，车辆自动向左或向右偏驶。制动跑偏的原因主要是由于左右车轮制动力分配不均匀造成的。另外，装载不均匀也可能造成左右车轮制动力分配不匀而产生制动跑偏。

②制动侧滑。侧滑是指制动时车轮抱死，车辆的某一轴或两轴横向滑移。最危险的情况是高速制动时发生后轴侧滑，此时车辆常因发生不规则的急剧回转失控而造成甩尾。

制动跑偏

制动侧滑

③弯道制动失去转向能力。弯道制动时，转向能力的丧失有两种情况：一种是转弯过程中制动，车辆不能按原来的弯道行驶而沿外侧驶去；另一种是在进入弯道时制动，转向盘不能改变方向仍按直线行驶。产生失去转向能力的原因，是由于转向轮抱死失去控制方向。

转弯制动，转向失控

综上所述，无论前轮抱死还是后轮抱死，对于行驶中的车辆都非常危险。所以，在驾驶操作的过程中，驾驶员要尽量避免使车轮抱死。驾驶没有配置防抱死制动系统（ABS）的车辆，操作时要注意以下几点：

①尽量避免紧急制动，及时预测可能出现的险情，提前做出制动反应。

②转弯前制动，降低速度，不要在转弯时制动。

③在冰雪、湿滑和砾石路面或者比较光滑的路面行车，应低速行驶，减速时要提前采取制动措施。

④需要紧急制动时，不要过分用力踩制动踏板。发现车辆偏离方向或者转向失效时，立即松开制动踏板，待方向得到控制后再制动。

2　车辆操纵稳定性对安全行车的影响

车辆的操纵性是指车辆沿着驾驶员给定方向稳定行驶的能力，车辆的稳定性是指车辆抵抗侧滑和翻车的能力。车辆的操纵性和稳定性是密切相关的，操纵性的丧失往往导致车辆侧滑、回转乃至翻车，而稳定性的丧失往往会使车辆失去操纵，处于危险状态。因此，通常把车辆的操纵性和稳定性合称为车辆的操纵稳定性。

影响车辆操纵稳定性的主要因素有车辆的轴距和转弯时的离心力。

1）车辆的轴距。车辆前轴与后轴之间的距离称为轴距。轴距的长短不仅决定车辆转弯半径的大小，而且也是内、外轮差的主要决定因素。

一般车辆前轮为转向轮，转弯时，同一侧的前、后两个车轮的轨迹不在一条线上，内侧前、后车轮轨迹沿转弯半径方向的距离差称为“内轮差”，外侧前、后车轮轨迹沿转弯半径方向的距离差称为“外轮差”。内轮差和外轮差的大小都与车辆的轴距有关，车辆轴距越长，轮差越大。

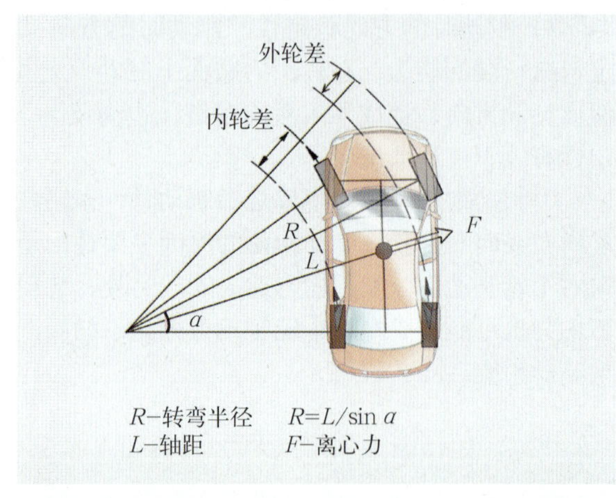

由于内轮差引起的刮蹭情形：车辆左转弯时，尽管用转向盘控制的前轮转向角很合适，前轮轨迹离路边建筑物有一定距离，但是转向时前、后车轮轨迹不同，转弯内侧后轮轴迹的转弯半径小（图中虚线），后轮轨迹离路边缘建筑物很近，驾驶员稍不注意，就会造成车身后部与路边建筑物刮蹭。

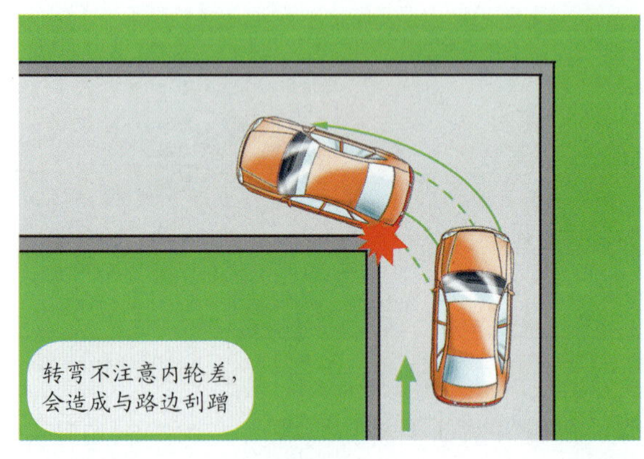

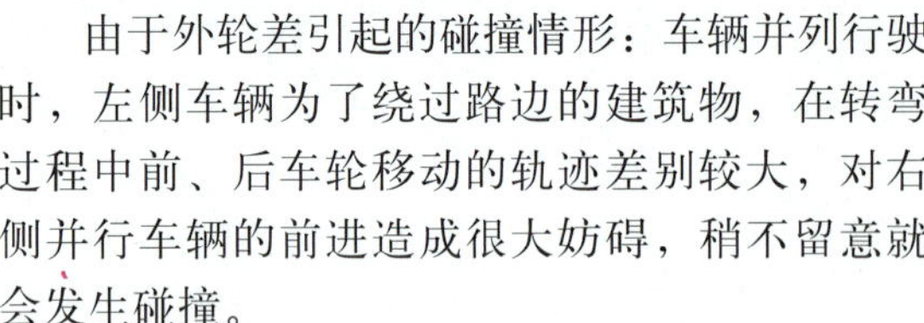
由于外轮差引起的碰撞情形：车辆并列行驶时，左侧车辆为了绕过路边的建筑物，在转弯过程中前、后车轮移动的轨迹差别较大，对右侧并行车辆的前进造成很大妨碍，稍不留意就会发生碰撞。

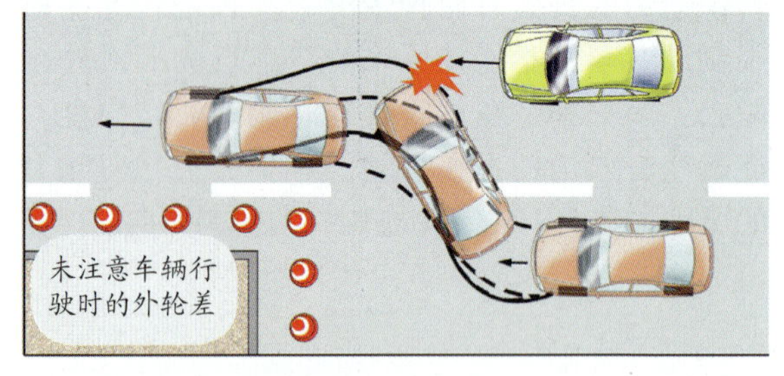

2）转弯时的离心力。车辆转弯时会产生离心力，离心力的方向是沿着转弯半径远离车辆重心。离心力的大小与车辆行驶速度、总质量和转弯半径有关，可用下面的公式计算：

离心力 = 车辆总质量 × 行驶速度^2 / 转弯半径

车辆转弯时，地面对车辆产生一个侧向力，即离心力的反力。车辆前、后轮所受的最大侧向力即横向附着力，其大小与车辆总质量和路面横向附着系数有关：

最大侧向力 = 车辆总质量×横向附着系数

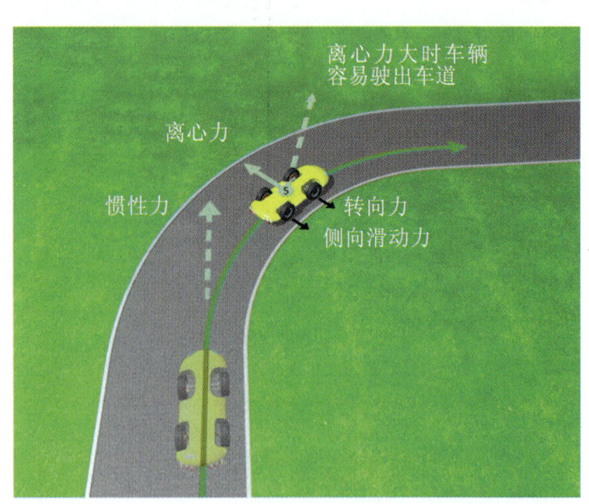

当车辆转弯时产生的离心力大于最大横向力时，车辆将发生侧滑，严重时会发生侧翻。如果车辆承受牵引力或制动力，横向附着力将减小，也就是说，车辆前、后轮所能承受的最大横向力逐渐减小，车辆更容易丧失稳定性。这一分析已经被实践所证实，例如车辆正处于转弯行驶时，如果驾驶员猛踩制动踏板实施制动，那么在离心力的作用下，车辆常常因发生侧滑而失去稳定性。

第二节　车辆维护与安全检视

随着车辆行驶里程的增加，动力性、燃油经济性和可靠性等各项车辆技术指标会不断变差，甚至会突然发生故障。教练员要向学员强调，必要的维护能够使车辆保持良好的运行状态，以避免和减少故障的发生。

国家标准《车辆维护、检测、诊断技术规范》(GB/T　18344)中将车辆维护分为日常维护、一级维护和二级维护三个级别，其核心是“定期检测、强制维护、视情修理”。车辆一、二级维护是以行驶里程为基本依据，两者可统称为定期维护。摩托车的维护也可以分为日常维护和定期维护两类。

一、车辆日常维护常识

为了确保车辆的正常行驶，必须对车辆进行日常维护。日常维护是发挥车辆效率、减少行车事故、节约维修费用、降低能耗和延长车辆使用寿命的重要环节。根据车辆结构的不同特点，本节将分别介绍汽车和摩托车的日常维护知识。

1　汽车的日常维护

日常维护是以清洁、补给和安全检视为作业内容，由驾驶员负责执行车辆的维护作业。

1）维护周期。驾驶员在每天的出车前、行车中和收车后，均要进行车辆维护作业。

2）维护内容。

①对汽车外观、发动机外表进行清洁，保持车容整洁。

②对汽车各部位润滑油(脂)、燃油、冷却液、制动液、各种工作介质、轮胎气压进行检视、补给。

③对汽车制动、转向、传动、悬架、灯光、信号等安全部位和位置以及发动机运转状况进行检视、校紧，确保行车安全。

3）维护方法。

汽车日常维护方法

项　目	维　护　方　法	图　例
空气滤清器	取出滤芯，将尘土清除。注意不要用湿布擦拭滤芯，装复时要保持密封	
刮水器和洗涤器	刮水片和风窗玻璃接触不良时，应及时更换。应经常保持储液罐中有足够的洗涤液，添加时注意使用符合要求的洗涤液，并防止杂质混入	

项 目	维 护 方 法	图 例
蓄电池	检查蓄电池中电解液的液面高度，并保持蓄电池通气孔的畅通。电解液的液面过低时，应及时补充蒸馏水或补充液	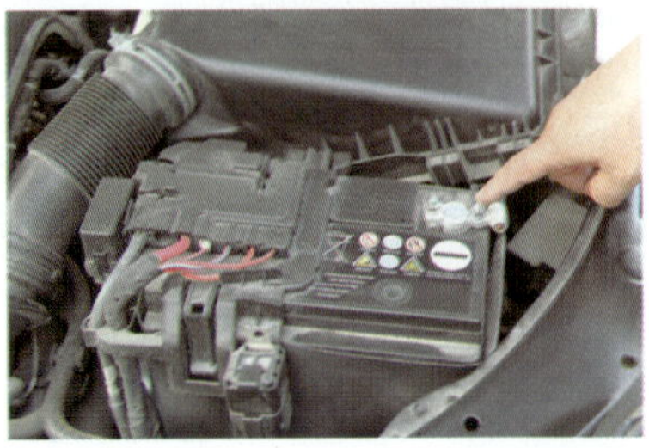
冷却液	发动机的正常工作温度应保持在85～95℃。因此，须检查冷却液的液面高度是否在补偿水箱的上限和下限之间，添加时注意使用符合要求的冷却液	
润滑油	发动机机油压力长时间过低时，应先通过机油尺检查机油量。拔出机油尺检查机油是否在上、下限之间(将车停放在平地上，在发动机起动前或熄火十几分钟后进行)。添加时，注意使用符合质量级别等要求的机油	
风扇皮带	检查风扇皮带的绕度是否在10～15mm之间，否则应进行调整。如果皮带有损伤，应及时更换	
灯光	检查各灯光装置是否完好、工作是否正常。如果有损坏，应及时更换；如果有脏污，应及时清洗	

续上表

项　目	维　护　方　法	图　例
轮胎	检查轮胎气压是否符合标准(包括备胎)，胎面是否有破裂、损伤和异物，胎面磨损是否超过极限，否则应及时补气或更换，清除胎纹间的异物	
液压制动系统	检查制动液的液面是否在上限和下限之间。如果制动液明显减少，应检查制动系统是否有渗漏	
气压制动系统	起动发动机，观察气压表上的指针上升是否过慢及是否停在规定范围内。通过踩、放制动踏板，检查制动控制阀的排气声音是否正常。如果有异常，应进行检修	
转向系统	前轮处于直线行驶位置时，在转向盘的边缘处检查其自由行程是否过大。如果有异常，应进行检修	

2　摩托车的日常维护

摩托车的日常维护是指每天行驶前后应当做的维护工作，也称为例行维护，其目的是使车辆经常处于技术性能完好的状态，并及时排除车辆行驶中发现的不正常现象。

日常维护的主要内容有：

1）检查燃油箱的汽油量和润滑油箱(二冲程发动机)的机油量是否充足。

2）检查曲轴箱(四冲程发动机)内机油量是否在上、下标线之间。

3）检查冷却水箱(水冷式发动机)是否需要添加冷却液。

4）检查有无漏油、漏气、漏水现象。

5）检查蓄电池电解液是否充足、轮胎气压是否正常。

6）检查方向把、离合器、制动器、灯光、喇叭等工作情况是否符合要求。

7）检查发动机运转是否正常。

8）擦拭尘土、油污及泥、水。

9）紧固、调整松动件。

摩托车日常维护方法

项　目	维　护　方　法	图　例
前制动握把、后制动踏板	分别踩下后制动踏板和握紧前制动握把，检查后、前轮的制动效果。如果效果不佳，应调整自由间隙，或者检查液压制动系统是否泄漏、混入空气	
制动液	检查制动液的液面是否在上、下限之间。如果在下限以下，应检查是否有泄漏处，然后添加指定的制动液	
离合器握把	检查离合器握把的自由行程。如果不在规定范围内，应进行调整	自由行程 2～3 cm
蓄电池	检查蓄电池中电解液是否在上、下限之间，并摇动车辆确认液面没有偏向一侧。如果液面在下限以下或偏向一侧，应补充蒸馏水或更换蓄电池	
冷却液	检查冷却液是否在上、下限之间。如果在下限以下，应检查是否有泄漏，然后添加指定的冷却液	
机油	将车停放在平地上，在发动机起动前或熄火几分钟后拔出机油尺，检查机油是否在上、下限之间。如果在下限以下，添加指定的机油	

续上表

项目	维护方法	图例
照明灯、信号灯	接通点火开关，检查前照灯、后位灯、制动灯及转向灯的工作是否正常。如果有异常，应进行检修	
轮胎	检查轮胎气压是否符合标准，胎面是否有破裂和损伤，胎面磨损是否超过极限，否则应及时补气或更换	
传动链	检查传动链的松紧度和润滑情况。如果有异常，应调整松紧度或加注润滑油	

二、车辆定期维护常识

车辆定期维护包括一级维护和二级维护。

车辆一级维护是一项运行性维护作业，即在日常使用过程中，以确保车辆正常运行为目的的作业。一级维护除日常维护作业外，以清洁、润滑和紧固为中心作业内容，并检查有关制动、操纵等安全部件。

车辆二级维护是以消除隐患为目的的性能恢复性作业，尤其是恢复达标的排放性能、安全性能，因此，保证车辆二级维护作业的全面性和彻底性很重要。二级维护除一级维护作业外，以检查、调整转向节、转向摇臂、制动蹄片和悬架等经过一定时间的使用，容易磨损或变形的安全部件为主，并拆检轮胎，进行轮胎换位，检查调整发动机工作状况和排气污染控制装置等。

1　一级维护

车辆在使用过程中，随着行驶里程的增加，某些零部件可能会出现松脱，润滑部件出现缺油和漏油等不良现象，影响车辆行驶的安全性，因此，定期对车辆进行一级维护是非常必要的。由于一级维护作业中零部件紧固、润滑油添加(或更换)和安全部件技术状况的检查等属专业性维护作业，必须由专业技术工人利用相关设施(升降机或地沟)和专用设备，按技术标准进行，所以要求车辆一级维护的执行应由维修企业负责。

清洁：清洗车身、底盘、发动机及清洁空气滤清器；润滑：检查发动机、变速器、后桥主传动器、转向器等总成内的润滑油面高度，并按规定补足润滑油，对各润滑点加注润滑脂；紧固：检查、紧固各部位的螺栓、螺母，并检查、调整踏板自由行程等；检查轮胎：清除轮胎花纹中的异物，检查并补充轮胎气压等。

2 二级维护

二级维护是现行车辆维护作业中的最高一级。从作业深度上看，二级维护要求在维护前要进行不解体检测诊断，确定附加作业项目，并强调对安全部件检查(或拆检)、调整的要求，尤其强调了二级维护“检查调整发动机工况和排气污染控制装置”的要求。这不仅充分体现了车辆二级维护是全面实施车辆维护作业，对车辆技术性能定期检测，对有关部件视情修理的原则，而且是随着车辆技术和车辆检测技术的发展，以及在大气环境污染治理方面日益强化的要求，在提高车辆维护技术水平方面的充分体现。车辆二级维护对作业技术性和专业性要求更高，必须严格按要求到维修企业进行，由专业车辆维护技工来完成。

*#三、车辆安全检视

车辆安全检视就是对车辆的技术状况、安全部件、操纵装置等进行经常性的检查，是确保行车安全的重要环节。尤其是对营运车辆，安全检视更为重要。

通过安全检视，可以提前发现车辆故障或者其他不符合安全技术性能的情况，杜绝驾驶带病车上路，消除事故隐患，避免行车中因出现车辆故障而引发交通事故。

1 安全检视训练

1）训练前的准备。

①让学员了解车辆基本结构和主动、被动安全系统的功用，熟悉车辆需要检视部位的技术要求。

②教练员要向学员介绍安全检视的内容要求，使学员熟知检视的路线、部位、项目、内容和要求。

2）检视过程。

①需准备手锤、活动扳手和擦车布等工具，其他工具可根据临时需要取用。

②按照不同车型的安全检视路线进行各个项目的检视，教练员应指导学员边检视，边操作，边讲述；要求操作规范，讲述准确，发现故障及时排除。

③教练员应在适当时候，适时指导，适度提示，适量提问，强化教与学的互动。

④训练可使用模拟器、多媒体等教学设备，采用先单项后串联、讨论式等多种教学形式。

2 车辆安全检视的内容及要求

车辆检视项目及技术要求

部位	项目	技术要求	适用车型			
			小型客运车辆	大型旅客运输车辆	普通货物运输车辆	汽车列车
左前部	轮胎	气压符合标准，无夹石、破裂	√	√	√	√
	轮胎螺栓	无松动	√	√	√	√
	半轴螺栓	无松动	√	–	–	–
	制动鼓、轮毂	温度正常	–	√	√	√
	制动管路	无漏油、漏气	–	√	√	√
	横、直拉杆及球头	不松脱、不碰擦	–	√	√	√
	储气筒	完好、无漏气	–	√	√	√

续上表

部位	项目	技术要求	适用车型			
			小型客运车辆	大型旅客运输车辆	普通货物运输车辆	汽车列车
左前部	钢板弹簧	无断裂、错位，挠度正常	–	√	√	√
	U形螺栓	无松动	–	√	√	√
左中后部	油箱及油箱盖	油量充足，完好、无渗漏	√	√	√	√
	轮胎	气压符合标准，无夹石、破裂	√	√	√	√
	轮胎螺栓	无松动	√	√	√	√
	半轴螺栓	无松动	–	√	√	√
	制动鼓、轮毂	温度正常	–	√	√	√
	制动管路	无漏气	–	√	√	√
	储气筒	完好、无漏气	–	√	√	√
	钢板弹簧	无断裂、错位，挠度正常	–	√	√	√
	U形螺栓	无松动	–	√	√	√
	传动轴螺栓	无松动	–	√	√	√
	侧栏板	完好	–	–	√	–
车后部	号牌、灯光	完好、有效、清晰	√	√	√	√
	备胎	齐全、无松动	√	√	√	√
	驱动桥壳	温度正常、无漏油	–	√	√	–
	后栏板	完好、挂钩牢靠	–	–	√	√
右中后部	轮胎	气压符合标准，无夹石、破裂	√	√	√	√
	轮胎螺栓	无松动	√	√	√	√
	半轴螺栓	无松动	–	√	√	√
	制动鼓、轮毂	温度正常	–	√	√	√

续上表

部位	项目	技术要求	适用车型			
			小型客运车辆	大型旅客运输车辆	普通货物运输车辆	汽车列车
右中后部	制动管路	无漏油、漏气	—	√	√	√
	储气筒	完好、无漏气	—	√	√	√
	钢板弹簧	无断裂、错位，挠度正常	—	√	√	√
	U形螺栓	无松动	—	√	√	√
	传动轴螺栓	无松动	—	√	√	√
	驱动桥壳	无漏油	—	—	—	√
	侧栏板	完好	—	—	√	—
右前部	轮胎	气压符合标准，无夹石、破裂	√	√	√	√
	轮胎螺栓	无松动	√	√	√	√
	半轴螺栓	无松动	√	—	—	—
	制动鼓、轮毂	温度正常	—	√	√	√
	制动管路	无漏油、漏气	—	√	√	√
	横、直拉杆及球头	不松脱、不碰擦	—	√	√	√
	储气筒	完好、无漏气	—	√	√	√
	钢板弹簧	无断裂、错位，挠度正常	—	√	√	√
	U形螺栓	无松动	—	√	√	√
发动机舱	散热器	无漏水、冷却水量充足	√	√	√	√
	蓄电池	清洁、无漏液，连接牢靠	√	√	√	√
	机油	正常、色清、无杂质	√	√	√	√
	制动液	充足	√	√	√	√
	高压线	无松脱	√	√	√	√
	风扇皮带	无起皮、脱壳、破损	√	√	√	√
车前部	号牌、灯光	完好、有效、清晰	√	√	√	√
	后视镜	完整、调整得当	√	√	√	√
驾驶室内部	灯光、喇叭、仪表	齐全、有效	√	√	√	√
	转向盘	灵活自如、最大自由转动量不超过20°	√	√	√	√
	离合器踏板	自由行程为30～40mm	√	√	√	√
	制动踏板	自由行程符合规定	√	√	√	√
	驻车制动器操纵杆	移动量为3～5齿	√	√	√	√
	刮水器	完好、有效	√	√	√	√
	驾驶门、门锁	齐全、灵活、可靠	√	√	√	√

续上表

部位	项　目	技　术　要　求	适　用　车　型			
			小型客运车辆	大型旅客运输车辆	普通货物运输车辆	汽车列车
驾驶室内部	内后视镜	完好、调整得当	√	√	√	√
	安全带	完好、有效	√	√	√	√
	发动机	无异响	√	√	√	√
客车车厢内	灭火器	齐全、有效	–	√	–	–
	危险反光牌	齐全、有效	–	√	–	–
	车门、应急出口	完好、灵活、有效	–	√	–	–
	乘客座椅	完好、清洁	–	√	–	–
	栏杆及扶手	完好、有效	–	√	–	–
	车内灯	齐全、有效	–	√	–	–

挂车检视项目及技术要求

项　目	技　术　要　求
制动管路和电路	连接正常有效
灯光和反射器	齐全、完好、有效
挂车轮胎	气压标准，无夹石、破裂
挂车轮胎螺栓、半轴螺栓	无松动
挂车制动鼓、轮毂	温度正常
挂车制动阀、管路	无漏气
挂车储气筒	无漏气、破裂
挂车钢板弹簧	无断裂、错位，挠度正常
挂车U形螺栓	无松动

续上表

项　目	技　术　要　求
挂车侧栏板	完好
挂车车架	无弯曲、断裂、变形
连接器系统	正常
挂车前支撑	升降自如，支撑牢固

3　车辆安全检视的步骤

车辆安全检视应选择安全地段将车停好，必要时使用驻车制动，将车辆进行固定。检视顺序从车辆左前端开始，按照逆时针方向进行。车型不同，检视部位的组成也有所不同。

1）小型客运车辆的安全检视。

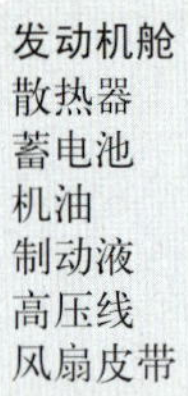
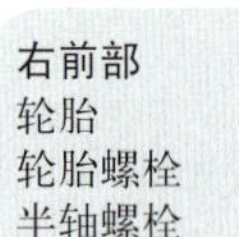
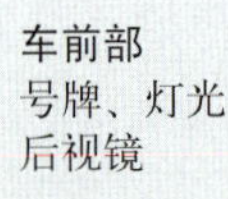
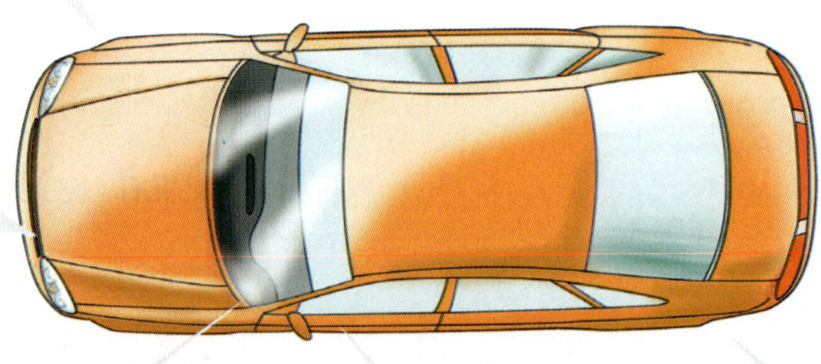

2）普通货物运输车辆的安全检视。

发动机舱
散热器
蓄电池
机油
制动液
高压线
风扇皮带

右前部
轮胎
轮胎螺栓
制动鼓、轮毂
制动管路
横、直拉杆及球头
储气筒
钢板弹簧
U形螺栓

右中后部
轮胎
制动鼓、轮毂
轮胎螺栓、半轴螺栓
制动管路
储气筒
钢板弹簧
U形螺栓
传动轴螺栓
侧栏板

车前部
号牌、灯光
后视镜

车后部
号牌、灯光
备胎
驱动桥壳
后栏板

驾驶室内部
灯光、喇叭、仪表
转向盘
离合器踏板
制动踏板
驻车制动器操纵杆
刮水器
驾驶门、门锁
内后视镜
安全带
发动机

左前部
轮胎
轮胎螺栓
制动鼓、轮毂
制动管路
横、直拉杆及球头
储气筒
钢板弹簧
U形螺栓

左中后部
油箱
轮胎
轮胎螺栓、半轴螺栓
制动鼓、轮毂
制动管路
储气筒
钢板弹簧
U形螺栓
传动轴螺栓
侧栏板

3）大型旅客运输车辆的安全检视。

发动机舱
散热器
蓄电池
机油
制动液
高压线
风扇皮带

右前部
轮胎
轮胎螺栓
制动鼓、轮毂
制动管路
横、直拉杆及球头
储气筒
钢板弹簧
U形螺栓

右中后部
轮胎
制动鼓、轮毂
轮胎螺栓、半轴螺栓
制动管路
储气筒
钢板弹簧
U形螺栓
传动轴螺栓

车前部
号牌、灯光
后视镜

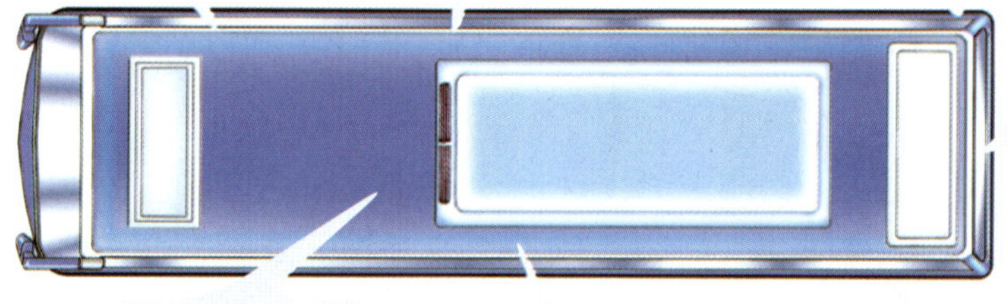

车后部
号牌、灯光
备胎
驱动桥壳

驾驶室内部
灯光、喇叭、仪表
转向盘
离合器踏板
制动踏板
驻车制动器操纵杆
刮水器
驾驶门、门锁
内后视镜
安全带
发动机

客车车厢内
乘客座椅
车内灯
栏杆及扶手
车门、应急出口
灭火器
应急反光牌

左前部
轮胎
轮胎螺栓
制动鼓、轮毂
制动管路
横、直拉杆及球头
储气筒
钢板弹簧
U形螺栓

左中后部
油箱
轮胎
轮胎螺栓、半轴螺栓
制动鼓、轮毂
制动管路
储气筒
钢板弹簧
U形螺栓
传动轴螺栓
侧栏板

4）汽车列车的安全检视。

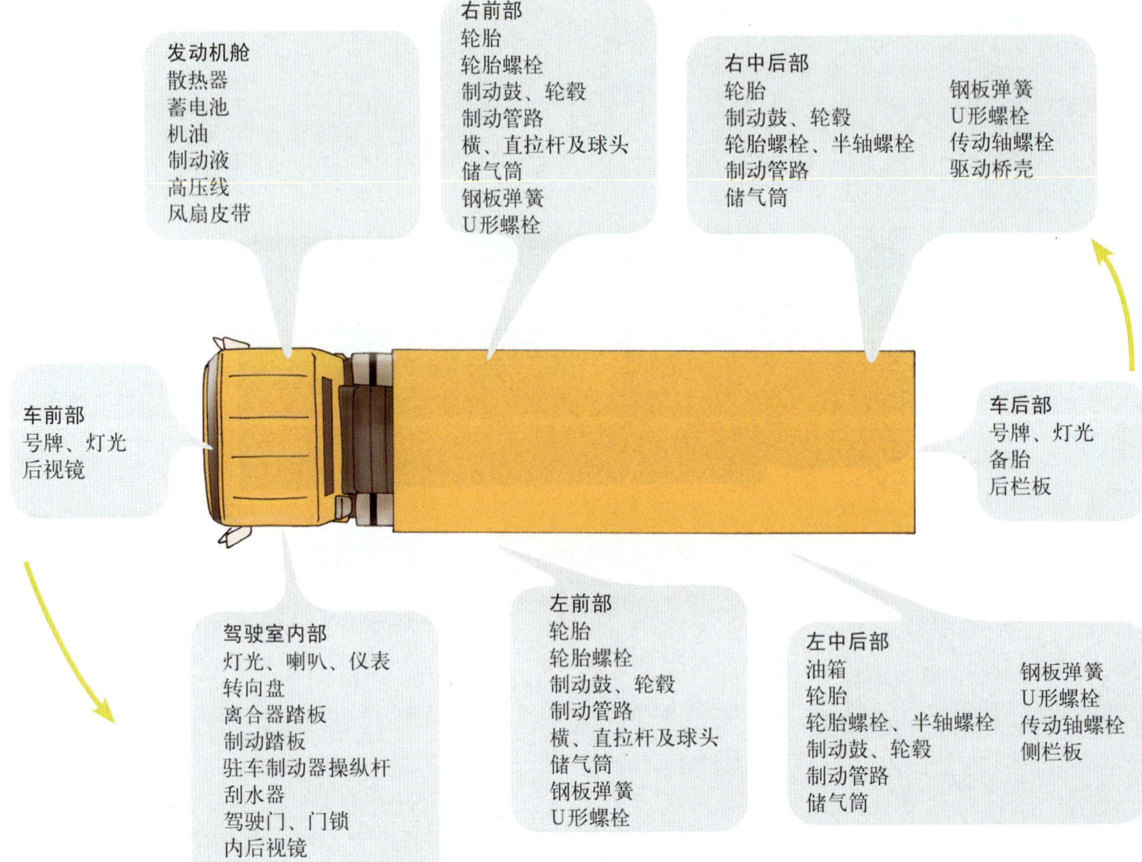

4 轮胎更换

货运车辆常常需要在复杂的路况下长途行驶，轮胎相对更容易磨损，因此，行车途中往往会出现轮胎破裂的现象。为了不影响车辆的正常运营，驾驶员应及时更换轮胎，并尽可能快地去修理厂，请专业维修人员检查、调整新装配轮胎的气压和制动间隙。下面以更换车辆左后轮胎为例，介绍轮胎更换的基本步骤：

1）选择在安全而平坦的路面停车，挂一挡，拉紧驻车制动器，并用三角木或石头垫在车轮下，避免溜车。

2）拆卸备胎，并将其放置在左后轮的附近。

3）拧松左后轮胎螺母，用千斤顶顶起左后轮，直到轮胎离开地面。

4）拧下螺母，卸下左后轮胎。

5）安装好备胎，并按顺序（对角线交叉）分2次紧固轮胎螺母。第1次按顺序紧固螺母时，施加70%左右的力；第2次则按顺序完全紧固螺母。

6）放下千斤顶。

7）再次检查、紧固所有螺母。

8）收拾好现场，将换下的轮胎固定到备胎架上，并收拾好千斤顶等工具。

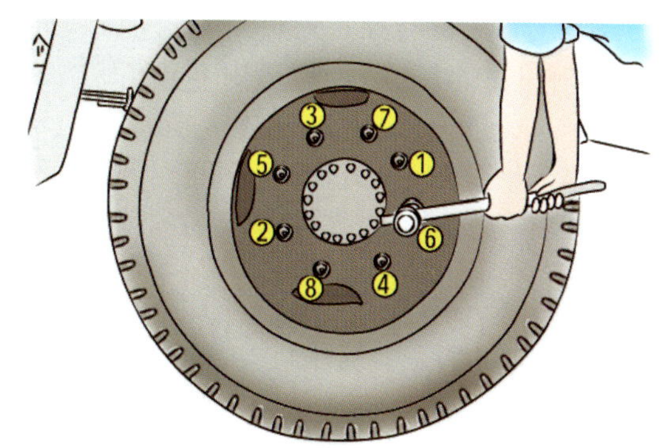

第三节　特殊环境安全行车

在行车过程中，往往会遇到一些特殊的交通环境，如夜间、雨天、雾天、冰雪道路、山区道路、漫水桥和窄桥等。这些特殊的环境，在视线、地面附着力、道路复杂性等方面与普通道路有很大区别，对驾驶员的驾驶技能要求更高，交通事故的发生几率也会增加。因此，在驾驶教学中，教练员应向学员讲解特殊环境的交通特点，教授特殊环境下的安全行车方法，确保行车安全。

一、夜间安全行车

驾驶员在行车中，80%～90%的信息来源于视觉，夜间能见度下降(仅为白天的1/8)，行车中潜藏着诸多危险，因此，教练员要让学员学会根据夜间道路的特点，采取正确的安全行车方法。

1　夜间行车的交通特点

1）驾驶员的视觉特性。

①视距变短、视野变窄。夜间行车，尤其是在照明条件不好的乡村道路行车，由于受车辆灯光照射距离和照射范围的限制，教练员应提醒学员，此时会出现视距变短和视野变窄的现象，进而影响对周边交通情况的辨认。

夜间视线会受灯光的限制

②信息易漏，感知能力下降。白天在车速为80km/h时，驾驶员可以辨识前方240m处的交通情况；而夜晚驾驶员只能发现42.8m处的行人，完全看清行人的移动情况需要行人走近至9.6m处。此外，一些白天非常醒目、很容易辨识的颜色，在夜晚不容易被驾驶员发现。

夜间难以辨认道路情况

③暗适应时间较长。城市道路的夜间照明条件较好，但是会出现明暗交替的情况，驾驶员由明亮区域到黑暗区域时，眼睛存在5～15min的暗适应期，适应时间受光线强度变化大小的影响较大。驾驶员受强光照射后，会在数秒内失去视觉，此时车速越快，风险越大。

2）驾驶员的观察和判断特性。

①对车速的判断力下降。由于光线较暗，甚至处在黑暗环境之中，周围背景参照物无法看清，驾驶员对自车车速以及安全间距的判断会出现不同程度的偏差。

②容易疲劳。一方面，长期在黑暗中驾驶，视野会越来越窄，形成“隧道视野”，导致出现“道路催眠效应”，驾驶员容易困倦、打盹；另一方面，夜间人体生理节律处于低谷，也会加剧行车的疲劳和困倦感。

③来车灯光眩目，影响路况观察。对面来车不及时变换灯光，会引起驾驶员的眩目，影响驾驶员对路况的观察。

对面来车灯光易造成眩目

④道路情况难于辨认。夜晚能见度低，驾驶员很难辨认前方的道路情况，更多地需要凭经验进行驾驶。例如，车辆灯光由路中移向路侧，说明前方出现弯道等。

学会辨认前方道路情况

2　夜间安全行车方法

1）控制车速，保持安全间距。夜间行车，驾驶员的视线和视野等比较差，对周边交通环境的判断能力下降，教练员要指导学员低速慢行，增大行车安全间距，预防突发事件。尤其是受强光刺激，又转入黑暗环境驾驶时，教练员应提醒学员，暗适应时间较长，应当提前减速。

夜间会车，保持安全间距

2）不要开启车内照明灯和注视来车灯光。夜间若打开车内灯行车，容易使已经适应黑暗环境的视力下降，增加行车风险。当对向车辆靠近时，驾驶员减速慢行，将视线右移，避免直视其前照灯，否则会因强光的影响，无法看清前方的障碍物。此外，行车前，要调整内后视镜，防止后面车辆灯光引起的眩目。

调整后视镜，避免眩目

3）合理使用灯光。夜间开车很重要的一点是要正确使用灯光，近光灯适用于防止迎面来车驾驶员产生眩目，远光灯用于更好地看清前方的路况。学员要学会正确使用灯光，在相应的情况下能够转换灯光。远近灯光的转换练习最好在车流少的市郊进行。

车辆灯光的正确使用

灯光类型	适 用 情 况
近光灯	— 黎明、黄昏等光线不好的情况下行车； — 夜间、雨天和其他恶劣气象条件(如:雾天、雪天和隧道等)下行车
远光灯	在黑暗条件下，不会使其他交通参与者产生眩目
远光灯换近光灯	— 夜间，在照明条件较好的街道上行车； — 与对面车会车，距离150m； — 跟随前车行驶，间距较小； — 发现近前方有行人或者自行车； — 在窄路、窄桥与非机动车会车时
危险报警闪光灯	— 发生故障或者发生交通事故时； — 前方发生堵车，排在车队尾部
前雾灯(前灯)	在雨天、雾天和雪天等情况下，代替近光灯，使视线更好
后雾灯(后灯)	雾天，视线范围50m以下

4）正确判断路况。除了控制车速与合理使用灯光外，教练员还应该向学员介绍根据灯光照射变化，判断道路情况的经验和方法。

夜间道路情况判断方法

灯光照射情况	道 路 情 况
照射由远及近	— 驶近转弯一侧有山体或屏障的弯道； — 到达坡道的低谷； — 驶入上坡道
照射由近及远	— 即将由弯道进入直线道； — 即将由缓坡进入陡坡； — 即将进入下坡道
灯光离开路面	— 面临急转弯或大坑； — 行驶到坡顶
前方出现黑影	路面有坑
灯光由路中移到路侧	前方有弯道或连续弯道

5）避免疲劳，驱除睡意。夜间行车前（尤其是长途夜间行车），驾驶员应当进行充分的休息，保持充沛的精力。如果行车途中感觉疲劳，应当选择安全的地点停车并适当休息，待体力恢复后，再继续驾驶。

6）加强车辆日常维护。夜间行车前，应提前对车辆进行技术检查，确保车辆技术状况良好，特别要保证车上照明设施的正常工作。

二、雨天安全行车

雨天驾驶员的视线和路面状况会发生变化，从而影响驾驶安全。在南方地区，雨季相对较长，下雨比较频繁，雨天行车几率较大。教练员要指导学员了解雨天的交通特点，掌握雨天安全行车的方法。

1 雨天行车的交通特点

1）视线模糊。雨天光线比较暗，能见度低；下雨使风窗玻璃挂满水珠，导致驾驶员视线模糊，尤其是遇到暴雨天气，即使刮水器运动很快，也难以刮尽雨水，从而影响驾驶员对交通情况的观察。

下雨时，教练员应提醒学员关闭车窗；车厢内外温差加大，在风窗玻璃上常常形成一层水雾，也会遮挡视线。

雨天行车，视线模糊

2）路面湿滑。刚刚开始下雨时，路面刚湿，水与路面上的灰尘混合。此时，轮胎与路面的附着系数变小，制动距离显著增加，同时容易产生跑偏和侧滑。

大雨之中或者大雨之后，路面上会有积水，路面变得湿滑，胎面和路面间形成一层水膜，易发生"水滑"，此时，教练员应提醒学员不要急踩制动踏板或猛打转向盘。

雨天行车，路面湿滑

路面湿滑系数表

路面状况	附着系数	打滑程度
干燥混凝土路面	0.7～1.0	不滑
潮湿混凝土路面	0.4～0.6	比较滑
下雨开始时，路面刚湿	0.3～0.4	最滑

以下情况容易导致轮胎的"水滑"现象：

①车辆高速行驶；

②轮胎存在一定程度上的磨损；

③路面有凹坑，尤其是路面下陷。

"水滑"的预防措施：

①保持低速行驶；

②确保轮胎有良好的排水性能。

2 雨天安全行车方法

1）加强日常维护。雨天行车，除了做好常规检视外，要特别注意车灯、刮水器的检查，防止雨天行车时出现故障，确保行车安全。

2）改善驾驶视线。雨天驾驶，要充分利用刮水器和车灯等车辆设施，改善驾驶员的视线。雨天行车，更需要集中注意力观察，劳动强度和精力消耗增大，而且心理有压抑感，因此，教练员应提醒学员注意避免疲劳驾驶。

利用刮水器改善驾驶视线

3）仔细观察路况。雨天行人与非机动车为躲避被雨淋而盲目奔跑，他们往往只顾打伞或者寻找避雨的地方，忽视对周边交通情况的观察，甚至为了避开积水，走到机动车道上来。教练员应提醒学员集中注意力观察交通情况，尤其是周边行人和非机动车的动态，遇到情况及时处理。

注意减速让行

4）适当加大行车间距。由于路面湿滑，教练员要提醒学员注意降低车速，扩大安全行车间距，避免出现车轮打滑。

5）避免太靠近路侧行驶。雨天，尤其是连续下雨之后，路侧会因雨水冲刷和浸透变得松软，车辆在上面行驶会出现路面下沉的危险。

三、雾天安全行车

在湖边、河边和沼泽地等区域，可能会随时出现大雾天气。雾天的能见度很低，视野变窄，驾驶员很难及时发现前方的障碍物，行车的安全隐患随之增加，容易发生交通事故（尤其在高速公路上行车），因此，教练员应让学员了解雾天的特点和安全行车的方法。

1　雾天行车的交通特点

大雾天气，能见度非常低，驾驶员的视线受到限制，加上驾驶室与外界的温差，前风窗玻璃常常产生水汽，使驾驶员原本不好的视线变得更加模糊。行车过程中，教练员应提醒学员，雾天难以及时发现前方的障碍物，速度过快时，容易发生追尾事故。

雾天行车，能见度低

2　雾天安全行车方法

1）低速慢行，保持安全距离。由于雾天能见度低，行车中应适当降低车速，扩大与前方车辆的安全距离。在交叉路口，很难看清前面的交通情况时，应将车速控制在5km/h以下，尤其要注意不能以前方车辆的后位灯作为判断安全间距的依据。同时雾天在高速公路上行驶，极易引发追尾事件，要格外小心。当能见度低于50m时，要立即驶离高速公路。

能见度与车速的关系

能　见　度	最　高　车　速
大于200m、小于500m	80km/h
大于100m、小于200m	60km/h
大于50m、小于100m	40km/h
30m以内	20km/h以下
10m左右	5km/h以下

2）正确使用车灯和喇叭。雾天行车，打开前雾灯和后雾灯（可视距离小于50m时）；在浓雾状态下，还需要打开前、后位灯、示宽灯和近光灯，利用灯光来提高能见度，并且便于其他交通参与者辨识。此外，还可借助鸣喇叭，提醒周边交通参与者注意本车的存在。行车中，教练员应提醒学员适当打开车窗，借助听觉辨别周边的情况。

雾天行车，正确使用雾灯

3）各行其道。雾天不要压着中心线行驶，否则容易与对向行驶车辆发生碰撞。

四、冰雪道路安全行车

在冰雪路面上，轮胎的附着力降低，制动距离延长，车辆容易侧滑和失控，驾驶风险增加，教练员要告诉学员冰雪路面的特点和安全行车的方法。

1 冰雪道路行车的交通特点

1）轮胎附着力低，制动距离延长。冰雪天路面常常结冰，轮胎与路面的附着能力很低，制动距离延长，尤其在紧急制动时容易出现车辆侧滑。

2）积雪反光，影响视力。雪后天晴，虽然驾驶员视野很开阔，但是积雪对光线的反射作用，容易造成驾驶员眩目。

3）行人等占道，风险增加。下雪时人行道及自行车道被冰雪覆盖，而机动车道因车辆行驶的缘故，不易形成积雪，行人或非机动车人常常借用机动车道，加上路面很滑，行人和非机动车人身体易失去平衡而摔倒，增加冰雪天行车风险。

2 冰雪道路安全行车方法

1）保持低速，避免太靠近路边行驶。冰雪天行车应保持低速行驶，并且要注意观察行人、机动车和非机动车的动态，并与他们保持适当的安全间距。路面被雪覆盖，道路情况不清楚，尤其在乡村道路，靠近路边行驶易发生危险。

减速慢行，保持横向间距

2）避免紧急制动和猛打方向。冰雪天驾驶，遇有情况要提前降速，并使用间歇制动和发动机制动，避免猛打转向盘和紧急制动，以防侧滑，诱发事故。

低速慢行，避免侧滑危险

3）结冰路面，谨慎驾驶。在桥上和背阴的道路上行车时，要特别小心，这些地段的路面容易结冰，存在打滑的危险。

低速过桥，避免打滑危险

4）采取防滑措施。冰雪天行车时，为了增加轮胎与路面的附着能力，可以在车轮上安装防滑链。

及时安装防滑链

五、山区道路安全行车

山区道路险路较多，气候异常，重特大恶性事故频繁发生。教练员应向学员介绍山区道路的交通特点，传授山区道路驾驶的正确方法，提高学员在特殊路况安全驾驶的能力。

1　山区道路行车的交通特点

1）坡长且陡，路窄弯急，山峦叠嶂，视线受阻。坡路弯道多且险峻，是山区道路的显著特点。山区道路大都依山傍水而建，路况复杂，或盘山绕行，或临崖靠涧，弯道曲折，连绵不绝，视线受阻，交通风险随之增加。

山路弯多，道路险峻

2）转弯时车辆容易占道或冲下山崖。山区道路弯道较多，行车中如果转弯过度，容易占道行驶，若转弯不足又会导致车辆冲下山崖，需要格外注意。

3）气候多变，险情频繁。山区道路的气候与道路所处的纬度、海拔高度以及地形有关，往往从山底到山顶，会经历截然不同的季节变换，出现刚才还是骄阳似火，现在已是冰雪覆盖的异常气候景观。有些山区气压很低，空气稀薄，导致水的沸点下降，冷却水容易沸腾，发动机燃烧不正常。此外，频繁出现的道路冲毁、桥涵冲断、山道塌方等险情，都给安全行车增加了困难。

4）制动器热衰退大。连续下坡，频繁使用制动，制动器与摩擦片之间会因温度升高而降低制动效能。

2　山区道路安全行车方法

1）行车前的准备。

①做好物质准备。驾驶员进入山区道路前，应根据需要准备一些必要的物质器材和生活用品，如三角木、防滑链、冷却水、储备燃料等，以防止途中发生意外。

②加强技术检查。要加强出车前和行车中的安全检查，尤其要重点检查转向系统、制动系统、传动系统和车轮等对安全驾驶影响较大的关键部位。

③合理装载货物。对于营运货车驾驶员，在出车前要对车辆的装载情况进行检查和加固，防止货物洒落；禁止超载和避免在车辆上下坡时因货物滚动或重心不稳而影响车辆的行驶稳定性。

2）行车中的安全驾驶。

①正确使用制动。在下长坡时，要注意充分利用发动机制动控制车速，避免频繁使用制动器，严禁空挡滑行。对使用液压制动的车辆，要利用休息时间冷却制动器和制动液，防止制动液发热形成气阻，导致制动失效。对气压制动的车辆，在停车时，保持发动机正常运转，以提高储气筒内的压力。

②降低车速，保持间距。在山道情况复杂或弯道较多的路段，应保持低速通行，并加大与前车的安全间距，原则上不要超车。

连续弯路

③及时换挡，减速慢行。遇到坡路时，要注意观察坡道的情况，提前变换挡位，减速靠右，防止中途因驱动力不足而熄火。

④适当转向，提前减速，及时提示对向来车。在急转弯处应提前降低车速，同时要把稳方向，避免转向过度或转向不足。进入急转弯前要鸣喇叭，提示对向来车按规定行驶。

⑤注意交通标志，观察交通动态。在山区道路驾驶时，驾驶员要充分利用路旁的交通标志来判断山区道路的情况。同时要集中注意力，观察和准确判断行人、非机动车和畜力车等的动向，防止意外事故的发生。

村庄

六、高速公路安全行车

高速公路具有相对封闭、立体交叉、集中管理、出入口固定、车速高、车流量大的特性，其交通特点决定了安全驾驶方法和一般道路有所不同。在进行高速公路模拟训练时，教练员应向学员讲授高速公路行车的交通特性和安全行车方法。

1 高速公路行车的交通特点

1）单向行驶，车流量大。高速公路是专供机动车通行的全封闭道路，车辆单向行驶，车流量大。

2）分道行驶，出入口单一。高速公路同向通常有2～4个车道，不同车道有规定的行驶速度，要求通行车辆严格遵守。车辆只能从单一的进出口上下高速公路，因此，需要严格按照出入口的规定速度行驶。

3）道路条件好，驾驶员容易麻痹。高速公路路况较好，行车舒适感强，驾驶员常常会不自觉地过度提高行车速度，埋下事故隐患。

4）车速高，交通事故后果严重。高速公路的事故危险主要来自于过高的行驶车速、变换车道的时机错误、不合适的车辆间距以及车辆的技术故障等。与其他道路相比，高速公路上一旦发生事故往往后果严重，损失较大。

2 高速公路安全行车方法

1）驶入高速公路。

①在通往高速公路的道路上会有一些指向高速公路入口的指示牌。注意观察路标选择正确的入口。

佛山一环
三云水 清水
入口 1km

②提前打左转向灯。在进入合流三角带之前打开左转向灯，提示车辆准备驶入高速公路。

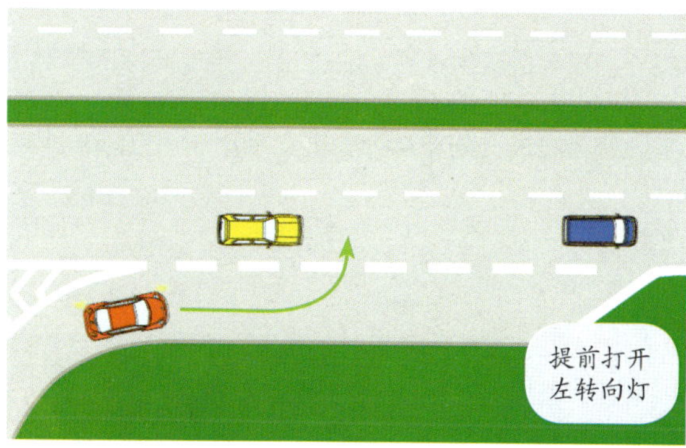

③迅速提高车速。驶入高速公路前，应迅速将车速提高到60km/h以上，并与行车道上车流速度相适应。

④驶入行车道。注意利用后视镜观察行车道上的交通状况，注意选择驶入高速公路的时机；在驶入高速公路时，不能阻碍或者危及高速公路上其他车辆的安全。当车辆的行驶速度满足要求，并且确认能安全地向左变更车道时，从加速车道驶入行车道。

2）在高速公路上行驶。

①遵照规定车速。在进行高速公路模拟训练时，应严格按照高速公路规定的车道速度行驶，最低车速不能低于60km/h，最高车速不超过120km/h，并视交通情况合理控制车速。

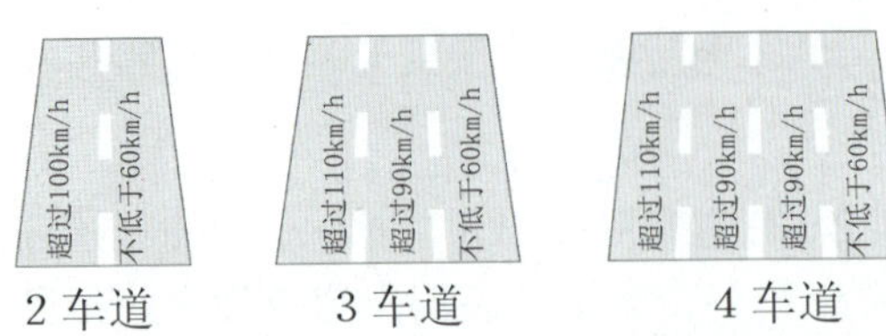

2 车道　3 车道　4 车道

②保持安全间距。在进行高速公路模拟训练时，教练员要提醒学员借助路边的标志牌来确认当前的安全距离。在特殊的天气条件下或者交通流量比较大时，应适当扩大安全间距。

3）超车和变更车道。

①提前打开左转向灯。在高速公路上超车和变更车道时，要提前3s开启转向灯，夜间还需变换远近光灯，提醒前车注意。高速公路的匝道、加速车道和减速车道，严禁超车、停车。

②注意观察所进车道后方车辆的情况。在超车和变更车道前，注意通过后视镜，观察左侧车道后方车辆的动态，确认安全间距，选择合适的车速，驶入左侧车道。

③安全驶回行车道。超车后，在确认不影响被超车辆安全正常行驶的前提下，打开右转向灯，逐渐返回原行车道。

4）驶离高速公路。

①驶离高速公路前，注意路边的出口标志。如果错过出口，必须继续行驶至下一个出口再驶出高速公路，禁止掉头和倒车。

②提前变更车道。当准备驶离高速公路时，应提早从高速公路的内侧车道变更到外侧车道上，做好驶出准备。

③打开右转向灯示意。在距离减速车道约500m时打右转向灯，提示其他驾驶员有车辆准备驶离高速公路。

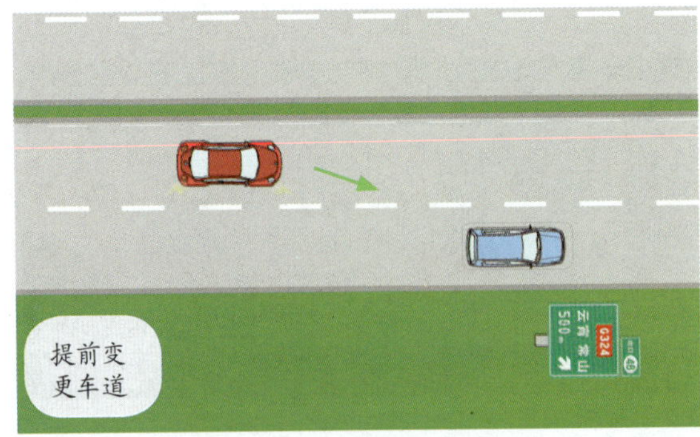

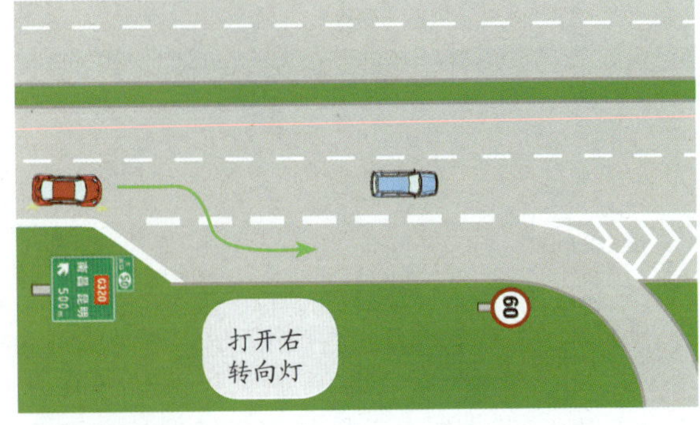

④通过减速驶入匝道。进入减速车道后，要适当降低车速，进入匝道时，应严格按限速标志控制车速。

减速驶入匝道

七、漫水桥安全行车

漫水桥指桥面不同程度地被水淹没。通过漫水桥的驾驶和一般道路的驾驶有很大的区别，其驾驶风险也随之加大。教练员要向学员强调通过漫水桥时，一定要保持谨慎，如果水已完全淹没桥面，应放弃涉水过桥，绕道行驶。

涉水要保证绝对安全

1　漫水桥行车的交通特点

1）轮胎附着力小。由于流水的冲击力，加上浮力的作用，车辆在水中会有发飘的感觉。车轮与路面的附着力较小，驱动力的作用也因此受到限制，表现为轮胎容易打滑。同时由于水的阻力较大，导致动力性下降。

2）桥体淹没，路况难料。水淹没了桥体，无法判断行驶路线的情况，如路面的毁坏程度、障碍物情况和水的深度等。

3）电气设备容易受潮和短路。在水位接近或超过车辆底盘的高度时，涉水驾驶容易导致排气管进水、车辆电气设备受潮和短路。

2　漫水桥安全行车方法

1）查清水情，谨慎涉水。在涉水前必须查清水深、流速和水底的路面情况，确定行车路线。如果积水较深，应当放弃涉水，改道行驶。

2）选择正确的行车路线。如特殊要求必须涉水时，应精密筹划行车路线。一般需要根据水流情况，沿着逆流方向与水流呈斜线行驶，借助水流的冲击力，方可保持车辆最终沿直线行驶。

3）看远顾近，平稳低速。车辆涉水时，应用低速挡平稳地驶入水中，并缓慢地前行，要保持目视前方固定的目标，按照制定的行驶路线安全前行，切不可注视水流，以免视觉上判断错误导致行驶方向的偏移。

低速平稳涉水行驶

4）保持动力，一气呵成。涉水通过漫水桥时，要保持平稳和足够的动力，尽量不要中途换挡、停车和急转弯，“一气”通过涉水路段。

5）处理制动器水衰退。车辆涉水驾驶后，制动器与摩擦片之间的制动能力下降，驾驶员应当反复踩制动踏板进行制动，恢复制动效能。必要时在安全的地点停车，对车辆进行检视和处理，确保车辆保持良好的技术性能。

八、窄桥安全行车

和普通道路相比，窄桥道路狭窄，往往不能容纳多辆车并行，而且窄桥上发生车辆碰撞，往往会引发溺水事故，后果比较严重。

窄桥

1 窄桥行车的交通特点

1）限制速度，控制总重。在窄桥的两端一般都有车辆通行的速度和总重控制的标志，通过前需要注意观察。

2）道路狭窄，路况复杂。窄桥的路面宽度较窄，而且有一定的坡度，视线不够好，尤其对于拱桥，在车辆接近桥顶时，双向车辆都处在驾驶盲区中。

前面是窄桥，需减速行驶

2 窄桥安全行车方法

1）提前减速，靠中间慢行。通过窄桥前，要注意观察交通标志，并按照提示，提前减速，靠中间慢行。

2）集中注意力，仔细观察。通过窄桥前注意观察窄桥及其对面的车辆、行人和自行车等的动态情况，适时鸣喇叭引起交通参与者的注意。

3）谦和礼让，文明行车。过窄桥需要让行时，要选择合适的让行位置，避免在桥上会、超车，不能强行抢道。

4）增大安全间距，低速慢行。通过窄桥时，要适当增大与前车的纵向安全间距，尽量避免在窄桥上制动、变速和停车。

*九、道路旅客运输安全行车

旅客运输车辆驾驶人员应当不断提高业务知识、职业技能，自觉遵守职业道德行为准则，遵守道路运输法规和道路运输驾驶员安全操作规程，安全驾驶，文明服务。

1 安全、规范驾驶要领

1）系好安全带。按客车上车规范进入驾驶室后，系好安全带，并提醒旅客系好安全带。

2）起动发动机，查看仪表。调整好座椅和后视镜位置，关好车门，起动发动机，查看仪表情况是否正常。

3）观察后视镜。观察外后视镜，注意车身两侧的障碍物，同时从室内后视镜观察旅客的情况，并进一步确认车门是否关好。

4）平稳起步。确认安全后，平稳起步，缓缓驶入正常行驶路线，保持平稳车速行驶；客车起步、行驶和停车时，应当尽可能平稳，以避免乘客受伤。

5）保持直线行驶。行车中要尽量保持直线行驶，转向时幅度要小，避免过多的大幅度转动转向盘，不得曲线行驶或频繁变更车道；处理情况减速时，应充分利用发动机制动控制车速。

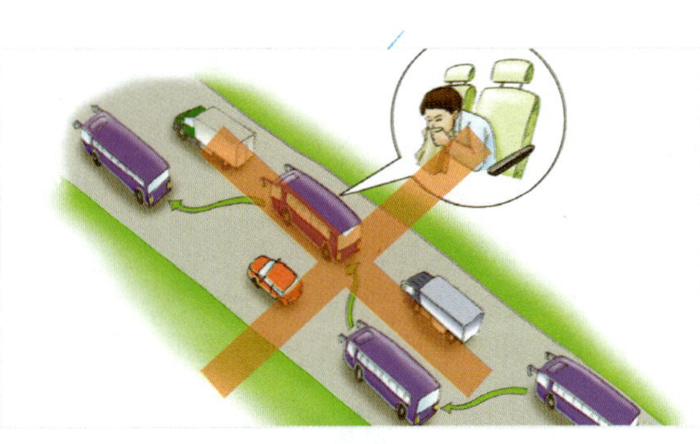

尽可能保持直线行驶

6）平缓转向。客车转弯时，要考虑到车辆的平稳和乘客的舒适，提前减速，转向应平缓，转动转向盘的幅度要小，转动速度尽量放慢。

7）缓慢平稳停车。停车时应考虑到旅客的舒适和安全，提前减速，缓慢转动转向盘，使用制动不能过急，使车辆停住时旅客身体不前倾。

停车要平稳

8）行车中，遇道路上有凹凸沟槽时，应及时减速，低速缓慢通过，以免因车辆突然颠簸而伤害乘客。

9）提醒旅客注意安全。车辆未停稳前不准开启车门上下旅客；开门上下旅客前要注意车身右侧的移动障碍物，避免发生冲撞；同时，要提醒下车的旅客注意来往的车辆。

车未停稳，禁止开门

2 行经险桥、漫水桥、渡口、危险地段和加注燃油前的安全措施

1）通过漫水桥时，应停车观察，确认安全后，组织乘客下车步行过桥，车辆在引导下低速通过；若遇洪水漫过桥面等严重情况时，不得冒险通过。

不能保证安全，禁止过漫水桥

贸然通过漫水桥 失控坠车把命丧

2009年7月15日18时15分，云南昭通地区昭通市一辆三星小型越野客车由大关县大关岔河沿麻水线向大关吉利方向行驶，至麻水线4km加800m处，车辆驶过23m的漫水路段后，向右斜行12.4m，从公路右侧坠入20余m深的悬崖，造成3人死亡。

原因分析：

驾驶员交通安全意识淡薄，在洪水漫过桥面，无法辨识路面的情况下，置自己与其他乘客的生命于不顾，仍然冒险过桥，酿成事故。

预防措施：

强化驾驶员安全意识和遵守交通法规的意识，严格遵守交通法规。此外，途经危险路段时，应以乘客的生命安全为重，宁可绕道行驶，切勿贸然行事。

2）车辆行经渡口前，应先组织旅客下车，按渡口管理人员的指挥，进入行人通道上船；车辆按照渡口的要求驶入指定的位置等待过渡，上船时应服从管理人员的指挥，依次平稳上船。

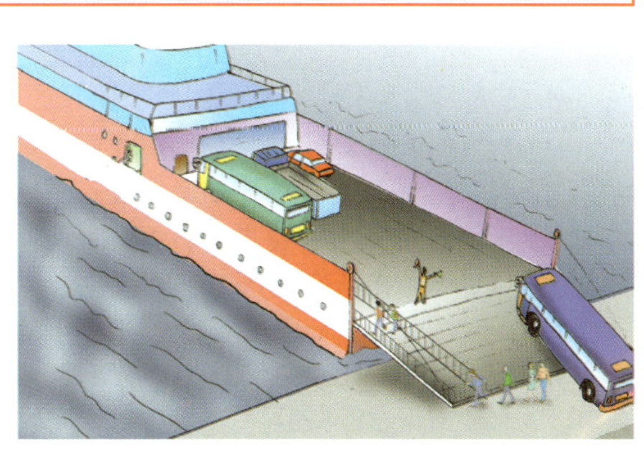

服从管理人员指挥

3）行经险桥、危险地段应停车查明道路情况，确认安全后，组织旅客下车步行通过，车辆方可低速通过，不能通过时应绕行。

4）加注燃油前，必须做好旅客的工作，选择远离加油站的安全地方让旅客下车等候，加完燃油后再组织旅客上车，并清点好车上人数。

*十、道路货物运输安全行车

1　通过桥梁

1）接近桥梁时，应当注意桥头附近的交通标志，特别应注意桥梁的承载能力，遵守其规定，与前车要保持一定的安全距离，降低行驶速度。

保持间距，低速行驶

2）遇到窄桥时，应当尽量避免在桥上换挡、制动、会车和停车。

3）通过漫水桥、便桥、浮桥以及一些简易桥时，应当先停车观察，确认安全后，在引导下低速通过；通过前应让车上的所有乘员下车步行通过，以避免发生意外事故。洪水或河水漫过桥面情况比较严重时，禁止车辆通行。

4）通过有冰雪、泥泞的桥梁时，过桥前应当对桥面情况进行勘查，必要时在桥面铺垫一些防滑物品，然后选择桥面中间缓慢通过。

2　通过隧道、涵洞

1）进入隧道、涵洞前，应观察交通标志和标线的规定，重点注意检查装载高度是否在规定的范围之内。

2）通过双车道隧道时，应靠右行驶，注意使用灯光与来车交会，匀速通过，切忌抢行。

3）隧道内行驶应尽量避免超车；进出隧道、涵洞时，禁止加速行驶或超车。

4）在隧道、涵洞内不得随意停车。

隧道行车，避免灯光眩目

3　进入山区道路

1）要随时注意制动器的工作效能。气压制动系的车辆要经常观察气压表读数；液压制动系的车辆要防止“气阻”，感到踏板“软弱”时，必须停车检查。

进入山区道路，检查车辆

2）坡道上严禁停车。因故必须停车时，应拉紧驻车制动器操纵杆并将发动机熄火；上坡停车挂低速挡，下坡停车挂倒挡。需长时间停车的须用三角木垫在车轮下，防止溜车。

3）山区转弯时，应降低车速，在转弯处必须先鸣喇叭；夜间变换远近光灯，靠右侧行驶，不得侵占对方车道。

坡道停车，用三角木止动

4）下坡时严禁发动机熄火或者空挡滑行，应使用低速挡下坡；制动时，应当使用间歇制动（点刹），避免长时间持续制动。

下坡急弯空挡滑行 为省汽油反赔性命

2008年7月3日10时45分，西藏山南地区贡嘎县境内318国道距拉萨72km加900m处，一辆手扶拖拉机（无证、无牌、载客15人）空挡下坡时，与对向一辆占道行驶的大客车迎面相撞，造成拖拉机上3人死亡、2人重伤、6人轻伤。

原因分析：

拖拉机驾驶员驾驶无牌证机动车，违法搭载乘客，严重违反了《中华人民共和国道路交通安全法》的相关规定，并在下坡行驶时空挡滑行，造成车辆失控与对向客车相撞，致使人员伤亡。

预防措施：

严格遵守道路交通安全法律法规，合法取得驾驶证、机动车牌照，禁止客货混装；培养安全的驾驶习惯，注意观察交通标志，禁止下坡使用空挡滑行，确保行车的安全。

4 通过结冰道路

1）如果在结冰道路上行驶，要装上防滑链，平稳操作。会车时要选择安全地段，提前避让，必要时停车让行，保持足够的安全间距，会车不要太靠边。不可急踏加速（或突然猛抬）踏板，尽量利用发动机的制动作用减速。

2）在结冰的山路上，应根据冰层厚度、坡度大小和坡路长短决定是否可以通行；能够通过时，上坡避免减挡，下坡时尽可能利用发动机的制动作用，下陡坡需用行车制动器控制车速时，应当采用间歇制动（点刹）。

5 通过雪路

1）以道路两旁的树木、电线杆等参照物判断行驶路线，稳握转向盘，尽量选择路中央或积雪较浅的地方慢行；行车前，及时佩戴有色眼镜，防止行车中积雪反光眩目。

2）在弯路、坡道等危险地段行驶时，应当特别注意选择行驶路线，必要时可停车勘察路况；如道路上已有车辙，应当循车辙行驶；行驶中不可急转急回转向盘，紧急制动，防止偏出车辙或打滑。

3）在雪坡道上行驶，应当提前换入低速挡，上坡中避免换挡；加速时不可过急，防止车辆后溜；如车辆已后溜，应当先使车辆后倒，然后停车再重新起步；起步时应当缓慢、缓踏加速踏板，不可过急或者断续加速。

4）行驶中应当尽量利用发动机的制动作用控制车速；必须使用行车制动器时，应当在不踏离合器踏板的情况，间断轻踏制动踏板。

5）在雪路上遇对方来车，应当选择比较安全的地方会车；必要时可在较宽的地段停车让行，然后再行驶。

让有条件的一方先行

6）长时间停放车辆，应当选择无雪的地面；无上述条件时，应当清除车轮下的冰雪，以免轮胎与地面冻结在一起；如轮胎冰结，则须挖开轮胎周围冻结的冰雪和冻土再行驶，切勿强行起步，以免损伤轮胎和传动机件。

6 炎热天气行车

1）行驶中要注意防止发动机过热，随时注意水温表读数，如温度过高，要选择阴凉处停车，并使发动机怠速运转降温，或掀起发动机盖罩通风散热。

2）发动机过热时，尽快将车开到路边，打开危险报警闪光灯；不可马上打开水箱盖，待发动机的温度降低后，用棉纱或手套垫着把水箱盖打开，然后添加清水或冷却液；在开启散热器盖添加冷却水时，要防止烫伤；不得在发动机高温下熄火加注冷却水。

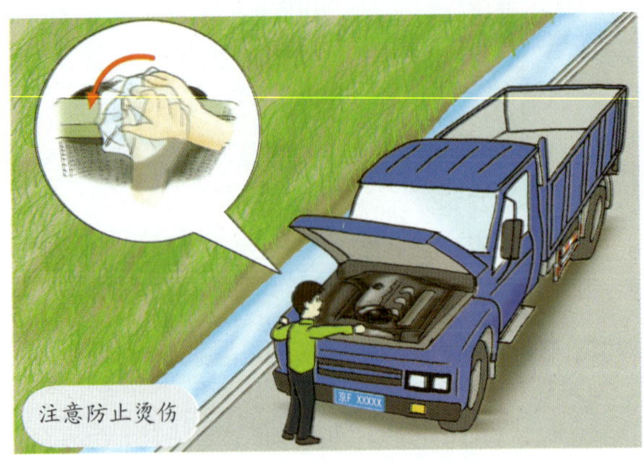
注意防止烫伤

3）燃料供给系发生气阻时，应当停车降温。

4）发现胎温、胎压过高时，应当选择阴凉处停息，让其自然恢复正常。不可采取放气或泼冷水的方法降压、降温。

5）要注意检视制动效能，谨防制动轮缸皮碗（液压制动）膨胀变形和制动液汽化造成制动失灵的故障。下长坡要注意途中停车以自然降低制动器温度，保证制动效能良好。制动鼓温度过高时，切不可用冷水浇泼，防止制动鼓裂损。

避免制动热衰退

教 学 提 示

教学目标

使学员了解和掌握各种特殊交通环境下的安全行车方法。

教学重点、难点

各种特殊交通环境下的交通特点、交通风险及安全驾驶的方法。

教学方法和手段

在理论教学中，教练员可以结合相关图片、教学磁板、互动软件和其他多媒体软件，向学员直观地介绍各种特殊环境的交通特点。在实际操作训练中，教练员可以利用驾驶模拟器进行各种特殊环境的模拟驾驶训练，使学员掌握这些条件下的安全行车方法。在条件许可的情况下，也可以进行一些危险性较小的实车训练，如雨天驾驶、夜间驾驶等，达到教学目标。

第四节　应急驾驶与特殊情况的处置

车辆行驶中由于各种原因，往往会出现一些意想不到的危险情况，如转向失控、制动失效、轮胎漏气、轮胎爆裂等，增加了驾驶风险，甚至会引发重大伤亡事故。遇险情时，如果驾驶员的应急措施得当，完全可以避免或降低事故危害，进而化险为夷。因此，教练员有必要让学员掌握一些典型紧急情况下的应急驾驶方法，以避免或减少交通事故的发生。

一、应急驾驶的基本原则

1　冷静判断，果断处置

驾驶中发现紧急情况，驾驶员应保持清醒的头脑，冷静分析，迅速判断原因，这对于进一步采取正确的应对措施非常关键。

保持冷静，别慌张

2　避重就轻，先人后物

如果事故不可避免，驾驶员要设法降低事故损失，本着优先考虑人，再顾及物，宁让物受损，也要保住生命的原则，采取相应的应急措施。

3　先方向，后制动

在紧急情况下，先转动转向盘，往往可以使车辆避开事故的中心位置，而如果先踩制动踏板，则有可能使车辆失去避险的最佳时机。

二、转向失控的应急驾驶

转向机构直接控制着车辆的行驶方向，转向失控意味着车辆行驶的方向不受驾驶员的控制，这将会给安全行车带来严重的危害。

转向失控很大程度上是由转向系自身的机械故障引起的，包括转向传动部件松动、转向油泵密封不严等。此外，路面过于光滑并且车速过快、制动时前轮抱死等都可能导致转向失控。

1　转向失控的应急驾驶方法

转向失控包括转向突然失控和转向不灵两种情况，转向失控是车辆完全丧失转向能力；转向不灵是驾驶员多少还能够控制车辆的方向，车辆的转向能力并没有完全丧失，两者在应急措施上有所不同。

1）转向突然失控的应急驾驶方法。

①充分利用行车制动与驻车制动，避免紧急制动。当发生转向失控时，要及时将车速降下来，在车速较高时，不可采用紧急制动来降速，否则容易发生侧滑，造成车辆倾翻。此时教练员应提醒学员立即松抬加速踏板，逐渐踏下行车制动踏板或者配合使用驻车制动达到停车的目的。

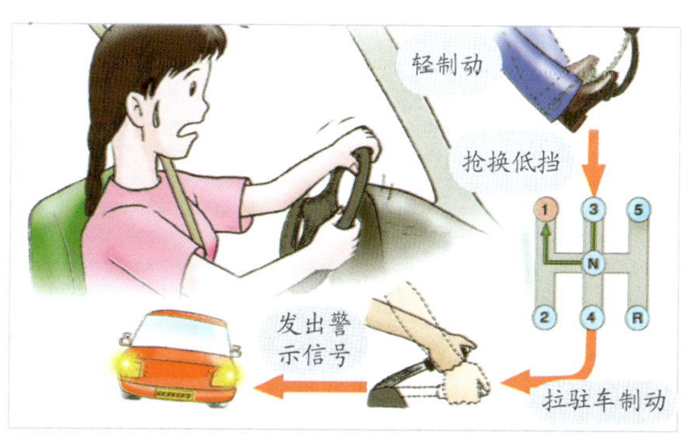

②发出警示信号。在采取制动措施的同时，注意及时将危险警示信息传递出去，提醒道路上的其他车辆以及行人注意避让。如开启危险报警闪光灯、开大灯或鸣喇叭、挥手示意等。

2）转向失灵的应急驾驶方法。

①减速靠右，安全停车。当发现转向突然失灵时，驾驶员应当尽快减速，靠右行驶，并选择安全地点停车。

②发出警示信号，设立警告标志。当车辆停稳后，驾驶员应当立即开启危险报警闪光灯，将机动车移至不妨碍交通的地方。难以移动的，应当在来车方向设置警告标志扩大警示距离，并迅速寻求救援或报警。

2　转向失控的预防措施

在教学中教练员应向学员指出：避免转向失控造成的危害，关键是把好预防和应对两道关，只要严格执行车辆的维护保养，转向失控和失灵是可以预防的。

驾驶员应当定期对车辆的转向系统进行维护，出车前进行安全检查，确保转向系各部件的安全可靠。如：出车前注意检查转向盘的自由间隙是否过大，各连接机构是否松动等，防止转向失控和转向失灵的发生。

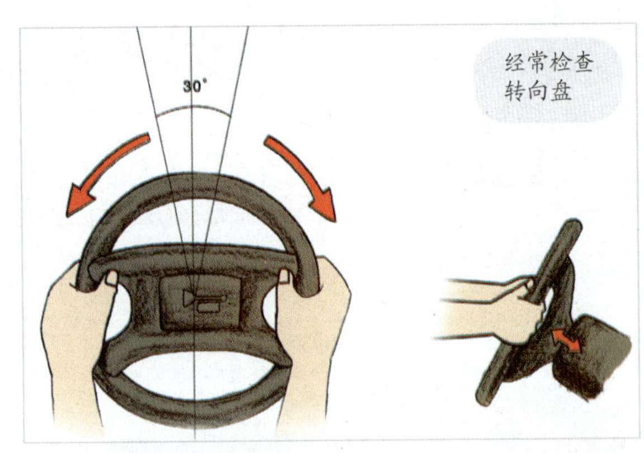

转向失控措施不当　紧急制动造成侧翻

2009年8月15日晨6时，北京市一辆小轿车行驶在四环路上，突然发生转向失控，驾驶员慌乱之中采取紧急制动，车辆发生侧滑，撞向中央隔离带，造成侧翻，驾驶员当场死亡。

原因分析：

发生转向失控时，驾驶员采取措施不当，从而导致事故的发生。

预防措施：

定期对车辆的转向横、直拉杆等进行维护，确保车辆具有良好的转向性能。此外，驾驶员应学习应急驾驶知识，掌握正确的应急处置方法，遇突发情况保持冷静、沉着应对。

三、制动失效的应急驾驶

引起车辆制动失效的原因主要有气压或液压制动管路故障、制动片热衰退等原因。制动失效引发的事故往往非常严重，造成的人员和财产损失也比较大。因此，让学员了解制动失效的应对措施非常重要。

1　制动失效的应急驾驶方法

行车中突然发现制动失效时，驾驶员最重要的是握稳转向盘，设法离开人员密集的地方，同时利用道路条件和其他制动方式，降低车速。

1）把稳方向，抢挂低挡或使用驻车制动。当发生制动失效时，驾驶员首先要保持冷静，按照“先顾人后顾物，避重就轻”的原则，握稳转向盘，避开交通复杂、人员较多的地方，并视情况进行高挡位换低挡位的操作，充分利用发动机制动或驻车制动降低车速。在使用驻车制动时，要注意不可一次拉紧，否则容易造成机械损坏。

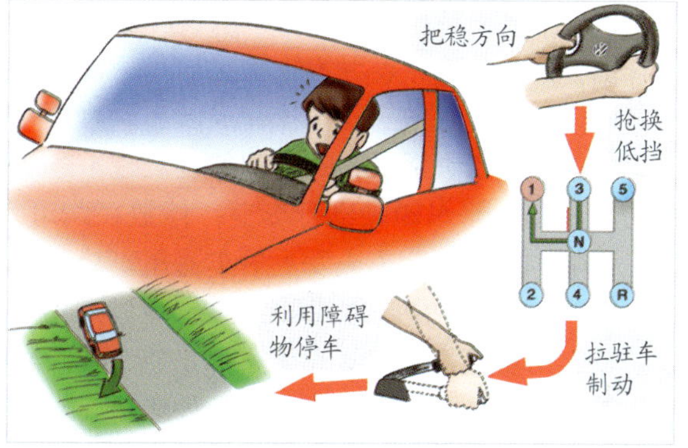

2）利用坡道或天然障碍物帮助停车。如果在下坡行驶过程中发生制动失灵，要注意观察路边是否有可利用的坡道，借助地形强行停车，也可以果断地利用路边的天然障碍物停车脱险，减少事故的损失。

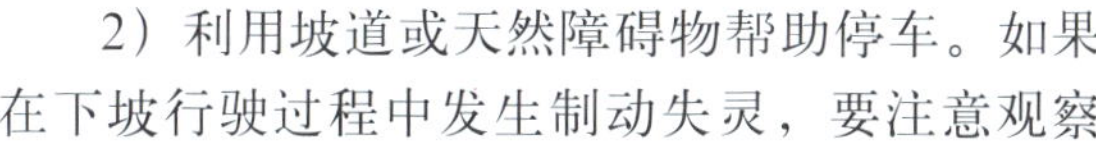

2　制动失效的预防措施

1）加强定期维护，规范出车前的检查。驾驶员应经常检查制动效能是否正常，注意查看制动管路有无破损。如果发现制动踏板的行程异常或软弱无力的现象，要及时送修。

2）正确使用制动，防止产生热衰退。下坡长时间制动会因制动器过热引起制动器的热衰退，导致制动失效。因此在下长坡时，驾驶员应充分利用发动机制动控制车速，在频繁使用制动后选择安全地点或路边设置的制动冷却区停车检查制动状况，冷却制动系。

机件破损制动失效　操作不当酿成悲剧

2010年3月7日6时许，云南保山市境内，一辆牵引车牵引挂车由瑞丽驶往昆明方向，行至昆瑞高速公路保龙段521km加10m处时，因制动失效，车辆失控，冲过封闭施工路段后，又冲向保山公安边防支队芒颜检查营区。事故造成3人死亡（其中武警2人），9人受伤（其中2人重伤）。

原因分析：

牵引车辆不具备良好的安全行驶技术性能，贸然牵引其他车辆。经查，该牵引车气压制动管路破损，制动鼓、轮胎磨损严重，造成制动不良。下坡时，车辆突然制动失效，导致车辆失控，造成严重伤亡。

预防措施：

认真做好制动系统的定期维护，以及轮胎磨损情况等的安全检视，确保车辆具有良好的安全性能。此外，出现紧急情况时，可有效地利用坡道或天然障碍物辅助制动。

四、轮胎漏气或爆裂的应急驾驶

近年来，由于爆胎而导致的交通事故时有发生，其中高速公路上70%的事故是由于爆胎引起的，爆胎已经成为安全行车的一大隐患。引起轮胎漏气和爆胎的原因主要有轮胎气门芯漏气、车辆超载、轮胎气压不足或者过高、锐利物刺伤轮胎、轮胎过度磨损等，其交通危害相当严重。教练员要让学员了解轮胎漏气和爆裂的应急驾驶方法和预防措施。

1　轮胎故障的应急驾驶方法

轮胎造成的故障表现为轮胎漏气和轮胎爆裂。其中轮胎爆裂的事故后果更为严重。

1）轮胎漏气的应急驾驶方法。车辆在行驶过程中发生一侧轮胎漏气时，主要表现为车身倾斜，方向控制不灵活，并随时间的延长越来越严重。此时要握紧转向盘，把握好制动的节奏，均匀制动减速，并将车辆驶离行车道，停放在路边安全的地方。当发现轮胎漏气时，禁止采用紧急制动，否则容易造成翻车或发生后车追尾事故。

2）轮胎爆胎的应急驾驶方法。轮胎发生爆裂之前，驾驶员一般很难察觉，只有在听到爆破声，随之出现偏行或危险的摇摆时才能发现。爆胎时，车速越高，危险性越大。

爆胎有后轮爆胎和前轮爆胎两种情况，当发生后轮胎爆裂时，车尾会摇摆不定，但是方向一般不会失控；前胎爆裂时，危险较后胎爆裂大，车辆会向破裂轮胎的一侧跑偏，驾驶员很难控制转向盘。轮胎爆胎的应急措施主要包括：

①把稳方向，缓踩制动踏板。无论是何种轮胎爆裂情况，驾驶员首先应当控制转向盘，尽可能保持车身正直向前，松抬加速踏板，缓踩制动踏板，降低车辆的速度。

②抢挂低挡，有效牵阻。当车速降下后，应迅速采取抢挂低速挡的措施，利用发动机制动降低车速。在发动机制动尚未控制车速前，不要冒险使用驻车制动器停车，以免车辆横甩发生更大的危险。

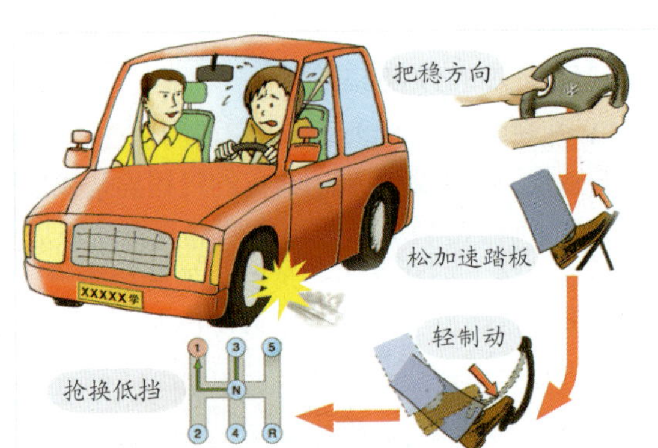

2　轮胎故障的预防措施

在教学中教练员要强调，爆胎的应急驾驶只是一种挽救措施，应该把爆胎预防放在首位，把好轮胎选择和使用关，有效避免爆胎等紧急情况的发生。

1）正确选用轮胎。选购轮胎时，要了解车辆需要的轮胎规格，优先考虑原厂轮胎，不应贪图便宜，购买翻新和劣质的轮胎；同时还要选用与自己车辆相匹配的轮胎花纹；不能把不同类型的轮胎混合使用，如：错误地将适合越野车使用的轮胎和一般车辆的轮胎同车使用，或者把子午轮胎与斜交轮胎混用。

2）加强轮胎的日常维护与检查。在日常检查中，驾驶员要做好轮胎的维护和检视，使用中注意检查轮胎的气压是否符合规定的标准、轮胎螺母是否松动、轮胎磨损程度、轮胎气门芯的密闭性等，根据情况及时进行更换或者修整，定期对轮胎进行合理换位，使轮胎合理负荷、均匀磨损。

经常检查轮胎状况

3）合理装载。为了保证轮胎的安全使用，严禁超载、超员和超速，并且车辆装载要均匀，以防一侧轮胎承载过重。如果发现行驶过程中胎压升高，应将车辆停放降温，而不可采取放气降压的方法。

错误装载会加剧轮胎磨损，影响行车安全

轮胎爆裂措施不当 车辆翻飞数人死亡

2010年5月23日12时，重庆市垫江县渝运集团二公司一辆大客车，由开县往重庆方向行驶，行至沪渝高速1591km加100m处，由于右前轮轮胎爆裂，导致车辆撞击右侧护栏后撞击土坡，造成6人死亡，多人受伤。

原因分析：

车辆右前轮突然爆胎，而驾驶员发现后，在车速非常高的情况下采取紧急制动的不当措施，撞击护栏及土坡，导致多人伤亡。

预防措施：

行车前，认真做好轮胎气压、磨损情况的安全检视与处理，确保车辆具有良好的安全性能。行驶过程中，应注意控制车速，避免轮胎温度过高，消除爆胎隐患；学习应急驾驶知识，保持冷静、沉着应对，并掌握正确的应急处置方法。

五、车辆碰撞的应急驾驶

碰撞事故分为正面碰撞、侧面碰撞、刮擦和追尾碰撞等，对驾驶员或乘客人身安全威胁较大。让学员了解碰撞的应急措施，可有效地降低事故损失。

1 正面碰撞的应急驾驶方法

正面碰撞指与对向车辆或者与障碍物发生碰撞。车辆正面相撞时巨大的冲击力是导致人员伤亡的主要原因。例如：当车以40km/h的速度发生碰撞时，身体前冲的力量相当于从4层楼上扔下一袋50kg重的水泥块，其冲力之大可想而知。车速越高，事故的后果越严重。

1）根据具体情况控制转向。行车中，驾驶员无法避免与对面来车的正面碰撞时，可立即顺车转向，在保证安全的前提下，努力使正面碰撞变为侧面刮擦，减小对本人和其他乘员的伤害程度。

2）保持应急姿势。在碰撞不可避免时，保持正确的应急姿势可以降低驾驶员受伤害的程度。此时驾驶员要迅速判断撞击的方位和力量，如果判断撞击的方位不在驾驶员一侧或撞击力较小，驾驶员应紧握转向盘，两腿向前蹬直，身体向后倾斜，紧靠座椅后背，以此形成与惯性相反的力，保持身体平衡，避免车辆在撞击时，头撞到驾驶室其他物体上受伤；如果判断撞击的方位临近驾驶员座位或撞击力较大，驾驶员应迅速躲离转向盘，往副驾驶座位移动，同时迅速将两腿抬起，以免车辆前端受冲击变形后挤压受伤，甚至威胁生命。

2 追尾碰撞的应急驾驶方法

追尾碰撞一般由于前车遇情况突然制动减速，或者前车突然改变行驶方向而致使后车因安全距离保持不够，躲闪不及导致碰撞。与前车追尾碰撞时，驾驶员应紧靠座椅后背，双脚勾住脚踏板，以避免脊椎和颈部的受伤。

3　侧面碰撞的应急驾驶方法

侧面碰撞常发生在交叉路口，驾驶员预计要发生侧面碰撞时，可立即顺车转向，在保证安全的前提下，努力使侧面相撞变为刮擦，以减轻损伤的程度。如果估计侧面来车将会对着自己乘坐的部位相撞，应迅速往驾驶室另一侧移动，同时用力拉住转向盘，以便控制车辆的方向和稳定身体，防止车门脱开，被甩出车外。

小 知 识

在发生交通事故时，对人们安全起重要安全保障作用的，是最常见的安全装置——安全带。不仅驾驶员要系安全带，同车人和儿童也要系好安全带。

一辆车速88km/h的车辆从相撞到导致驾驶员死亡只需短短的0.7s。这听起来确实让人感到非常震惊。正确使用安全带能大大降低事故死亡率，在发生正面撞车时可使死亡率减少57%，侧面撞车时可减少44%，翻车时可减少80%。因此，行车前一定要系好安全带，以保障生命安全。

4　车辆刮擦的应急驾驶方法

刮擦指在会车、超车或者避让障碍物时，车辆之间或与其他物体之间相刮蹭的现象，刮擦对乘坐在靠近车厢边的乘员危害较大。当发现车体要与其他物体相刮擦时，应迅速向车内侧倾斜，后背尽量靠住座椅靠背，以防车门脱开或变形而挤压身体。

5　车辆碰撞事故的预防措施

应急驾驶的目的是降低或减少碰撞事故的损失，作为驾驶员更重要的是采取有效的措施，避免和预防碰撞事故的发生，为此，应做到如下几点：

1）严格遵守交通法规，及时降低车速。驾驶员的盲目超速是引发碰撞事故的重要原因。超速一方面容易导致对重要交通信息的遗漏，另一方面缩短了驾驶员的反应时间。因此教练员要提醒学员根据交通情况和限速标志控制车速，在交通情况复杂、自然条件恶劣和行经特殊路段时，更要保持低速行驶。

2）注意观察交通情况，提前预防事故。驾驶车辆在道路上行驶，道路和交通情况不断变化，危及行车安全的情况随时可能出现。教练员要提醒学员随时注意观察，保持高度警觉，及时发现潜在的危险情况，准确判断，并迅速采取预防措施，避免碰撞发生，保证行车安全。

六、故障车的处置

车辆行驶过程中，突然发生故障是非常危险的，驾驶员如果处理不好，就可能引发交通事故，其后果无法估量。只有使驾驶员掌握一定的故障处置方法，才能在关键时刻最大限度地保护人身和车辆的安全。

行驶中车辆突发故障时，首先要在保证安全的前提下停车，然后尽快对故障做出判断，并确定是自己维修，还是将车开到维修厂去修理，或是打电话联系救援。

1　安全停车

当车辆仪表板上的信号灯、警告灯点亮，以及发生发动机熄火、转向沉重、制动效能减弱和轮胎爆裂等情况时，需要立即停车。停车时以安全为原则，按照以下要求进行操作：

1）在一般道路上发生故障，应当立即开启危险报警闪光灯，将车辆移至不妨碍交通的地方停放；难以移动的，应当持续开启危险报警闪光灯，并在来车方向50～100m处设置警告标志，必要时迅速报警。

2）在夜间发生故障，应当按照规定开启危险报警闪光灯，并在车后50～100m处设置警告标志，同时开启示廓灯和前、后位灯。

3）在高速公路上发生故障，必须提前开启右转向灯驶离行车道，停在应急车道内或者右侧路肩，同时在来车方向150m以外设置警告标志，并开启危险报警闪光灯，夜间还必须立即开启示廓灯和后位灯。

2　判断及处置

车辆仪表板上的指示灯、信号灯点亮时，可根据下表所列的故障原因进行检视。当水温报警灯、机油压力报警灯或制动系统故障指示灯点亮时，如果可以确认冷却系、润滑系或制动系的管路没有泄漏，添加指定的冷却液、机油或制动液后，可就近找维修厂做进一步检修；当上述系统管路有泄漏或充电指示灯点亮时，应尽快联系，等待救援；当发动机故障指示灯、自动变速器指示灯、防抱死制动系统或安全气囊指示灯点亮时，尽管车辆还可以行驶，但是已处于应急状态，应就近找维修厂或售后服务站进行修理。如果不抓紧排除故障，不仅对车辆性能产生影响，而且还会对行车安全造成威胁。

指示灯和信号灯可以显示车辆的故障

指示灯、信号灯点亮对应的故障及处置方法[①]

序号	图　例	故　障　部　位	故障原因及处置方法
1		发动机、发电机或充电电路	发动机因故障熄火，发电机或充电电路有故障。应及时关闭不必要的用电设备，并到修理厂进行检修
2		冷却系、水温传感器或电路	冷却系有泄漏或冷却风扇有故障，水温传感器或电路有故障。应立即停车，检查是否漏水，并及时补充冷却液
3		润滑系、机油压力开关或电路	润滑系密封垫损坏或发动机烧机油，机油压力开关或电路有故障。应立即选择安全区域停车，检查是否漏油，并及时添加机油
4		制动系	制动系管路有泄漏处或部件损坏，传感器或电路有故障。应立即停车，并检查制动系故障，及时修理
5		发动机电子控制系统	传感器、发动机电控单元本身或电路有故障

① 指示灯、信号灯的具体故障判断以车辆的《使用维护说明书》为准。

续上表

序号	图 例	故 障 部 位	故障原因及处置方法
6		防抱死制动系统(ABS)电子控制系统	传感器、ABS电控单元本身或电路有故障。不需立即停车检查，但应及时到修理厂进行检修
7		安全气囊电子控制系统	碰撞传感器、气囊电控单元本身或电路有故障。不需立即停车检查，但应及时到修理厂进行检修

*七、道路旅客运输事故的预防和特殊情况的处理

1 道路旅客运输事故的预防和应急措施

1）为了确保旅客运输安全，坚持每次行车前对车辆进行一次安全检视。通过检视及早地发现和消除车辆故障，预防事故发生。

2）驾驶旅客运输车辆时，应杜绝影响安全行车的不良行为、习惯和意识；严禁违章操作、超速行驶、超限超载、违章占道、疲劳驾驶。

要杜绝不良习惯

违法占道盲目超车 躲闪不及酿成事故

2009年11月2日10时05分，新疆喀什地区一辆客车（核载19人，实载17人）由北向南从麦盖提县央塔克乡驶往县城，行至央塔克乡光明村大桥柏油路段时，驾驶员违法超车，与迎面行驶的一辆小型客车正面相撞，造成小型客车中3人死亡，2人轻伤。

原因分析：

驾驶员违反道路交通安全法规，在对向车道有来车的情况下，违章、强行超车，因躲闪不及与对向车辆正面碰撞，致使对方车辆人员伤亡严重。

预防措施：

强化驾驶员遵守交通法律法规的意识，以人的生命安全为最高准则，切不可强行超车，确保安全行车。

3）行车中时刻将乘客的生命放在第一位，以保护乘客的生命安全为最高原则；严格遵守道路交通法律、法规，平稳驾驶，提前处理情况，避免紧急制动、急转转向盘、曲线行驶、频繁变道。

4）行车途中密切关注车辆技术状况，发现故障或安全隐患应及时排除，不得驾驶带病车辆继续行驶。

5）发生交通事故或车辆因故障不能离开道路时，首先应设法让旅客迅速离开车辆，并组织乘客远离事故现场，选择安全的地方等待，以防发生二次事故。

组织旅客到安全区域

2　道路旅客运输行车中特殊情况的处理

1）车辆发生侧滑时，如果是因制动引起的，应立即松抬制动踏板；如果是因转向或擦撞引起的，不可踩制动踏板减速，应迅速向侧滑同方向转动转向盘，并及时回转；控制住方向后逐渐停车。

侧滑时，灵活使用转向

2）行车中突然发生爆胎时，应握紧转向盘，尽力抵住转向盘的自由行程，控制车辆直线行驶，同时轻踏制动踏板，使车辆缓慢减速，尽量使车辆平稳地停在路边。

3）行车中突然出现制动失灵、失效时，应立即松抬加速踏板，在控制行驶方向的同时，迅速减挡或抢挂低挡，利用发动机制动，也可缓拉驻车制动器操纵杆进行辅助减速。若以上办法无法有效控制车速，应果断地将车体向有障碍的一侧碰擦，以迫使车辆停住，同时迅速通知车上乘客向车厢中间靠拢，并要求乘客抓稳车内固定物，避免车身变形挤伤身体。

制动失效措施不当　车辆坠溪非死即伤

2008年10月9日8时40分，浙江温州乐清市一辆低速自卸货车（核载3人，实载6人；核载1吨，实载5吨）途经珍上线26km处时，因长下坡过程中连续制动，导致制动失效，车辆在急弯路段向右侧翻，掉入落差约8m的溪水中，造成4人死亡。

原因分析：

行车前，驾驶员没有检查车辆，以保持良好的安全技术状况；车辆严重超载，超载率达400%，导致下坡过程制动失效；山路下坡连续转弯，驾驶员没有提前采取安全处置措施，减速行驶。

预防措施：

培养驾驶员良好的驾驶习惯，行车前进行安全检视，及时发现存在的问题；强化驾驶员遵守交通法规的意识，严禁超载行驶；培养驾驶员预见性驾驶能力和应急驾驶能力，确保行车的安全。

4）行车中遇转向突然失控时，切勿使用紧急制动，应告诉车上旅客不要惊慌，迅速抓住车内的固定物；随即使用轻踏制动踏板，轻拉驻车制动器操纵杆等方法，尽快使车辆停住。

5）行车中无可避免地要发生碰撞时，应首先考虑旅客的人身安全，在绝对保证乘客安全的前提下，选择碰撞的部位，尽力减轻碰撞造成的损害。

6）车辆发生火灾时，应迅速设法让旅客离开车辆；如果车门无法打开，应起用安全门或使用安全锤打破玻璃窗让旅客尽快逃离；组织旅客疏散时，要向逆风的方向躲避，同时提醒乘客注意保护裸露的皮肤，不要张大嘴呼吸或高声呼喊。

7）行车途中车辆突然出现熄火等故障时，应迅速设法将车停到安全的地带；先稳定住旅客的情绪，疏散乘客至安全区域；开启危险报警闪光灯，放置警告标志；尽快设法进行维修或找其他客车转运旅客，确保旅客顺利到达目的地。

耐心做好乘客的工作

8）车辆在运输途中，旅客发生意外事件时，要积极承担应尽的义务，为其提供服务；遇乘客在车上突发急病时，应迅速送往医院进行救护，并及时报告有关部门。

急乘客之所急

9）运输过程中发生侵害乘客人身、财产安全的治安违法事件时，要冷静、沉着，设法向公安机关报告并配合公安机关及时终止违法行为。

*八、道路货物运输事故的预防和特殊情况的处理

1　道路货物运输事故的预防和应急措施

1）做好车辆的维护和检视，确保车辆安全技术性能完好，尤其应加强轮胎的检查，及时更换有安全隐患的轮胎。

2）车辆在起步、行驶时要注意观察周围环境的各种变化，注意其他驾驶员、交通参与者的行为，防止引发交通事故。

3）注意控制驾驶行为，跟车时要有足够的耐心，保持心态平稳，按照次序行车，不随意频繁变更车道和穿插行驶，更不能占道行驶。

4）仔细观察交通标志、标线，特别是路上的指示标志，适时调整行驶路线和行驶速度。当发现行车路线出现错误时，切忌紧急停车。

5）密切关注前方尽可能远的交通状况，及时发现各种不安全因素，留有足够的时间进行处理。

6）保持安全行车间距。当前车制动或减速时，要留有足够的时间采取应对的措施。车速在70km/h以下的，保持不少于2s的时距（约40m）；车速在70km/h以上的，保持不少于3s的时距(约60m)。

7）随时观察后视镜。在起步、行车、停车时都应当保持注意力的合理分配，在变更车道、转弯时还要注意观察车后的交通情况；停车时，要注意看清楚车辆前后左右的交通状况，避免发生危险。

注意观察车辆周边的交通状况

违法占道行驶 灾难接踵而至

2010年5月4日10时25分，在新疆阿克苏地区拜城县省道307线69km加279m处，一辆重型半挂牵引车驾驶员疲劳驾驶，并违法占道行驶，与一辆中型客车发生正面碰撞，造成3人死亡，6人轻伤。

原因分析：

半挂牵引车驾驶员违反道路交通安全法，长时间违法占道行驶，遇对向行驶的客车时，驾驶员躲闪不及，与客车正面相撞，造成严重人员伤亡。

预防措施：

强化驾驶员的安全意识和遵守道路交通安全法规的意识，严禁占用对方车道行驶。

2 道路货物运输行车中特殊情况的处理

1）车辆抛锚时，要尽可能将抛锚车辆移至道路或远离道路的右边允许停车的合适位置上；在车后至少50～100m的地方摆放警告标志，如果是在高速公路上，距离则至少应当是150m；开启危险报警闪光灯。

2）更换轮胎时，应先将车辆移至路边的安全地点，尽量选择距离来往车辆较远的平整路面停放车辆，并打开危险报警闪光灯；将变速器操纵杆挂入一挡位置；拉紧驻车制动器操纵杆；按规定摆放危险警告标志。

3）车辆前轮爆胎时，应当尽力抵住转向盘的自由行程，极力控制车辆的稳定性，切忌迅速制动；如果已经产生转向，不要硬性将转向盘转过来，而应该轻踏制动踏板，减速停车。

4）车辆后轮爆胎时，应极力靠转向盘控制车辆，避免踏制动踏板制动；在感到能控制住车辆的情况下，轻踩制动踏板，绝不能采取紧急制动；应当使车辆缓慢减速，待车速降到适当的时候，平稳地将车辆停住。

5）低速行驶车辆行车制动失灵时，应反复踏制动踏板，制动力可能会恢复；缓慢拉紧驻车制动器操纵杆，同时打开危险报警闪光灯，并鸣喇叭警示其他过往车辆；把车开到路旁，关闭发动机。

6）高速行驶车辆行车制动失灵时，应迅速换至低挡位，使用驻车制动器辅助减速，同时寻找安全的行驶路线；有条件时要利用避险车道、缓冲坡减速；必要时利用路边的树木、栏杆、沙堆、山体等牢固的障碍物擦挂车体，迫使车辆减速；告知车内人员迅速向安全的一侧挤靠，并抓住车内固定物，避免车身变形挤伤身体。

7）行车中如果发动机着火，应迅速关闭发动机，在不打开发动机罩的情况下，及时从散热器或底盘进行灭火；敞式货车或厢式货车上的货物着火，尤其是货物中有危险品时，应在不掀开遮盖物或关上货厢门的情况下，及时采取灭火措施，否则，会因大量氧气进入而导致火势迅速蔓延。

#九、道路危险货物运输事故的预防和特殊情况的处理

1 道路危险货物运输事故的预防和应急措施

1）道路危险货物运输事故的预防。

①按照规定对车辆安全技术状况进行严格检查，发现故障应立即排除；检查车辆配备的消防器材，发现问题应立即更换或修理。

②根据所运危险货物的特性，随车携带遮盖、捆扎、防潮、防火、防毒等工具和应急处理设备、劳动防护用品。对于不同的危险货物，应采取相应的衬垫防护措施，车厢和罐体内不得有与所装危险货物性质相抵触的残留物。

③危险货物装货完毕后，驾驶员应协助押运人员对货物的堆码、遮盖、捆绑等安全措施及影响车辆启动的不安全因素进行检查，确认没有不安全的因素后方可起步。

起运前要认真检查装货情况

④运输途中应根据道路交通状况控制车速，行车中禁止超速和强行超车、会车；应尽量避免紧急制动，转弯应提前减速；通过隧道、涵洞、立交桥时，要注意标高、限速。

⑤运输危险货物的车辆在一般道路上最高时速不得超过60km/h，在高速公路上最高时速不得超过80km/h，并应确认有足够的安全距离。

⑥运输危险货物的车辆严禁搭乘无关人员，运行中严禁吸烟、拨打或者接听手持电话等任何分散注意力的活动；车辆中途临时停靠、过夜时不准靠近明火和高温场所，并安排人员看管。

⑦驾驶员一次连续驾驶4h应休息20min以上；24h内实际驾驶车辆时间累计不得超过8h。运输途中，每隔2h检查一次货物。

过度疲劳连续驾驶 凌晨时分发生事故

2009年8月28日23时许，一辆重型半挂牵引式油罐车因驾驶员疲劳驾驶，在省道246线乐胡路段，撞到正在执法的山东滨州市阳信县公安局交警大队及温店派出所值班人员和一辆出租车，造成5人死亡（2人当场死亡，3人抢救无效死亡），4人受伤。

原因分析：

驾驶员疲劳驾驶，对道路交通情况的判断能力和对车辆的控制能力下降，导致严重交通事故。

预防措施：

强化驾驶员的安全意识，行车前保证足够的睡眠，禁止疲劳驾驶车辆，确保行车的安全。

2）道路危险货物运输事故的应急措施。

①危险货物运输过程中发生事故时，应立即向当地公安部门及安全生产管理部门、环境保护部门、质检部门报告，准确地说明所载货物的名称，不要隐瞒事故，并应看护好车辆、货物，共同配合采取一切可能的警示、救援措施。

发生危险货物运输事故，及时报警

②危险货物运输过程中发生火灾时，应立即报火警，说明危险货物的品名、数量及现场备有的消防器材等情况；安全转移受威胁的危险货物，并及时采取相应的扑救措施。进行扑救操作时，应穿戴防毒面具和相应的防护用品，站在上风处施救。

③运送爆炸物品的途中发生火灾时，应尽可能将爆炸品转移到危险最小的区域或进行有效隔离。不能转移、隔离时，应迅速组织人员疏散。现场扑救时，应站在上风处操作，用水和各式灭火器扑救，不能使用沙土覆盖燃烧的爆炸品。

④运输低温液化气体的钢瓶及设备受损、真空度遭破坏时，扑救人员应站在上风处操作，打开放空阀泄压，注意防止灼伤。一旦出现紧急情况，应将车辆转移到距火源较远的地方。火灾危及压缩气体和液化气体钢瓶时，应将火势未及区域的气体钢瓶迅速移至安全地带，采取措施阻止钢瓶泄漏，再用水浇气体钢瓶使其冷却，并用二氧化碳灭火器扑救。氯气泄漏时，会在空气中集聚下沉，并沿地面扩散，伤及地面人员，应大量浇水，并用潮湿的毛巾捂住口鼻，以减轻危害。

⑤液化石油气罐车发生大量泄漏时，应切断一切电源，戴好防护面具与手套；立即采取防火、灭火措施，关闭阀门制止渗漏，并用雾状水保护关闭阀门的人员；设立警戒区，组织人员向逆风方向疏散。扑救期间一般不得起动车辆。

⑥易燃液体发生火灾时，不可用水扑救，应采用沙土、二氧化碳灭火器、1211灭火器或干粉灭火器等扑救；对于易燃固体、自燃物质，可用沙土、石棉毯、二氧化碳灭火器或干粉灭火器扑救；对于遇水放出易燃气体的物质，可用沙土、石棉毯、干粉灭火器扑救；对于氧化性物质，可用干沙或雾状水扑救；对于有机过氧化物，可用干沙、干粉灭火器、1211灭火器或二氧化碳灭火器扑救；对于放射性物质，可用干沙或干粉灭火器扑救。

⑦扑救易散发腐蚀性蒸气或有毒气体的火灾时，扑救人员应穿戴防毒面具和相应的防护用品，站在上风处施救。如果被腐蚀物灼伤，应立即用流动自来水或清水冲洗创面15～30min，然后送医院救治。

⑧腐蚀品运输途中发现货物泄漏时，要立即用干沙覆盖吸收；货物大量溢出时，应立即向当地公安、环保部门报告，并采取一切可能的警示和消除危害措施。腐蚀性物质着火一般可以用雾状水、干沙、泡沫灭火器或干粉灭火器等扑救，不宜用高压水，以防酸液四溅。

2　道路危险货物运输行车中特殊情况的处理

在危险货物运输过程中，会遇到各种各样特殊情况，只有妥善的处理和有效的预防，才能保证货物的安全运输。因此，教练员应注重培养学员掌握危险货物安全运输的相关知识，严格遵守不同危险货物运输的有关规定，根据货物的性质采取切实有效的防护措施，充分做好预防工作，以确保危险货物的运输安全。

1）特殊气象、道路条件的处理。

①危险货物运输过程中遇有天气、道路路面状况发生变化，应根据所载危险货物的特性，及时采取安全防护措施。

②遇有雷雨时，不得在树木、电线杆、高压线、铁塔、高层建筑及容易遭到雷击和产生火花的地点停车。若要避雨，应选择安全地点停放。

应选择安全地点停车避雨

③运输途中如遇雨天、雪天、雾天等恶劣天气，应及时降低车速，最高车速不得超20km/h，并打开危险报警闪光灯，提示后车，防止追尾；运送遇湿易燃物品时，应选择安全的地方停车检查防雨雪、防潮湿情况，确保措施得当有效。

雨前要检查危险品的防护措施

④行经泥泞、冰冻、颠簸、狭窄及山崖等路段时，应低速缓慢行驶，防止车辆侧滑、打滑及危险货物剧烈震荡等，确保运输安全。

2）其他特殊情况的处理。

①危险货物如有丢失、被盗，应当协助押运人员立即报告当地公安部门危险货物的品名、数量等，并采取一切可能的警示措施。

②运输危险货物运输途中，车辆发生故障需要修理时，应选择具有道路危险货物运输车辆维修条件的车辆修理企业进行维修，禁止在装卸作业区内维修车辆。

禁止在装卸作业区内维修车辆

③运输危险品的车辆因故需要停车住宿或遇到无法正常运输的情况时，应当向当地公安部门报告。

④运输压缩气体和液化气体的途中，发现瓶内气体的温度高于40℃时，应及时对瓶体实施遮阳、冷水喷淋等降温措施。

⑤运输液化气体的车辆途中发现车内气压表显示异常时，应立即停车检查，待排除故障后方可继续运行。

⑥装载危险货物的车辆因故必须在居民聚居点、行人稠密地段、政府机关、名胜古迹、风景游览区等地区进行装卸作业或者临时停车时，应当采取安全措施并征得当地公安部门同意。

第五节　事故现场应急处理

交通事故发生时，由于机械动力的不可抗拒性，事故造成的伤害往往非常严重，而且死亡率高。在遇到交通事故时，要保持冷静，按照立即报警、抢救伤员、注意现场保护、避免继发事故的原则，进行事故现场的应急救助。同时，由于交通事故特定的场所和事故造成伤害的复杂性，有必要让学员掌握正确的伤员救护知识，按照正确的方法进行事故现场的应急处理。

事故现场处理

一、交通事故的现场保护

事故现场是道路交通事故发生前后过程的空间场所，存在大量的事故痕迹和物证，是公安机关交通管理部门勘验现场、分析原因、认定责任和处理事故的关键。教练员要向学员指出：抢救伤员时，要注意对交通事故现场的正确保护。

1　确定事故现场范围

交通事故发生后，应立即确定现场范围，可用白灰、沙石、树枝、绳索等将现场标围封锁，并注意保护，禁止车辆和行人进入。标围现场尽量不要妨碍其他车辆通行。

2　遮盖痕迹

当遇到下雨、刮风或下雪等自然现象，对现场可能造成破坏时，可用席子、苫布等将现场的车痕、制动印痕和其他现场物品遮盖起来。

3　标注伤员位置

现场如果要抢救伤员，应当标记伤员的原始位置，以证明现场的变动情况。

4　防止二次事故

采取必要的措施防止二次事故的发生，是事故现场保护的一个重要环节。例如：打开危险报警闪光灯、放置警告标志；当车上装有易燃、易爆、剧毒、放射性等危险物品时，要立即报警，并向周围的行人说明现场的危险性，必要时要将车辆驶离事故现场；对于存在二次事故危险的车辆，应采取必要措施，防止在急救过程中再次发生车辆事故。

及时正确放置警告标志

5　正确疏散人群

驾驶员除了要标注事故现场外，还应及时将轻微伤员和其他人员疏散到安全地带。如：高速公路上发生事故，应将轻伤伤员和其他人员疏散到来车方向150m、高速公路以外的区域，切不可向下游疏散人员或让人员滞留在高速公路上。

6　提供事故线索

事故发生后，驾驶员应仔细回忆事发前自己采取的措施和对方的操作情况。如果涉及其他车辆，要记下该车的车牌号码。对肇事逃逸者，应记下该车的车牌号码、颜色特征，并通知公安机关交通管理部门。

7　服从民警指挥

繁华或重要交通路段发生事故时，驾驶员要服从执勤民警的指挥，在作好现场标记后，将车辆移出现场，以使交通恢复正常，但不准擅自移动车辆，也不准不作标记而移动车辆。

二、伤员急救常识

交通事故造成的损伤往往以外伤、颅脑损伤和骨折损伤居多，而且具有伤势严重、伤情隐蔽和伤情发展迅速的特点。掌握正确的伤员救护知识，对于赢得宝贵的抢救时间，获得较好的救治效果，减少事故伤残率、死亡率，具有十分重要的意义。

1 事故现场的救护原则

1）有序组织抢救。事故发生后，在专业医务人员没有到来之前，应积极有序地组织抢救，本着“先重后轻”、“先急后缓”和“先救命后救伤”的原则，即先抢救重伤员，尽快将重伤员转送至附近医院或者移交专业救护人员，后护理一般伤员，及时进行包扎、伤口处理等创伤急救。

先救重伤员

2）科学救护伤员。在实施救护前，首先要根据伤员伤情，科学实施救护。如：当伤员被压在车轮或物体下时，要想办法移开车辆或物品，禁止拉拽伤员的肢体；正确搬运骨折、错位、器官破裂的伤员，防止搬运不当，造成伤员伤势加重，甚至终身残疾。在运送此类伤员的途中，要让伤员平卧，保持车辆运行平稳，防止颠簸加重伤势。

3）选择安全救护的场所。交通事故大都发生在交通情况比较复杂的路段，如果就地救护，会发生很多无法预测的危险情况，因此，要注意选择适宜的救护场所，安全实施伤员救护。尽量不要搬运伤员，在事故地点设置警告标志。救护场所的选择应符合以下几点：

①道路外的广场、空地等车辆不通行的地方；

②交叉路口、拐弯处和坡道以外的地方；

③急救车辆容易接近的地方；

④在夜间，选择有照明的地方。

2 常用伤员急救方法

常用伤员的急救方法包括伤员搬运、止血、包扎、人工呼吸与心肺复苏等，救护者应根据伤员的具体伤情，采取正确的救护方法。

1）对意识清醒的伤员进行救护。对于意识清醒的伤员，应询问哪里疼痛和不适，初步判断受伤部位，以便选择正确的搬运方法，将伤员搬离受损车辆或行车道，实施紧急救护。

搬运伤员时要根据伤情轻重和种类分别采取搀扶、背运和多人搬运等措施；对疑有脊柱、骨盆骨折不宜站立行走者，宜多人水平搬运或担架搬运；对有下肢骨折、内脏损伤者宜担架搬运。

具体的搬运方法有：

①单人腋下平躺拖行。救援者弯腰下蹲，双手从伤员腋后插入腋下，钩住伤员腋窝，水平拖行。

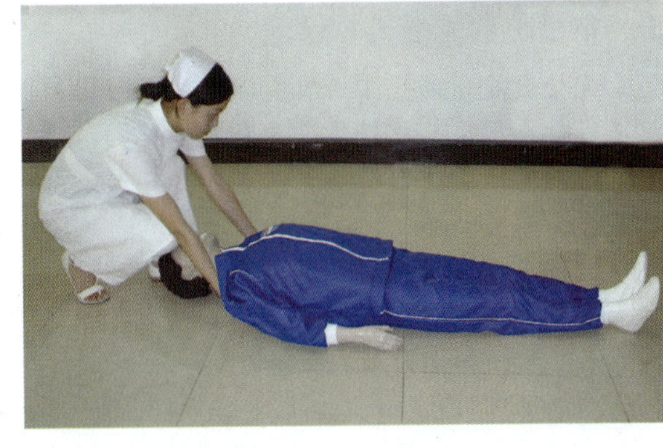
单人腋下平躺拖行伤员

②单人抱持。救援者位于伤员一侧，一手托住伤员的双腿，另一只手紧抱伤员腰部或肩部。

单人抱持伤员

③多人平抬法。这种方法主要针对怀疑有颈椎损伤和脊柱损伤的伤员。具体办法是：一人抱伤员双肩和头部，一人托住伤员腰臀部，第三人托住双下肢，水平搬运伤员。疑有颈椎损伤宜有一人托住头颈搬运。

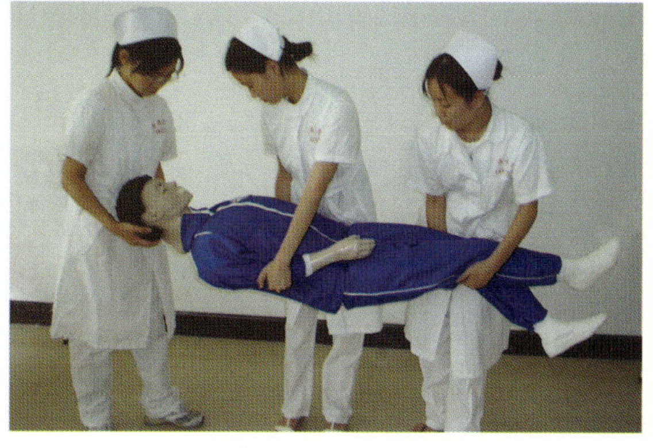

多人平抬伤员

2）对无法言语，存在意识丧失和心跳、呼吸骤停伤员的抢救。对于这类伤员的基本抢救步骤如下：

①判断意识。轻推呼喊伤员，如对此刺激无反应，表明意识丧失，应立即将伤员改为平卧位，救援者位于伤员一侧，并紧急高声呼叫其他救援者帮助。

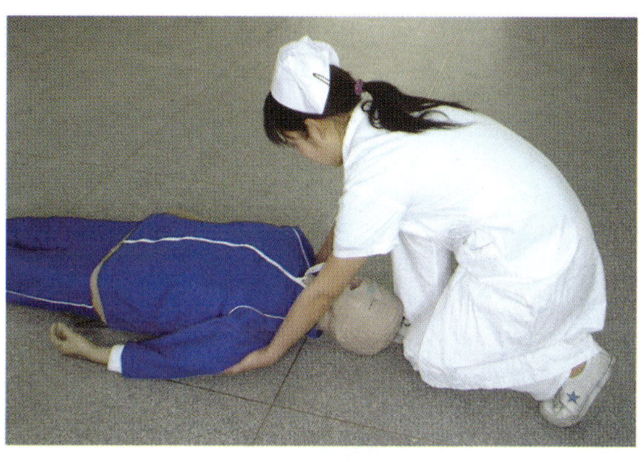

让意志丧失的伤员平卧

②保持呼吸道开放畅通。抬起伤员下颏，清理气道和口中可能存在的异物，保持其呼吸气道的开放畅通，贴近伤员5s，判断有无呼吸。如果没有呼吸，应立即进行口对口人工呼吸，具体方法为：

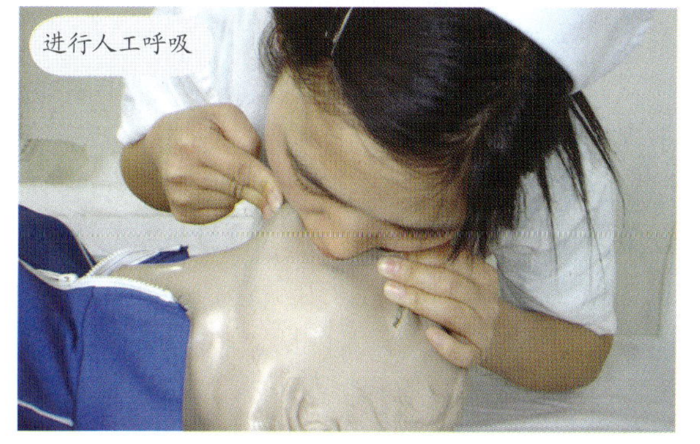

进行人工呼吸

捏紧伤员鼻翼，包严嘴唇，用力连续吹气两次，每次2s，如果吹气后胸部起伏，说明气道通畅；如果无胸部起伏，说明气道没有开放，需要重新清理口腔异物，抬高下颏，再次开放气道。

③实施胸外心脏按压。触摸伤员颈动脉，如果没有搏动，说明心脏停跳、循环停止，应立即进行胸外心脏按压，具体方法为：

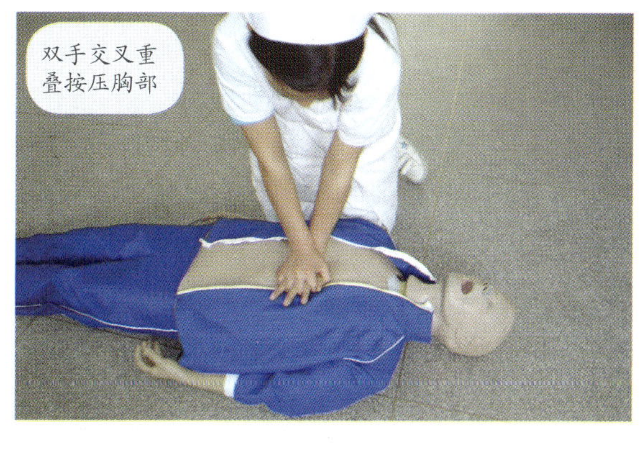

双手交叉重叠按压胸部

按压部位位于胸骨下半部剑突上4～5cm处，双手交叉重叠，用手掌根垂直向下施力，要求双臂伸直，每次下压胸部4～5cm后自然放松，但手掌不离开胸部，频率为每分钟60～80次，以每15次按压后加做2次口对口吹气作为一遍操作，连续做4遍或进行3～4 min后，重新评估呼吸循环的状况。

如果伤员心跳恢复，则停止操作，继续监测呼吸脉搏，等待专业救援；如果仍旧没有恢复，则继续实施心肺复苏，每隔3～4min停止操作，监测呼吸循环一次，直到呼吸循环恢复，在专业救援人员来到之前不要轻易放弃。也可以两人轮换进行心肺复苏，但是中断时间不要超过5s。心肺复苏成功的后续治疗由专业医护人员进行。

④心肺复苏的中止条件：伤员自主呼吸和脉搏恢复，复苏成功；专业救援人员到场接替；有医生到场宣布伤员死亡；救护人员经过长时间积极复苏，以至筋疲力尽，仍无自主呼吸和脉搏恢复。

3）对活动性失血伤员的救治。伤员的活动性失血会很快产生休克晕厥，甚至脏器衰竭死亡，必须迅速进行处理。

①四肢的喷射性活动出血。当伤员出现四肢的喷射性活动出血时，考虑为周围动脉的损伤破裂。包扎时可先压迫伤肢近心端，使出血减少，再用绷带或止血带结扎上臂的中上1/3或大腿的中上1/3处，然后用卫生清洁的纱布加压包扎伤口，同时记录好结扎的时间，每40min放松一次。

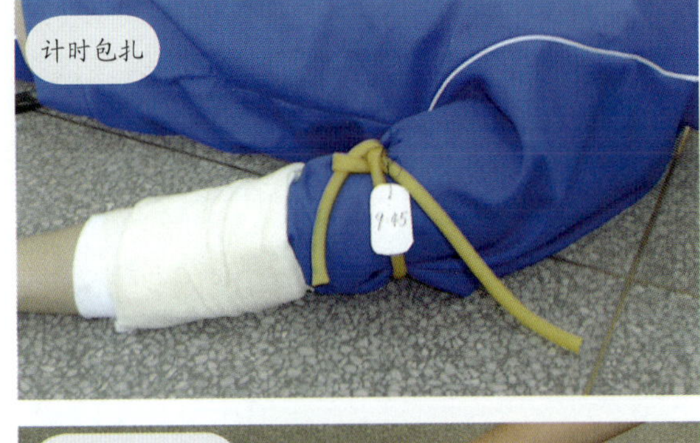

②腹部穿通开放出血。腹部穿通开放出血，尤其是腹腔脏器外露，宜用纱布覆盖，外部扣碗，并且适度加压包扎，千万不要将膨出的肠段等脏器还纳腹腔，同时应使伤员朝天平卧，双腿屈曲。

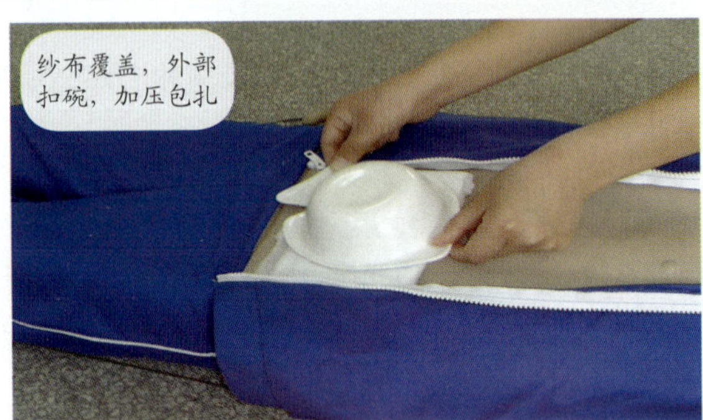

③胸部的开放性损伤。对于胸部的开放性损伤，应先使伤员呈卧位，让其深吸气后屏住呼吸，救护者用多层厚纱布填塞伤口以达到伤口封闭，并加压包扎胸部。

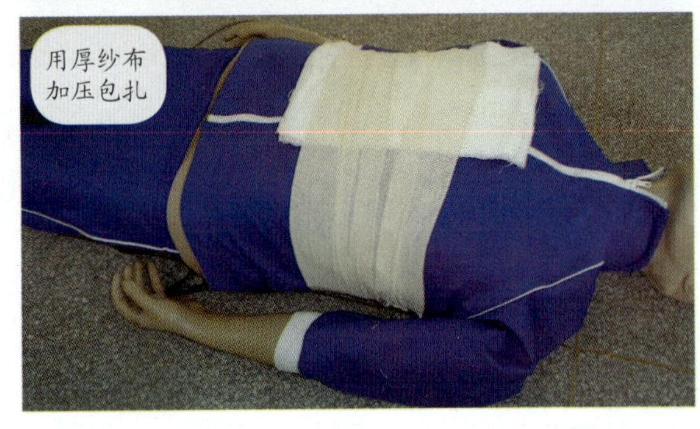

④头面部出血。对于头面部出血，可以用无菌纱布直接外覆，加压包扎。

耳鼻的活动性出血或流清水样液体。伤员出现这种症状，有可能是颅脑损伤所致脑脊液漏，不宜加压包扎，宜将伤员头垫高15°，使伤员呈侧卧位，出血侧朝下。

4）对出血或创伤产生休克的伤员的处理。典型的休克表现主要包括：面色苍白、口唇紫绀、焦躁不安、脉搏越来越快且细弱、几乎搭摸不出。

对于这种症状，救护人员可先对活动性出血进行止血处理，然后将伤员头胸部抬高15°，同时将伤员双下肢抬到近乎90°的垂直状态，以达到外周血的自体回输作用，并做好随时运送救治的准备。

5）对开放性骨折伤员的处理。肢体的开放性骨折，表现为创面大量出血，伤员很快会因为出血而产生休克。救护时首先应进行止血和包扎（按活动性出血处理），然后针对不同的肢体部位进行相应的固定。救护时要注意：千万不要将骨折块还纳复位。

对上肢的骨折可用夹板或树枝固定，用三角巾悬吊绑缚，并检查末梢血液循环的情况，以防肢体缺乏血液供应而坏死。

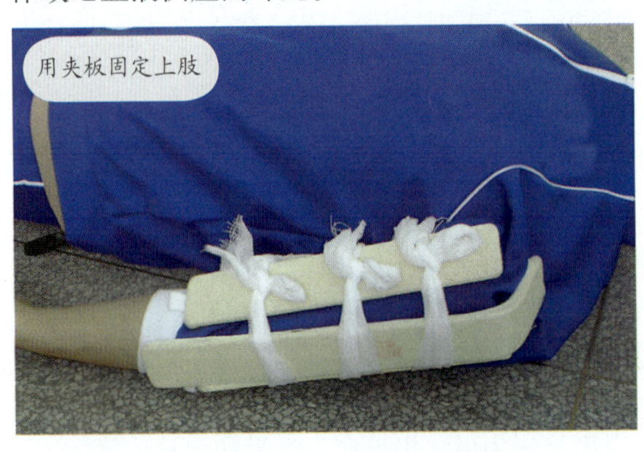

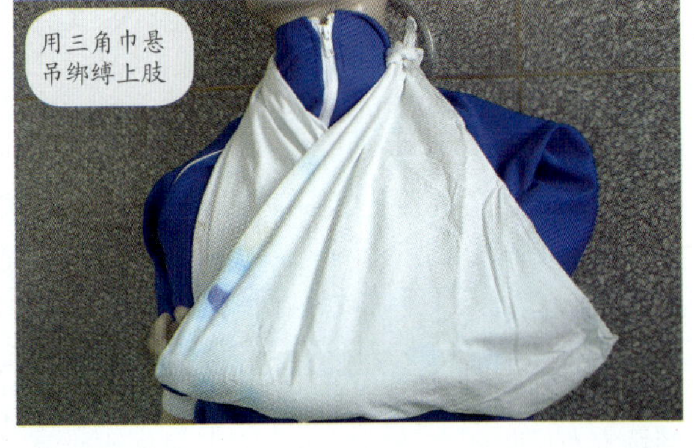

对下肢的骨折可采用加压包扎后用长夹板或木板固定，并检查肢体末梢血液循环的情况，以防肢体缺乏血液供应而坏死。

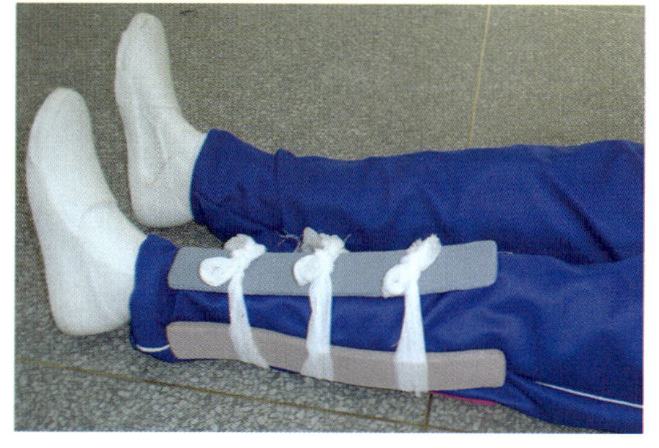

用夹板固定下肢

6）对脊柱、颈椎损伤伤员的救护。脊柱骨损伤常常造成瘫痪，伤员自感腰部疼痛或下肢神经减退，因此，救护时要使脊柱骨折伤员就地静卧，切忌脊柱弯曲或扭转，以免造成终身截瘫。

①脊柱损伤伤员的搬运。在运送脊柱损伤伤员时，应由3人站在伤员右侧，分别托住肩背部、臀腰部和双下肢，在一人口令下，协同将伤员搬至硬质担架上。

②颈椎骨折伤员的搬运。颈椎骨折伤员应由一人负责托住头部，保持头与身体成一直线，其他人员在伤员左侧，分别托下肢、臀腰部和肩背部，在统一口令下协同将伤员搬至硬质担架上。严禁强行搬动头部，伤员睡到担架上后，用沙袋或折好的衣物放在颈的两侧加以固定。

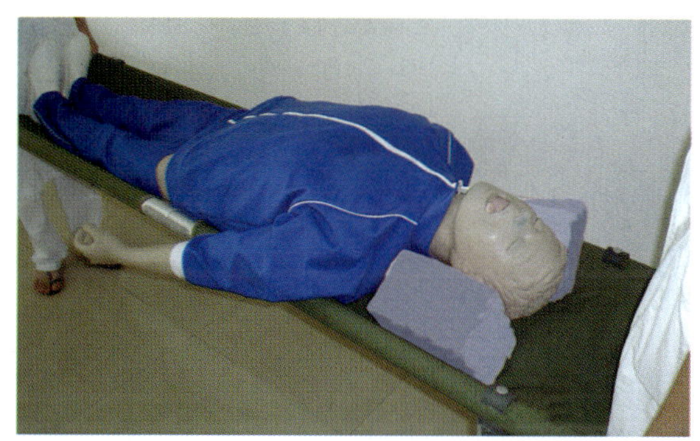

固定、搬运颈椎损伤的伤员

7）颅脑损伤伤员的救护。颅脑损伤的死亡率较高，主要特点是：伤员昏迷、失去知觉、瞳孔散大、呼吸粗声和呕吐等。颅脑损伤救护的要点是：当伤员呼吸不畅时，需要解开伤员衣领和腰带，迅速送往医院。救护时，宜使伤员半侧半卧，头偏向一侧，将伤员头部用衣物垫好，略加固定，清除口腔和呼吸道分泌物，保持呼吸畅通。

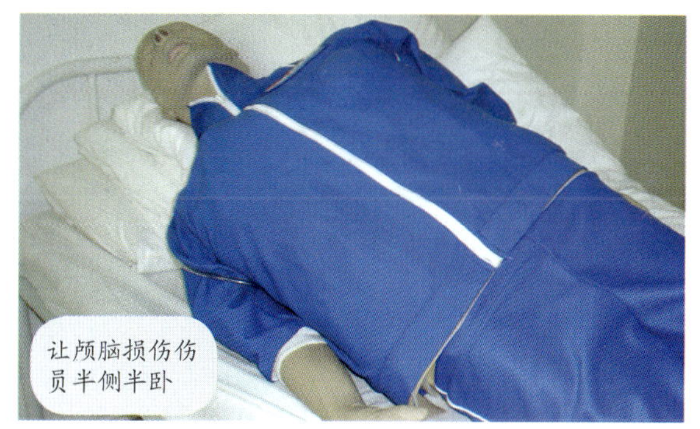

让颅脑损伤伤员半侧半卧

8）对严重烧伤伤员的处理。对严重烧伤的伤员，应迅速扑灭身上的明火，脱去燃烧的衣物，用冷水对燃烧部位进行喷洒，并让伤员适量饮用淡盐水，以防脱水休克。对烧伤创面应使用消毒纱布或清洁的被单覆盖(但是脸部宜暴露，不宜覆盖)，同时要注意防止创面再次污染。对烧伤的伤员，不要轻易使用粉剂、油膏等敷料，最好尽快将伤员转送附近医院。

9）酸碱腐蚀性化学品外泄受伤的伤员的处理。在救护酸碱腐蚀性化学品外泄引起受伤的伤员时，救护者首先要做好自我防护。防护的办法包括：用湿毛巾外覆口鼻，减少呼吸道刺激；戴好防护手套或穿好防化服。

对被少量腐蚀化学品沾染的伤员部位应立即用干毛巾或纸巾蘸吸，并用大量流动清水冲洗15min以上；如果伤员身体被大面积沾染，应迅速脱去其身上衣服，用大量清水冲洗20min以上；如果伤员将腐蚀液误入口腔，可用牛奶、鸡蛋清或米汤面糊等口服保护胃肠道。

10）伤员疼痛不适的现场处理。发生疼痛与车祸创伤直接相关，在伤情不明的情况下最好不要擅自服用止痛药，以免掩盖伤情。

①腹部疼痛的伤员可以采取半卧位，同时双髋关节屈曲，减少腹部肌肉的牵拉。

②四肢的疼痛如果是骨折引起的，则需要使用夹板或树枝固定。

③对于胸部的剧烈疼痛，可采用半坐位，使用布单或大毛巾加压包扎胸部，减少呼吸引起胸部大幅度起伏导致的刺激性疼痛，同时密切观察呼吸、脉搏的变化。

④头部剧烈疼痛伴频繁呕吐。头部剧烈疼痛伴频繁呕吐，可能存在严重颅脑损伤，可把头部垫高30°呈半卧位，减少大脑的血液回流，同时保持呼吸道畅通，不断观察呼吸和脉搏变化，做好心肺复苏准备，不要服用止痛药，等待专业救援。

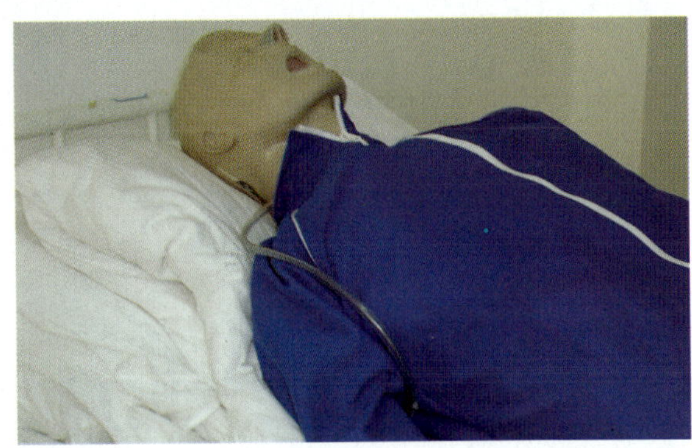

救护头部剧烈疼痛的伤员

教 学 提 示

教学目标

使学员掌握事故紧急处理和伤员急救的方法。

教学重点

交通事故现场伤员急救方法、原则和事故现场的保护。

教学方法和手段

在进行交通事故现场应急与救护的教学时，教练员可以结合图片、录像讲解，让学员了解事故现场急救应遵循的基本原则、紧急处理措施和处理程序，掌握正确的急救方法，以免学员在以后的驾驶过程中，遇到紧急情况不知所措。

教练员要强调事故发生后如何正确疏散旅客和其他人员，提醒学员在实施伤员抢救时，不能忘记做好安全防范，如选择安全的救护场所，遇到运送危险货物的车辆发生事故时的自我防护等问题。

第六节　环保与节能驾驶

据统计，2007年年底全国机动车保有量为1.598亿辆，其中，汽车保有量为5697万辆。车辆社会化给人们出行带来了便利和舒适，但也给人类赖以生存的环境带来了一系列的危害。

据统计，2005年我国机动车尾气排放在城市大气污染中所占的比例达到79%，汽车排气污染将是我国步入汽车社会所面临的难题。

汽车消耗的能源主要为石油，石油是国家主要的战略物资。我国的石油生产和储量均较低，人均能源资源占有量不到世界平均水平的一半。我国已成为世界上第二大石油进口国，而新增石油需求量的2/3来自于交通运输业，汽车已成为消耗石油资源的大户。机动车保有量的快速发展带来了汽油、柴油消费的急剧攀升，预计到2010年和2020年，我国机动车的燃油需求将分别达到1.38亿吨和2.56亿吨，分别占当年全国石油总需求的43%和57%；到2010年，我国石油消耗的61%要依赖进口。实施可持续发展的能源战略是新时期我国能源发展的基本方针，节能优先又是能源战略的重中之重。为了综合利用资源，降低环境污染，我国正研究开发车辆石油代用燃料，应用较多的是醇类燃料、液化石油气、天然气及电力等。

一、车辆运行与环境保护之间的关系

车辆给社会带来的污染是多方面的，包括排气、噪声、车辆废弃物、电磁波干扰、光化学烟雾以及温室效应等。其中最为突出的是排气污染、噪声污染以及车辆废弃物污染。

1 排气污染

1）现状分析。城市环境空气质量的监测结果表明，70%的城市环境空气质量不达标，许多大中城市机动车排放的一氧化碳和碳氢化合物所占比例都在80%以上，机动车排放污染已成为大中城市大气环境的主要污染源。

国内城市机动车废气排放污染物占总的大气污染的分担率（%）

污染物＼城市	深圳	北京	上海	重庆
一氧化碳	94.5	80	86	79.5
碳氢化合物	70.6	75	96	42
氮氧化物	64.9	68	56	77

机动车保有量的快速增长是导致城市机动车污染加重的直接原因。随着机动车保有量的持续增长，我国机动车污染物排放总量持续攀升。尽管目前我国的大气污染仍以煤烟型为主，但从环境变化的趋势分析，如果不能有效地控制机动车排放污染，预计到2010年，我国大部分城市的环境空气污染将从煤烟型转化为煤烟型与机动车排气污染型的混合型污染。

2）汽油车和柴油车的主要排放污染物。汽油发动机产生的主要排放物为碳氢化合物、一氧化碳和氮氧化物，而柴油发动机排放物则主要是氮氧化物和微粒物。

汽油车与柴油车的主要排放污染物

有害气体	汽油机		柴油机	潜在的危害
	四冲程	二冲程		
一氧化碳	多	多	少	使血液的输氧能力大大降低，可引起头晕、头痛等症状，严重时会使心血管工作困难，甚至死亡
碳氢化合物	中	多	少	可引起头晕、头痛、失眠等症状，还可导致白血病、癌变等
氮氧化物	多	少	中	使血液的输氧能力大大降低，会损害心脏、肝、肾等器官；二氧化氮还是产生酸雨、引起气候变化和产生光化学烟雾的主要原因
微粒物	少	少	多	具有致癌作用

3）预防措施。2007年7月1日，在全国范围内开始实施相当于欧Ⅲ标准的国家机动车污染物排放标准第三阶段限值，标志着我国政府在加强机动车污染防治方面已做出了很多努力。在日常生活中，也有许多减少车辆排放污染的理念与方法，例如：

①购车时，选择尾气排放性能较好的车辆。

②经常对车辆进行检查，确保良好的性能，减少污染排放。

③合理选用燃料、润滑油和轮胎等，降低燃油消耗，减少对生态环境的污染。

2 噪声污染

城市中的环境噪声有道路交通噪声、生产噪声、建筑噪声和生活噪声等。其中，道路交通噪声是环境噪声的主要组成部分，占到城市噪声的75%左右。道路交通噪声中以车辆噪声的影响最大。车辆噪声一般都是60～90dB的中强度噪声，由于车辆产生的噪声污染，全国城市道路交通噪音平均等效声级为71.5dB，从而使全国80%左右的交通干线两侧环境噪声均超过国家安全标准。

车辆噪声主要来自于车辆排气噪声、发动机噪声、轮胎噪声和喇叭声，此外还有车体振动和传动系噪声等。高于70dB的噪声会使人心情不安、烦躁、疲倦和工作效率下降等，从而引发头晕、失眠等病症。车辆噪声不仅会影响周边的环境，而且还会使驾驶员工作效率下降，反应时间加长，从而增加交通事故发生的可能性。

车辆噪声污染

在实际操作中有一些减少车辆噪声的方法，例如：

对车辆进行检查，确保车辆保持良好的技术性能状况，减少车体的噪声。

行车中，避免猛加速。需要较长时间停车时，关闭发动机，节约燃油的消耗，也减少车辆噪声。

防止装卸货物时的巨大噪声，特别是晚上，避免影响附近居民的休息。

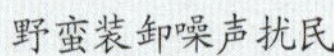
野蛮装卸噪声扰民

3　车辆废弃物污染

《道路交通安全法》明确规定，国家实行机动车强制报废制度。目前我国每年报废车辆的数量有40万辆，随着车辆保有量的迅速增长，每年报废的车辆数量会不断增加，如果处理不当，报废车辆长期堆存，不仅占用土地，而且还会对环境造成污染，对人们的生活环境将构成新的威胁。废机油、润滑油等是特殊的垃圾，在车辆维修与保养的过程中，常常因维修人员操作不规范，而使这些垃圾污染地面，甚至污染附近居民的水源。

堆积如山的报废车辆

二、车辆燃料、轮胎的合理选用常识

车辆燃料的质量对车辆节能、环保以及车辆的使用寿命有较大的影响，因此，合理选用车辆燃料显得举足轻重。轮胎的合理选用，可以延长轮胎的使用寿命，增加行车的安全，减小车辆行驶时的滚动阻力，从而间接地减少燃油的消耗，达到节能、环保的目的。

1　车用燃料的合理选用

1）车用汽油。汽油与空气在汽缸的外部形成混合气，在燃烧室内燃烧。爆震是汽油发动机的一种不正常燃烧现象。随着化油器车辆的淘汰，汽油车多采用电控多点喷射燃料供给系统和三元催化转换器等车辆排放污染物净化装置，因此，当代车辆汽油机对汽油的使用性能要求越来越高，越来越严格。

汽油质量是影响车辆技术状况和车辆排放的重要因素。选择汽油实际上是选择汽油的辛烷值，即汽油的牌号。目前，我国的汽油牌号有90号、93号和97号等几种。选择的牌号过低会使车辆发动机产生爆震，影响动力性和增加燃油的消耗，严重时还会使发动机损坏；选择的牌号过高，能提高车辆排放的质量，但并不能提高燃烧的效能，达到节能的目的，反而会额外增加汽油使用的费用。在选择车用汽油时，应当遵循以下几方面的原则：

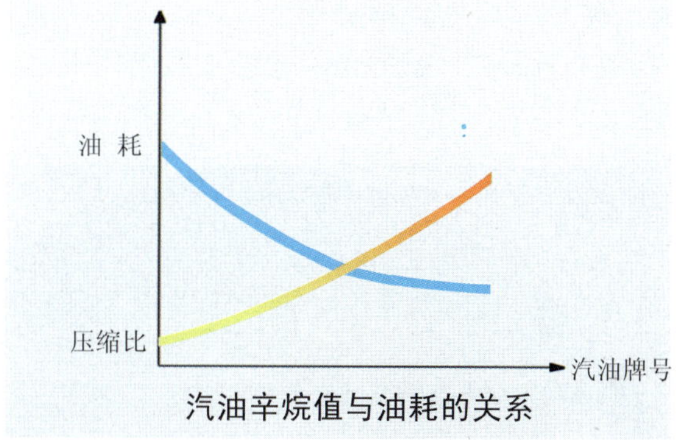

汽油辛烷值与油耗的关系

①根据车辆使用说明书规定的要求选择适当牌号的汽油，以达到节能、经济并重的效果。

②根据车辆发动机的压缩比选择。一般来说，压缩比高的发动机需要抗爆性能好的汽油，否则车辆发动机容易产生爆震，增加燃油的消耗。因此，压缩比高的发动机选择高牌号的汽油，而压缩比低的发动机则选择低牌号的汽油。

发动机压缩比与汽油牌号的选用关系

发动机压缩比	8.0以下	8.0～8.5	9.0～9.5
汽油牌号	90号	93号	97号

③安装三元催化转换器和氧传感器的车辆必须选择无铅汽油，否则废气中的铅含量会使三元催化转换器和氧传感器“中毒”失效，增加车辆的排气污染。

2）车用柴油。柴油与空气的混和气在汽缸内形成，压缩燃烧。粗暴燃烧是柴油发动机的一种不正常燃烧现象。

柴油发动机对柴油的使用性能与汽油相比有很大的区别，但是柴油的质量也是影响柴油车辆技术状况和排放的重要因素。柴油的牌号按照其冷凝点的高低来表示，牌号低的柴油低温流动性好，发动机在低温情况下易起动，从而减少起动时的燃油消耗。选择柴油的牌号依据当地风险率为10%的最低气温，一般以最低使用温度略高于柴油的冷凝点4～6℃为宜。

柴油牌号适用地区与季节

牌 号	当地最低温度	使用地区季节
0号	4℃以上	全国各地4～9月，长江以南冬季
−10号	−5℃以上	长城以南冬季，长江以南严冬季节
−20号	−14℃以上	长城以北冬季，长城以南黄河以北严冬季节
−35号	−29℃以上	东北和西北地区严冬季节
−50号	−44℃以上	最北地区严冬季节

2 车辆轮胎的合理选用

1）选择子午线轮胎。轮胎按照胎体中帘线排列方向不同，可分为普通斜交轮胎和子午线轮胎。

子午线轮胎与普通斜交轮胎相比，具有以下几方面的优点：

①使用寿命长。相同轮胎负荷的情况下，子午线轮胎胎体的径向弹性大，接地面积大，对地面的单位压力小，使胎面磨损小，耐磨性强，比普通斜交轮胎使用寿命长30%～50%。

②附着性能好。因为子午线轮胎的胎体弹性好，接地面积大，胎面滑移小，因而附着能力强。

③滚动阻力小，节约燃油的消耗。由于子午线轮胎的胎冠具有强度较高的带束层，轮胎滚动时胎冠变形小，滚动阻力比普通斜交轮胎小20%～30%，因而，需要克服阻力的做功小，油耗可降低3%～8%。

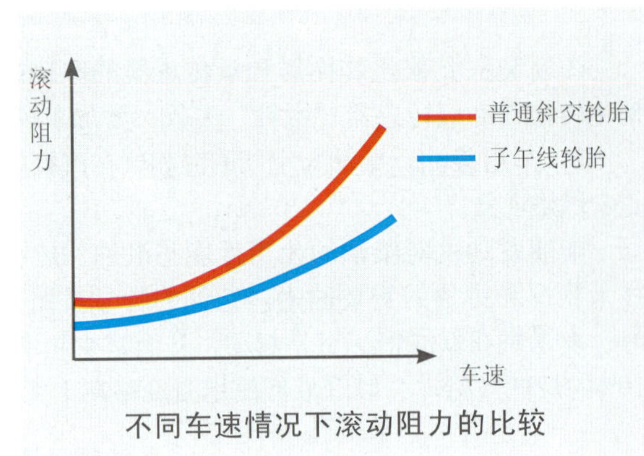

不同车速情况下滚动阻力的比较

④承载能力大。子午线轮胎的帘线强度能够得到充分的利用，承载能力比普通斜交轮胎高约14%。

⑤缓冲能力好。子午线轮胎的胎体径向弹性大，可以更好地缓和、吸收路面对轮胎的冲击能量，提高行车的舒适性。

子午线轮胎与普通斜交轮胎相比，也存在轮胎侧面薄、变形大、胎面与胎侧的过渡区及轮辋附近易产生裂口等缺点。但是，子午线轮胎的综合性能明显优越于普通斜交轮胎，因此被广泛使用。

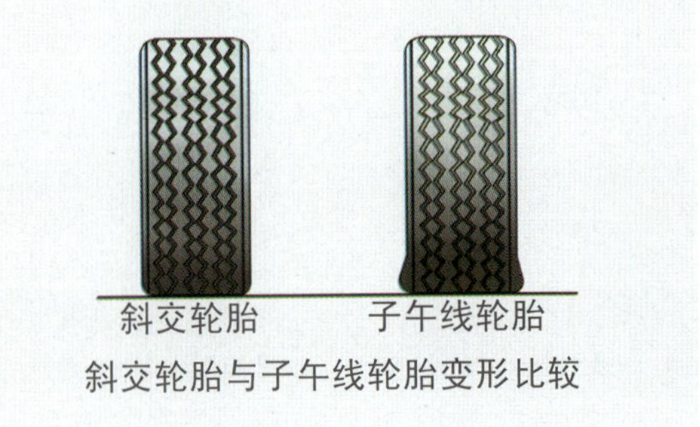

斜交轮胎与子午线轮胎变形比较

子午线轮胎和普通斜交轮胎不能混装在同一轴上，子午线轮胎与斜交轮胎规格表示方法的不同在于是否有“R”，例如：

斜交轮胎：6.70－13－6；

子午线轮胎：185/70 R 1386T。

2）选择合适的轮胎花纹。轮胎按照花纹的不同，可分为普通花纹轮胎、混合花纹轮胎和越野花纹轮胎三种。

不同花纹轮胎的性能

<table>
<tr><th colspan="2">轮胎的种类</th><th>特　点</th><th>适用路况</th><th>适用车型</th></tr>
<tr><td rowspan="2">普通花纹轮胎</td><td>纵向花纹轮胎</td><td>花纹细而浅，花纹块接地面积大；滚动阻力小，防侧滑和散热性好，噪声低，高速性能好</td><td>较好路面</td><td>轿车、载货车辆</td></tr>
<tr><td>横向花纹轮胎</td><td>花纹细而浅，花纹块接地面积大；耐磨性能好</td><td>较好路面</td><td>仅用于载货车辆</td></tr>
<tr><td colspan="2">越野花纹轮胎</td><td>沟槽深而宽，花块接地面积小；防滑性好，越野能力强</td><td>矿山、建筑工地以及其他松软路面</td><td>越野车辆、矿山载货车辆等</td></tr>
<tr><td colspan="2">混合花纹轮胎</td><td>良好沥青混凝土路面上行驶，耐磨性比越野花纹好；
泥雪路面上行驶，具有良好的附着性能</td><td>对不同的路面均能适应</td><td>各种车型</td></tr>
</table>

经常在较好路面行驶的车辆选择越野花纹轮胎，则会因滚动阻力的增加而增大燃油的消耗量；经常在矿山、建筑工地行驶的车辆选择普通花纹轮胎，则附着能力下降，需要更多的燃油消耗来增强车辆行驶的动力，甚至有时候还会出现车轮打滑的现象。

除以上两个方面外，教练员还需要让学员掌握根据轮胎的使用速度和额定负荷来选择。例如，设计时速较高的车辆应当选用具有高速特性的轮胎，以防止行驶过程中爆胎，确保行车安全。

3）轮胎气压对轮胎的影响。轮胎气压不符合规定的标准气压，是造成轮胎早期损坏的最主要原因之一，不符合标准的轮胎气压的负面影响如下表所示：

轮胎气压对轮胎使用寿命和油耗的影响

气　压	负　面　的　影　响	原　因　分　析
过高	车辆的燃料消耗增加	不平路面上行驶时，车辆振动加剧，车辆垂直位移增加而消耗能量
	车辆轮胎和其他部件的磨损加剧	轮胎与路面的接触面积减小，单位面积承受的压力增大，加大轮胎的磨损；车辆平顺性下降，加速车辆部件的磨损
过低	车辆的燃料消耗增加	滚动阻力增大
	轮胎磨损不均匀	轮胎在接触面上的压力不均匀
	轮胎磨损加剧，轮胎温度急剧上升	轮胎径向变形增大，周期性的压缩变形，加速轮胎的磨损；变形使轮胎的摩擦产生更多的热量

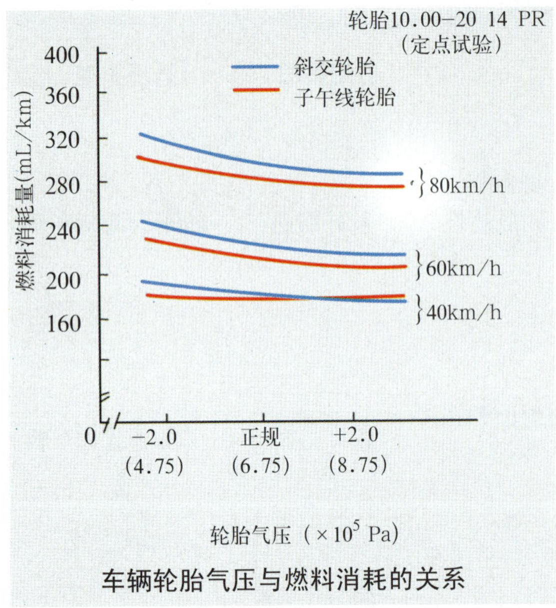

车辆轮胎气压与燃料消耗的关系

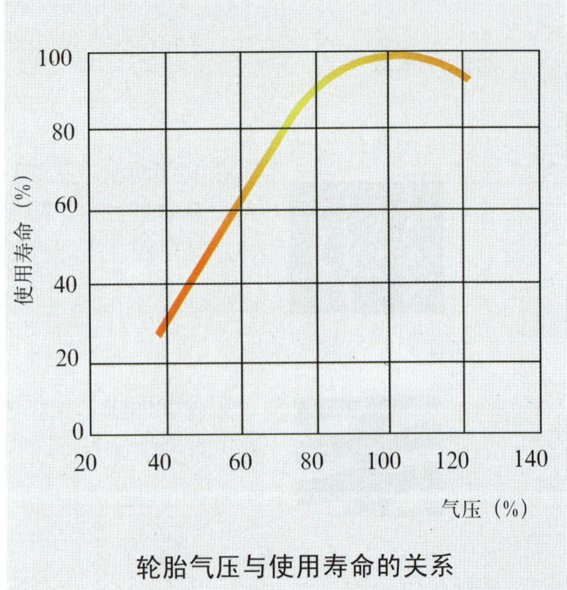

轮胎气压与使用寿命的关系

轮胎气压应符合该轮胎承受负荷时规定的压力，一般可按照车辆使用说明书规定的轮胎气压检查。

4）车速对轮胎的影响。随着行车速度的提高，车辆的行驶阻力增大，克服阻力需要更多的燃油消耗。此外，轮胎与路面的摩擦频率增加，轮胎的变形频率、胎体的振动以及轮胎的扭曲变形也随之增加，这些能量大部分转换成热量，使胎体的温度和胎压升高，加速轮胎的老化，严重时，还容易造成轮胎的爆裂，导致交通事故的发生。

5）装载对轮胎的影响。轮胎所能承受的最大负荷，在设计时已经被限定。超载时轮胎的损坏特点与胎压过低行驶时的损坏相似，且更为严重。此外，教练员还需要向学员强调装载货物要均匀，不可使重心偏移，否则会引起车辆轮胎的不均衡磨损。轮胎侧面有磨损标记“▲”，标记处的沟槽磨损到一定程度时（1.6mm），应立即更换轮胎。

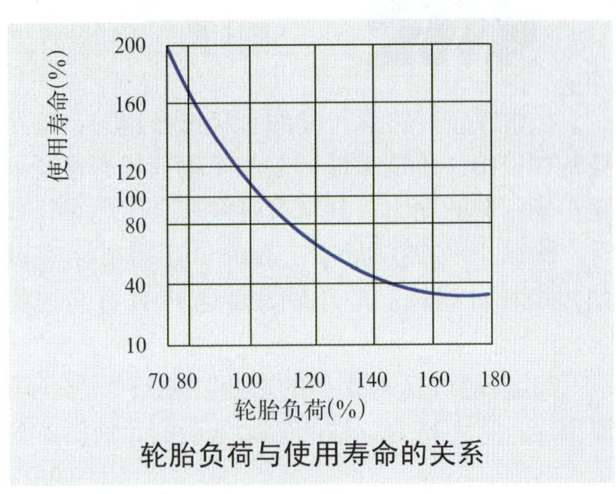

轮胎负荷与使用寿命的关系

在教学过程中，教练员要向学员介绍正确使用轮胎的方法，例如：新轮胎需要“磨合期”；快速的弯道行驶、急加速和紧急制动都会加速轮胎的磨损；轮胎有一定磨损后，需要进行换位等。

三、驾驶过程中节约能源的常用方法

行车前对车辆进行检查，保证车辆具有良好的技术状况；出行前对行车路线和行车时间进行合理的规划，尽量避免交通高峰期的长时间低速行车；短途出行选择公共交通工具等，可以有效地节约燃油和减少对环境的污染。教练员在教学过程中，除了向学员强调这些节能的理念和习惯外，还要教给学员一些驾驶过程中节约能源的常用方法。

1　起动发动机

起动发动机对车辆节油有重要的影响，其中的关键因素是起动时的温度。发动机的起动根据温度的不同，可分为常温起动、冷起动和热起动三种。当大气温度或发动机温度高于5℃时，起动发动机不需要采取任何措施，这种操作称为常温起动；大气温度或发动机温度低于5℃时，起动发动机称为冷起动；发动机温度在40℃以上，起动发动机称为热起动。

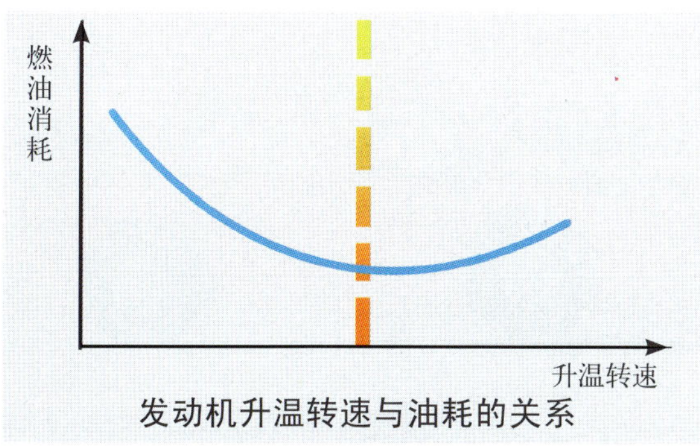

发动机升温转速与油耗的关系

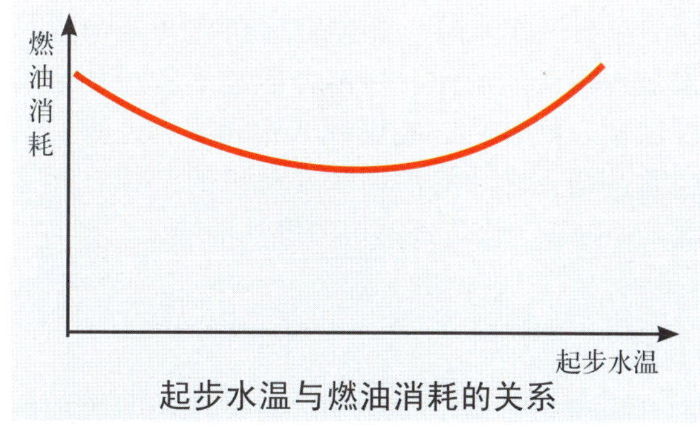

起步水温与燃油消耗的关系

对使用化油器的车辆来说，发动机的常温起动不需要采取任何辅助措施，但在操作时需要注意：轻踩加速踏板，尽可能做到起动发动机一次成功；起动后保持发动机中低速运转，待水温升到40℃时，准备起步。

发动机的冷起动在冬季比较常见，尤其是在我国的北方地区。冷起动时，汽油发动机主要存在三个方面的问题：

1）低温下机油黏度变大，润滑效果下降，发动机起动需要克服更大的曲轴转动阻力。

2）温度降低，汽油的挥发性显著下降，黏度和相对密度增大，汽油的雾化效果变差。

3）低温下蓄电池内阻增大，端电压显著下降，因而工作能力降低，致使起动机无力拖动发动机旋转或不能达到最低的起动转速。

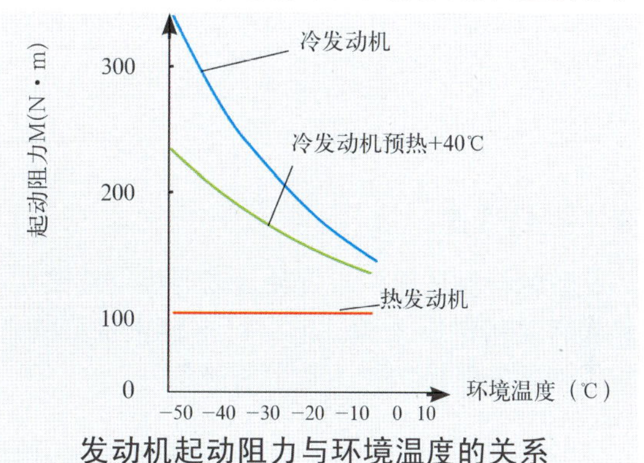

发动机起动阻力与环境温度的关系

车辆行驶过程中，常会发生停车熄火后又重新起动发动机的情况。由于这种热车起动发动机的次数较多，所以向学员介绍热车起动的节能方法非常有必要，教学中需要注意两方面的问题：

1）轻踩加速踏板，且尽量做到起动发动机一次成功，起动后立即进入怠速运转。

2）夏季气温高的情况下，油路容易产生“气阻”现象，因此，必要时先采取局部降温或释放汽油蒸气等措施后，再起动发动机。

小 知 识

一台发动机的整个寿命中，起动所引起的汽缸磨耗约占总磨损量的50%，而冬季起动又占起动总磨损量的60%～70%，所以起动发动机要尽可能一次成功。

2 车辆起步加速

车辆起步加速是车辆从静止状态到移动状态的必经过程，包括起步和起步后加速两个过程，教练员必须让学员熟练掌握。车辆在平路上起步加速要做到既不熄火，又能够节省燃油，关键在于正确掌握松离合器踏板和踩加速踏板的要领，掌握换挡的时机；在坡道上起步时，则需要操纵驻车制动、离合器踏板和加速踏板的动作相互配合得当。

车辆起步时需要选择初始挡位。因为起步要克服车辆的静止惯性，需要较大的驱动力，而发动机提供的转矩不能直接满足车辆起步的需要，因此，自动挡车辆常采用D（驱动挡）起步，而手动挡车辆通常利用一、二挡的减速增扭作用，加大车轮的驱动转矩，来提高车辆起步的驱动力。需要注意的是，一挡起步和二挡起步时的油耗不一样，在平路和在缓坡道上用二挡起步比一挡起步要节油。

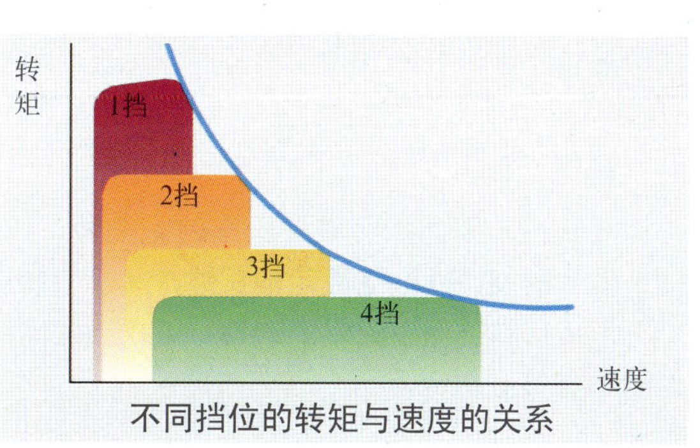

不同挡位的转矩与速度的关系

在车辆起步时，需要把握松离合器踏板和踩加速踏板的动作。松离合器过早和踩加速踏板过轻，则容易造成熄火，从而需要进行二次起动，增加燃油的消耗和发动机的磨损；而猛踩加速踏板，会造成过多的燃油消耗。

车辆起步后，需要尽快地提速并增加挡位。轻踩加速踏板比较省油，但是提速较慢；重踩加速踏板提速较快，但是比较费油，而且动作过猛会引起车辆因加速过快而向前冲，使传动机件受损。

3　换挡变速

车辆行驶过程中，驾驶员需要根据道路状况、交通情况等的变化更换变速器的挡位，使驱动车轮获得足够的驱动力，以保证车辆正常行驶。挡位的合理选择与及时换挡对燃油消耗有很大的影响，但是频繁换挡并不利于节能驾驶。

不同挡位的适用情况及对燃油消耗的影响

挡　位	适　用　情　况	特　点
低速挡	用于车辆起步、爬陡坡等需要驱动力大的情况	燃油消耗大，不宜长时间使用
中速挡	车辆低速与高速过渡的挡位；还适用于转急弯、窄路、窄桥会车和通过困难道路等情况	车速稍快，燃油消耗较大，不宜长距离行驶
高速挡	良好路面上的正常行驶	驱动轮上的转矩较小，但车速快，经济性好

换挡时，操作动作要求迅速和准确，以免因挂错挡或挂挡不入等因素直接影响燃料的消耗和机件的使用寿命。驾驶员应当“脚轻手快”，注意离合器踏板、加速踏板以及手的动作配合，争取做到一气呵成。此外，及时换挡还与换挡时机有关，一般用换挡时的车速来表示。由于各种车型的结构不同，最佳换挡车速也不同，教练员应教会学员通过发动机的声音、抖动等变化，逐步掌握好最佳的换挡时机。

4　车速控制

控制行车速度除了确保行车的安全外，还是节油驾驶操作中的重要环节，尤其是对于客货运输，做到既能高效地完成运输任务，又能节约能源，意义非常重大。

车辆行驶过程中的燃油消耗，不仅与发动机的单位燃油消耗有关，还与车辆克服行驶阻力所需的功率有关。

车速低时，克服行驶阻力所需的功率较小，但是发动机节气门开度小而单位燃油消耗上升，导致燃油消耗增加；车速上升达到某一数值之前，发动机单位燃油消耗下降的程度大于车辆行驶阻力逐渐增加的程度，导致燃油消耗下降；车速超过某一数值之后，发动机单位燃油消耗开始增加，而且车辆行驶阻力增加，从而使燃油消耗增加。所以，车辆速度较低和较高都增加油耗，只有在中间某一速度的油耗最低，这一速度就是所谓的经济车速。车辆在每一个挡位行驶时，都有一个对应的油耗最低车速，即各挡位的经济车速。

因此，教练员需要让学员理解行驶过程中尽量保持经济车速，以达到节油的效果。

5　行车温度

车辆行车温度包括发动机冷却水温度、机油温度、发动机罩内空气温度和变速器润滑油温度等，行车温度直接影响行车燃油的消耗。

发动机过热，往往会出现充气量下降、燃油和空气组成的混合气燃烧不正常、供油系统易产生气阻等情况，油耗较大，而且机油黏度过小，油膜过薄，发动机磨损加剧；发动机温度过低，发动机汽缸盖、汽缸壁的传热损失增大，燃油不易挥发，混合气变稀，燃烧不完全，油耗较大，而且机油黏度增大，流动性变差，润滑条件恶劣，加剧发动机汽缸的磨损。发动机的正常水温应保持在85～95℃，此时的油耗最低，功率最高。

除上面介绍的几种情况，教练员在教学过程中，还需要向学员强调预见性驾驶对节能的重要性，提前对道路交通情况进行分析，正确使用加速踏板和制动踏板，减少猛加速和紧急制动的操作。猛踩加速踏板会造成燃油的浪费，而紧急制动则会造成车辆惯性能量的损失。这些不良的操作习惯，不仅对行车的安全构成威胁，而且还增加了燃油的消耗。

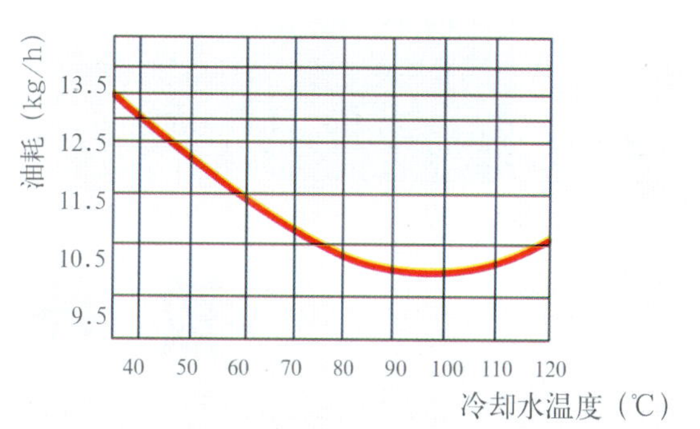

冷却水温度与油耗的关系

教 学 提 示

教学目标

了解车辆运行与环境保护之间的关系；掌握车辆燃料、轮胎的合理选用常识；掌握节约能源的常用驾驶方法。

教学重点、难点

了解车辆与环保之间的关系；掌握驾驶过程中节约能源的常用方法。

教学方法和手段

教练员讲述车辆与环保之间的关系时，可采用多媒体教学手段，利用真实的照片、录像等，增强感染力。在教授节能驾驶方法时，则可采用示范、讲解的方法，注重培养学员节能驾驶的意识和自觉性。

第五章

教 学 方 法

教学方法是指以完成教学任务为目的，教练员与学员共同完成教学活动的程序、方法与措施。教练员从事的是一项具有特殊性要求的教学工作，只有掌握学员的心理特点和行为特点，掌握教育心理学的基本知识，按照教育学规律，遵循教学原则，在教学过程中恰当地运用不同的教学方法，才能提高培训效率，取得好的培训效果。

第一节　学员的心理特点和行为特点

学员的心理和行为特点主要是指学员身上经常地、稳定地表现出来的心理和行为方式，如性格、气质、能力等，往往决定了学员对驾驶学习、安全理念、规范操作和文明行车的态度，影响学员掌握驾驶知识和驾驶技能的效果。因此，教练员要能够运用心理学方面的知识，更好地分析和掌握不同学员的心理和行为特点，根据不同教学阶段学员的学习进度、学习效果，因材施教，保证对每位学员的培训质量。

一、学员的心理特点

1　性格

学员的性格是在社会实践中形成的，是对客观现实稳固的态度以及与之相适应的、习惯化了的行为方式的心理特征。根据其倾向的不同，性格可分为内向型和外向型两种。

不同性格学员的特点与品质特征

性格类型	基　本　特　点	优　良　品　质	不　良　品　质
内向型	心理活动过程经常指向自己的内心世界	内在体验深刻、办事谨慎、力求稳妥	反应慢、应变能力差、缺乏果断
外向型	心理活动过程经常指向外在事物	性格开朗、操作敏捷、自信心强	好冲动、喜欢冒险、胆大心不细、情绪波动大

2　气质

气质表现在人的心理活动的强度、速度和灵活性方面，具有典型性和稳定性的特点。气质本身不决定学习效率的高低，也没有好坏之分。但是，不同气质的学员，在训练中的表现会有不同。有的学员性情急躁、易冲动，教练员应培养其情绪控制能力，在训练中制止其抢行、开斗气车等行为；有的学员轻浮、注意力易分散，教练员应培养其良好的驾驶态度和责任感，在训练中制止其随意变更车道、穿插绕行等行为；有的学员优柔寡断、缺乏自信心，教练员应对其加强复杂路况的判断和应急处理能力的练习，并鼓励大胆操作；有的学员稳重，但反应迟钝，教练员应在训练中对其加强动作速度的要求。

3　能力

能力是指学员能够顺利完成某项活动所必备的个性心理特征。能力可分为一般能力和特殊能力。一般能力(又称智力)是指观察力、记忆力、想象力和思维能力等；特殊能力是指从事某种专业活动所必须具备的能力。一般能力是特殊能力的基础，特殊能力是一般能力在具体专业活动中的特殊表现。

机动车驾驶需要驾驶员的脑力和体力相结合，相对而言，中等智力水平的驾驶员更能安全地驾驶（右图为某运输公司驾驶员智力水平与事故率的关系曲线）。智力水平高的学员对驾驶知识和操作动作的领悟力强，学习效率更高，但容易过于自信和骄傲，忽视风险因素的存在，教练员在训练中应正确引导其树立良好的安全意识，督促其谨慎驾驶。智力水平低的学员对操作动作的领悟力相对较差，且难于熟练应对复杂的交通场景，教练员应有耐心，初期加强基础动作训练，并在训练后期加强复杂交通情况的判断和应急处理能力的训练。

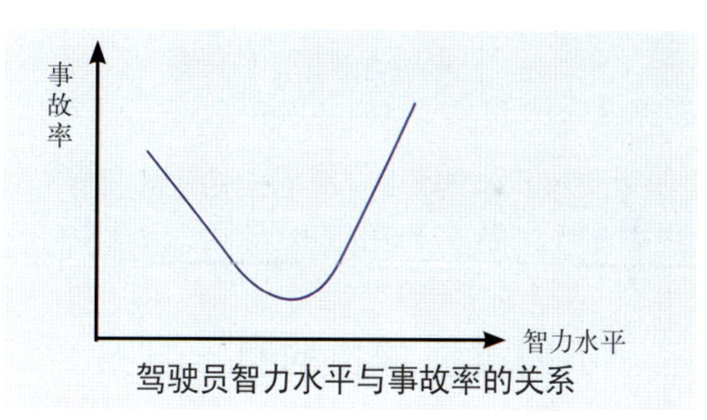

驾驶员智力水平与事故率的关系

二、学员的行为特点

学员的驾驶行为，是一个由一系列特定的动作方式构成的动作系统，需要身体各个部位的相互配合与协调。动作的及时性和准确性，是正确地完成系列操作动作的重要前提。掌握学员的行为特点，能有效指导学员进行动作的协调训练，将驾驶基本动作很好地组合起来。

1　动作的控制与协调性

学员在驾驶操作技能的训练中，往往表现出对动作的控制与协调性较差。教练员应有意识地提醒学员注意动作方式、速度和力量的准确性，并及时纠正错误动作，有效地提高学员对动作的控制和调节能力。

学员根据对外界环境的感知进行操作，操作动作的效果体现为车辆状态的变化，而后者又给学员新的知觉刺激，于是学员根据新的刺激信号和前面动作的知觉信号调整下一步的动作，如此往复循环，便可使操作动作形成一个动作系统。

2　动作的反应时间

操作动作的反应时间，是指从刺激物出现到做出动作所需要的最短时间。

1）动作熟练，反应时间短；动作生疏，反应时间长。

2）简单的动作，反应时间短；复杂的动作，反应时间长。

3）强的刺激物，反应时间短；弱的刺激物，反应时间长。

在训练初期，不同学员的反应时间不同。有些学员动作反应比较迟缓，而有些学员动作反应比较迅速，尤其是面对复杂的动作或复杂的交通情况，表现出相当大的差异。

3　动作的准确性

动作的准确性是安全驾驶的基础，主要表现在动作的方向、幅度、速度和力量的把握四个方面。

学员操作动作准确性的评价指标分析

评价指标	内　涵	规范的操作	举　例
动作的方向	为达到目的，肢体移动的轨迹	动作方向准确无误	从一挡变换到二挡时，对变速器操纵杆的操纵方向准确
动作的幅度	肢体移动距离的长短或范围的大小	根据需要，幅度恰当	弯道行驶时，对转向盘的操纵适当
动作的速度	肢体在单位时间内移动的距离	与动作的目的和情况的需要相结合	一般情况下，均匀踩制动踏板；紧急情况下，快速踩制动踏板
动作的力量	肢体运动克服操纵机构阻力所表现出来的力量	动作柔和、平稳速度不会急剧地变化	踩加速踏板时做到轻踏、缓抬

在驾驶训练的初期，学员对动作的理解不深刻，动作不熟练，经常会出现错误动作或者多余的动作。通过训练，学员的动作准确性会逐步提高。

三、不同类型学员的教学方案

不同年龄学员的教学方案

年龄类型	优　点	缺　点	教　学　方　案
年轻学员	反应敏捷，接受能力强	– 学习态度不明确，喜欢凭兴趣，往往满足于一知半解，学会动作后无耐心去巩固； – 易于忽视交通法规；思想不成熟，喜欢表现、逞能与冒险	– 严格要求，经常进行安全教育，引导树立良好的安全意识； – 明确学习目的，激发训练兴趣，培养安全行车的方法和经验
年龄较大学员	– 社会经验丰富，尊师爱友，学习目的明确，学习态度端正； – 善于观察、判断和总结	反应较慢，接受能力差，掌握技能比较缓慢	– 尊重学员，指导有耐心； – 适当增加初期训练的时间，训练过程中细心指导，加强基础动作训练

不同性格学员的教学方案

性格类型	教 学 方 案
内向性	— 主动加强交流，教学有耐心，加强学员复杂交通情况的判断和应急处理能力的练习； — 多鼓励，少指责，增强其自信心
外向性	— 引导并帮助其养成安全、文明和礼让的驾驶习惯； — 表扬要适当，批评要严厉； — 加强基础动作的训练，培养其耐心和情绪控制力，提高驾驶技能的稳定性

不同性别学员的教学方案

性别类型	优 点	缺 点	教 学 方 案
男性	反应敏捷，能果断决策，接受能力强，能迅速掌握动作	缺乏耐心，对于教练员的指导经常保持独立见解，易于忽视交通法规	— 加强安全教育，引导其树立良好的安全意识和培养遵守交通安全法规的自觉性； — 反复严格地督促其练习基础动作，培养耐性
女性	温和心细，遵章守法，学习有耐心，动作柔和，行车谨慎	自信心稍弱，接受能力稍差，掌握动作较慢，处理情况犹豫不决，反应能力稍差	— 多给予鼓励，增强学习其自信心； — 有意识地到复杂的道路交通情境中去培养； — 要顾及生理的特殊性，妥善安排训练的内容和时间

第二节　教育心理学应用常识

驾驶技能形成和发展的快慢虽然受很多因素的影响，如学员的素质、教练员的教学方法等，但是仍有其内在的规律。因此，教练员运用教育心理学知识，分析和掌握驾驶技能形成的内在规律，是保证培训质量的重要基础。

一、教育心理学的基本常识

1　教育心理学的基本概念

心理学是研究人的感觉、知觉、记忆、思维、情感、意志、能力、气质和性格等心理现象的科学。感觉、知觉、记忆、思维、情感和意志是人的心理过程；能力、气质和性格是人的心理特征，心理学是研究这两个方面现象、本质、形成及发展规律的科学。

教育心理学是研究教学环境中，教与学的基本心理规律的科学。它包含了教学心理、学习心理及科学心理等分支，是应用心理学的一种，是心理学与教育学的交叉科学。

2　教育心理学研究的主要内容

教育心理学主要研究受教育者在教学过程中的心理活动及其规律；研究受教育者的个性心理差异；研究受教育者道德品质的形成和培养；研究受教育者技能的形成及其规律；研究受教育者掌握知识或技能过程中的心理特点。

教育心理学研究是为了揭示影响教学效果的心理因素、师生关系和学员集体的关系以及成人教育的心理特点等。学习、研究和运用教育心理学，可以指导教学实践，达到良好的教学效果。

二、驾驶技能的含义

驾驶技能是驾驶员在具体的道路交通环境中，根据已经掌握的专业理论知识和安全行车经验，通过对环境的观察、分析和判断，采取恰当的措施，做出合理的动作，控制车辆安全行驶的能力。

1　驾驶技能的种类

驾驶技能活动具有外在表现和内部活动两个方面，因而，可把驾驶技能分为操作技能和心智技能。在驾驶过程中，既需要操作技能，又需要心智技能。

操作技能是指驾驶员在驾驶过程中将一系列控制车辆运行的基本动作组合起来，协调而顺利地进行操作的能力；心智技能是驾驶员的内心认知能力，主要是指驾驶员判断和分析各种交通情况时，内部心理按照合理的、合乎逻辑的方式所进行的一系列的心理活动。

2　操作技能与心智技能的联系

心智技能是外部动作的设计者、策划者和调节者。因此，操作技能是心智技能的表象，心智技能又是操作技能的调节者。在驾驶教学过程中，心智技能训练寓于操作技能训练之中，两者没有严格的界限，不能截然分开。

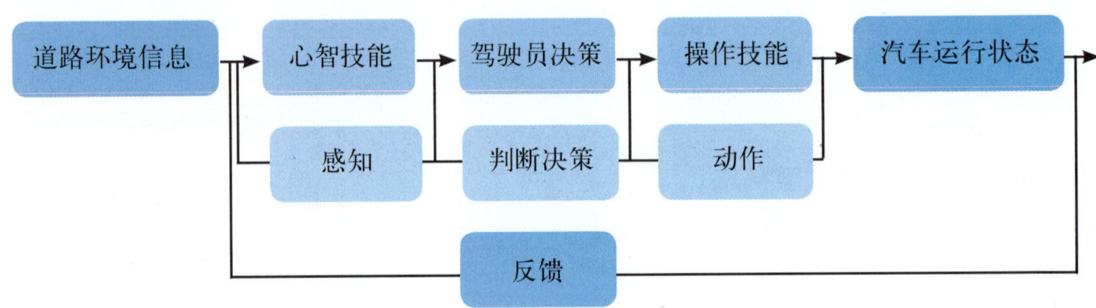

驾驶员行为形成模式

3　操作技能与心智技能的区别

驾驶技能训练是一个从操作技能到心智技能的发展过程，操作技能与心智技能既有联系，又有区别。操作技能训练主要是告诉学员先做什么，后做什么，步骤非常明晰。心智技能训练是让学员形成安全第一的思维定势，将安全意识寓于驾驶操作之中，指导驾驶操作。

驾驶操作技能与心智技能的区别

操作技能	借助骨骼肌肉	活动过程外现	通过模仿，练习获得	主要是后天培养
心智技能	借助思维模式	活动过程内隐	通过学习，增强认识	既有先天赋予，又有后天培养

三、驾驶技能形成的过程

学员通过培训来掌握驾驶技能，实际上包含着一个复杂的心理、行为动作的演变过程，这个过程具有阶段性的特点，阶段之间彼此联系，前一阶段制约后一阶段的发展。学员在各阶段具有不同的心理特征和动作特征，教练员了解学员在各阶段的特征，掌握驾驶技能形成的基本规律，有助于科学合理地安排教学，达到良好的教学效果。驾驶技能的形成一般经过如下阶段：

1 掌握基础操作要领，培养规范操作的安全意识阶段

学员在初次接触驾驶技能培训时，虽然学习热情高、求知欲强，但缺乏对汽车驾驶的理性认识，往往表现得兴奋而紧张，因此，这个阶段的理论教学非常重要。教练员应按照教学大纲提出的阶段目标，全面系统地对学员进行道路交通安全法律法规、机动车基本知识、安全行车与文明驾驶知识、典型道路及恶劣气象条件下的安全驾驶知识、紧急情况的应急处置知识、伤员自救和急救等方面的理论培训，将安全行车、文明驾驶意识贯穿于整个教学过程中，使学员树立良好的法律意识、安全意识和社会责任感，具有丰富的安全驾驶理论知识，从而有效缓解对驾驶训练的紧张感。

学习理论知识

在这一阶段，教练员主要是按照教学大纲的要求，指导学员熟练掌握基础的驾驶操作要领，为后续的训练打好基础。训练初期，学员常常表现出动作呆板、动作不协调，顾此失彼、手忙脚乱，不能控制动作细节、容易出错且多余动作较多。例如，学员练习换挡动作时，注意到踩离合器踏板而没有同时松抬加速踏板，或者因找不到要换挡的位置，只好边看变速器操纵杆边操作。此外，学员在生活中形成的许多习惯动作与驾驶操作动作的方式不相符时，会干扰正确动作的形成。学员不能察觉自己动作的全部情况，难以发现存在的问题，当看到其他学员进步快时，容易产生急躁情绪。

别紧张，小心驾驶

2 基础驾驶技能的形成和提高阶段

这一阶段训练的关键是让学员掌握场地和场内道路驾驶的基本要领和方法。场地和场内道路训练实质上是对实际道路动态训练的一种模拟，教学安全相对更有保障。学员在这种模拟条件下进行训练，心情能够相对放松，能更有效地掌握动态条件下的基础驾驶技能。

经过前一阶段的训练，学员已经掌握了基础动作，并在一定程度上形成了动作定势，不必有意识地去控制也能做出动作。学员动作准确性有所提高，但在动态下进行操作，动作之间结合得不紧密，动作转换时常出现短暂的停顿。例如，加减挡操作的同时不能控制好方向，导致车辆出现曲线行驶或占道行驶的危险。学员在训练中开始积累车辆运动的感性经验，观察和感知的能力也逐渐提高，但还不善于分配注意力和快速转移注意力，需要更多的反应时间。因此，教练员应首先对学员进行理论教学，让学员掌握本阶段的操作内容和基本要求，以便指导实际操作训练。在实际操作训练中，教练员不应过分强调教学进度，而应要求学员先在低速下训练，待学员的忙乱和紧张程度有所缓解，能够随着情况的变化相对熟练自然地运用动作技术时，再逐步提高训练的车速。此外，教练员应注意结合训练培养学员行车前进行安全检查的习惯；培养学员车体感知、速度感知和车辆控制感知等方面的能力；培养学员观察、判断路况，并进行正确操作的能力。

已建立的动作定势并不是一成不变的，如果不再进行练习，动作定势还会消退。而且，操作技术越复杂、难度越大，消退得也越快。有的学员掌握动作较快但不稳定，因此，教练员应督促学员进行持续的练习和适当增加练习次数，使动作定势更加完善和巩固。

3 技能的熟练和完善阶段

反复练习巩固动作

场内道路综合训练

通过场地道路驾驶训练，学员驾驶动作基本协调完善，动作自如、迅速，各操作动作连接成为一个有机的整体并巩固下来。学员处理情况能够比较自然，随着道路交通情况的变化，能依照已形成的习惯，迅速、准确、熟练地进行操作。但是，学员缺少对路况信息的处理能力，对交通环境的分析、辨识还不完全到位，尤其是对于较复杂的交通情况，依然会表现出紧张。因此，这一阶段的关键是通过实际道路训练培养学员掌握一般道路和夜间驾驶方法，能够根据不同的道路交通情况安全驾驶。

本阶段，教练员首先应让学员学习处理交通情况的理论知识，尤其是险情预测、文明礼让行车等知识，让学员树立良好的安全驾驶意识。实际道路训练相对比较危险，学员在开始训练时，还是会出现不适应，如学员在场地道路训练中已经熟练掌握的技能，可能在本阶段训练时又出现错误。因此，教练员应注意采取措施随时保证教学的安全，并在训练的初期侧重于帮助学员建立协调和完善的动作系统，营造宽松的环境让学员能够适应。此外，教练员应结合本阶段的训练，从观察能力、注意力、感知能力和情绪控制能力等方面入手，逐步培养学员的心智技能，强化学员的安全驾驶意识和安全驾驶习惯，帮助其积累安全驾驶经验。

4 综合训练和巩固技能阶段

通过前三个阶段的训练，一般道路驾驶训练科目已基本完成，操作动作熟练、自然，学员能够独立完成一般道路条件下的驾驶；对道路的情况判断比较准确，随着道路情况的变化，能正确地处理一般情况；观察能力、注意力、感知能力、情绪控制能力不断提高，但对各种特殊道路交通环境下的安全行车方法没有理性认识，没有特殊道路交通环境下安全行车的经验，应急驾驶水平较差。因此，本阶段主要训练学员自行设计行驶路线和独立驾驶的能力，教授学员道路交通事故的预防、恶劣条件下的驾驶、高速公路驾驶及车辆常见故障处置等安全驾驶的理论知识。

在实际操作训练中，通过模拟教学的方式，使学员掌握高速公路、山区道路及恶劣条件下的驾驶方法。使操作技能和心智技能有机结合，进一步强化安全意识，操作更加熟练。同时注意对前段学习成果的巩固训练，强化驾驶应变能力的培养，注重考试科目的综合复习，在满足技能考试的基础上，提高独立安全驾驶车辆的能力。

四、学员操作技能的培养

1 学员技能的掌握速度先快后慢

学员训练初期成绩提高较快，而随着训练的进行，技能提高的速度逐渐减慢，最后趋于平稳，主要原因是：

训练初期，学员兴趣浓厚、好奇心强，学习的积极性非常高，接受新事物的速度较快。但是随着训练的深入，学员开始感到枯燥，甚至产生厌倦的情绪，不愿意接受新的挑战，学习效率下降。此外，教练员在训练初期把复杂的动作分解为一些比较简单的动作进行练习，学员易于掌握，进步较快。但是，逐渐地进行动作组合、动态下的协调训练时，学员只能通过大量的练习才能达到要求，因此，掌握的速度下降。

2　学员技能可能出现波动，甚至倒退

训练过程中，学员的技能出现时而进步快，时而进步慢的现象，甚至有时出现本来学得不错的动作，一段时间后会犯很多的错误。究其原因，主要有以下几个方面：

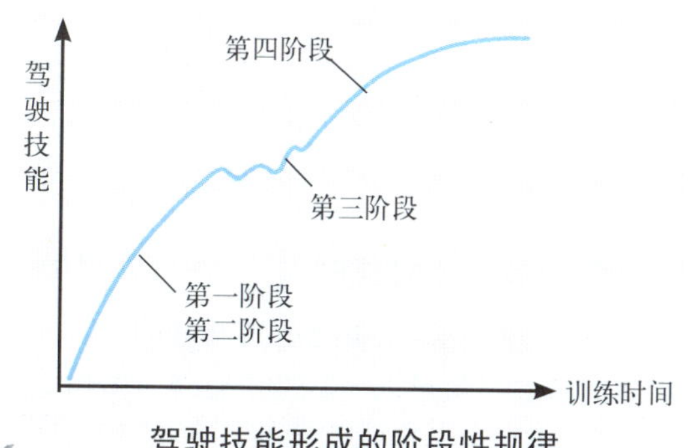

驾驶技能形成的阶段性规律

1）与学员的个人素质、性格特征等有关。有的学员运动能力强而不善于观察、思考，场地训练进步快，而实际道路驾驶进步迟缓；有的学员驾驶比较谨慎，不敢提高车速，高速驾驶能力进步慢。因而，有必要对学员因材施教，解决学员因“个性的局限性”而带来的训练难度。

2）随着训练的进行，对学员提出新的要求，促使学员改进旧的动作模式，这种要求往往使学员的技能出现波动，甚至倒退。例如，学员初期掌握的慢节奏的两脚离合的换挡方法，很难满足学员百米加减挡等项目快速换挡的要求，学员训练时，往往容易出现手忙脚乱的现象，甚至根本换不进挡。对此，教练员应热情鼓励，讲清动作要领，强化训练，促使学员熟练掌握技能。

3）已建立的动作定势不反复练习，动作定势有可能消退，出现学员技能倒退的现象。此外，驾驶培训采取学时制的方法，虽然使得驾驶训练变得灵活，如果训练时间安排不合理，学员掌握的动作没得到巩固，可能出现前一次掌握的动作，下一次训练时又忘记的现象。对此，教练员应当制定合理的训练计划，保证学员训练的连续性，并强调学员课后的自我练习。

3　学员紧张状态和多余动作逐渐消失

学员在掌握基本动作阶段，表现出紧张，并且出现多余动作。这主要是因为学员在开始阶段对汽车驾驶没有理性的认识，对新知识往往表现出新奇而又畏惧的心理。随着系统的理论培训和实操训练，学员的动作逐渐形成定势，并通过感知觉控制能自动完成，因而错误和多余动作逐渐减少。同时，学员控制安全驾驶的能力逐渐增强，对驾驶越来越有信心，因而紧张情绪得到缓解。

让学员带着自信练车

4　视觉控制作用减弱，感知觉控制作用增强

驾驶训练的初期，学员通过视觉观察教练员的示范动作，记住动作的顺序和轨迹，形成动作的视觉记忆，并借助视觉来指导操作。此时，学员肌肉运动感知能力较差，出现抓不到变速器操纵杆，找不准挡位等情况。随着系统的训练逐步深入，学员肌肉运动感知能力逐渐加强，形成有关动作的习惯性和连贯性，并替代视觉来指导操作，最后达到“放松自如”的操作。

从“紧张、机械”到“放松、自如”

五、学员心智技能的培养

学员是否具有良好的安全意识和驾驶技能，能否安全地驾驶车辆，不仅取决于学员良好的驾驶操作技能，还有赖于对学员良好的心理素质，即情绪控制、观察、分析、判断和处理交通情况等能力的培养。

1 培养学员的情绪控制力

情绪是人们对客观事物所持态度的外在表现，对安全行车有很大的影响。与安全行车有关的不良情绪通常表现为恐惧、紧张、急躁、骄傲自满和犹豫不决等。

1）克服恐惧、紧张的情绪。在训练的初期或紧急情况下，学员会出现恐惧和紧张的心理，它不仅是造成事故的重要原因，而且是驾驶技能形成和发展的严重障碍。因此，在训练初期，教练员对学员要求不能过高，可适当放慢训练的进度以缓解紧张情绪，并让学员在成功中树立自信，克服恐惧心理。如：教练员不能因学员操作错误而加以指责，而要对学员耐心辅导，训练中使用“慢慢来、不要紧”、“没关系、再来一次”等文明用语，努力营造宽松和谐的学习氛围，缓解学员紧张情绪和畏难的心理。

2）克服犹豫不决的情绪。学员遇到新情况时会不知所措，表现出犹豫不决，尤其是性格内向的学员。例如，在驾驶训练过程中，有些学员在条件允许的情况下，会出现想超车而又不敢超车的情况。教练员可先要求学员操作要规范，并在此基础上引导学员加强复杂交通情况下的训练，提高准确观察和判断交通情况的能力，鼓励学员大胆操作，积累安全行车的经验。

3）克服骄傲自满的情绪。有些学员进步比别人快，往往内心会产生骄傲自满的情绪，觉得自己的驾驶技能掌握得很好了。此时，学员很难发现自己存在的问题，也听不进别人的批评和意见，这种情况会造成学员训练成绩出现停顿。教练员对于这种类型的学员，可以加大训练的难度，要求其发挥在群体中的示范作用，少给予表扬，对所犯的错误可以适当给予严厉的批评。

4）克服急躁情绪。有些学员因屡学不会而产生急躁情绪，反而出现操作失误越来越多的现象。教练员可以在学员每次完成动作后，通过语言沟通等方式让学员放松，并帮助学员分析错误的原因，加强学员对动作的认识，或者停止当时的训练科目，选择其他难度低一些的科目进行训练，转移学员的注意力，在学员的情绪得到放松之后，再找机会帮助分析原因，寻求解决的办法。

2 培养学员坚强的意志

意志是指自觉地确定目的，支配行动，克服困难的心理过程。驾驶员在长时间单调的驾驶训练中，往往会处于注意力分散或疲劳等不安全的状态。驾驶员如果没有坚强的意志，克服生理和心理上的各种障碍，很难保持良好的安全行车状态。因此，教练员有必要在训练中加强对学员意志品质的培养。

教练员在培养学员坚强意志的同时，应当遵守以下几方面的原则：

1）使学员明确学习训练目标。学员有了明确的训练目标，会增强训练的自觉性，会主动积极地创造条件去实现目标。

2）训练遵循先简单后复杂的原则，让学员在成功中树立战胜困难的自信心。

3）针对不同类型的学员，采取相应的教学措施。

3 培养学员的注意力和观察力

注意力是人的心理活动对一定事物的指向和集中。驾驶员的注意力，是指驾驶员在训练中，心理活动有选择地指向和集中于一定的道路交通信息上，直接影响驾驶技能和安全行车。例如道路平坦、路面情况简单、心绪烦乱、过度紧张和思维不敏捷等均会影响学员的注意力。教练员可从以下几方面入手，培养学员良好的注意力：

1）引导学员扩大注意的范围。注意范围是指驾驶员同一时间内感知对象的数量。丰富的驾驶知识和经验，善于对各种信息的特征进行分析，是扩大注意范围的基础。相对男性学员或外向性格的学员来说，女性学员或内向性格的学员往往更易于集中注意力，但是注意的范围可能会相对小些。教练员可以有意识地引导女性学员和内向性格的学员拓宽视野，把握全局，从而扩大自身的注意范围。

2）培养学员正确观察的能力。学员在初学驾驶时，观察能力很差，随着训练的进行，将会逐渐增强。比较典型的观察错误表现为：学员长期观察交通情况的次要细节，而不注意观察影响安全驾驶的危险目标。教练员首先可以通过理论讲解行车过程中需要观察的内容，例如，道路的条件、路面其他车辆或行人的状况、道路两旁的标志等，分析交通情况的危险程度，如何应对，并在实际训练中，引导学员主动运用理论知识去指导观察和分析，形成预见性驾驶的习惯。

3）培养学员注意力集中的习惯。注意力集中是指驾驶员把全部精力集中到驾驶活动中，对其他事物的干扰有抵抗能力。男性学员、年轻学员或外向性格的学员喜欢新事物，情绪化比较严重，在驾驶过程中，难以长时间集中注意力。在每次训练的过程中，学员一进入驾驶室，教练员就应要求学员抛开一切与训练无关的事情。当感觉学员注意力不集中时，教练员可以适当提醒学员把注意力转移到驾驶训练中。

4）培养学员分配注意力的能力。注意力分配是指学员在同一时间内，把注意力分配到两个或两个以上的目标上。如果不善于分配注意力，往往容易顾此失彼，尤其在复杂的交通情况下，易于发生事故。熟练的操作是分配注意力的基础，因此，教练员要加强学员的基本动作和动作协调性训练，提高学员动作的熟练程度，从而可以促使学员把注意力集中于应付道路交通状况上。

5）提高学员注意力转移的速度。注意力转移是指有目的、及时地把注意力从一个对象转移到另一个对象，同时控制操纵动作的相应转换。注意力过于集中或过于紧张，往往会加大转移的难度，因此，教练员可以为学员营造一个宽松、和谐的驾驶环境。女性学员或年龄较大的学员，注意力转移的能力相对较差，教练员对于这类学员，可以适当加强训练。

4 培养学员的感知能力

1）对车体的感知能力，是指驾驶员对所驾车辆的空间外形特征，如车辆的长、宽、高、离地间隙、前后轮距、轴距和轮胎位置等，有非常准确的把握。只有具备这种感知能力，才能保证车辆行驶时，与外部障碍物、交会车辆保持适当的横向安全间距，才能准确地控制车辆位置，正确选择安全通过的空间，达到安全行车的目的。

教练员可以首先在静态训练项目中培养学员对车辆的空间外形做到心中有数，然后结合场地驾驶训练和实际道路训练的特定项目训练。例如，在“停车入位”、“窄路驾驶”等项目训练时，先低速后中、高速，帮助学员逐步形成精确的车感。

选择正确的交会位置

2）对车速的感知能力，是指驾驶员能判断所驾车辆和其他车辆的行驶速度的能力。正确感知车速，是选择合适的挡位、掌握会车和超车的时机与地点的基础。遇到险情时，根据车速感来预测安全距离，并采取相应的应急措施，以避免事故的发生。

教练员在驾驶训练的过程中，让学员通过观察车速表来控制好车速，然后体验在不同条件下各种车速的视觉、听觉感受，适当选取观察目标，体会目标物往后移动的速度。可让学员先根据自身视觉、听觉来判断车速，然后观察车速表的时速，找出误差的原因，反复练习。引导学员运用已有的车速感，对迎面来车等运动物体的速度进行判断，预测交会地点，并反复练习。

利用车速表培养车速感

3）对道路的感知能力，是指驾驶员驾车在各种道路上行驶时，道路情况对安全行车影响的感知能力，如前方道路的宽度能否保证两车的安全交会，涵洞、隧道的净高度能否保证车辆通过，坡顶后面的道路情况将会怎样等。驾驶员除了要注意观察道路两侧外，还要善于分析道路上其他车辆留下的痕迹特征，借以判断道路的情况。

教练员可以先让学员学习一些与道路有关的知识，例如行车过程中道路线形的变化、不同路面的附着能力等，并结合实际驾驶训练，在具有代表性的路段、路面上停车，仔细观察道路的特征、路面轮胎碾压痕迹与道路路面的变形情况等，讲解各种情况下的驾驶技巧。

4）对车辆控制的感知能力，是指驾驶员在驾驶车辆过程中，手和脚不断变换操纵车辆时，对身体肌肉活动的感知能力。如手转动转向盘的快慢和幅度，脚踩踏制动踏板力量的轻重缓急等。这种感知能力有助于驾驶员正确地控制车速、行驶方向和车体的位置，尤其是在紧急情况下，实现操作动作的准确、自动化。

教练员在训练初期的静态训练过程中，可以让学员反复练习基本操作动作，掌握动作的细节、规律和动作之间的协调性，体验肌肉知觉感受；在训练后期的实际驾驶训练过程中，引导学员利用肌肉感知觉指挥操作，检验感知觉指挥操作的正确程度。

5）对危险的感知能力，是指驾驶员对于周边交通环境的主观判断，正确判断所存危险的能力，尤其是对潜在危险的正确判断。例如，感知路边临时停靠的车辆的潜在危险。

及时感知危险

学员对危险的感知能力与交通复杂程度、学员的安全意识、观察能力、注意力集中程度、车体感知能力、车速感知能力、道路感知能力、预见性驾驶知识和驾驶经验等有关。在理论教学中，学员具备了基本的驾驶知识后，教练员即可讲解道路通行的规定、各种交通参与者的交通特性等，并利用多媒体教学手段，直观地介绍不同交通情况下可能出现的险情，提高学员的预见性驾驶能力。

在实际操作训练中，教练员应首先培养学员的车体感知能力、车速感知能力和道路感知能力等，并结合跟车行驶、会车、超车、各种道路条件下的实际安全驾驶训练项目，以及通过模拟器进行的恶劣天气条件下的训练项目，逐渐培养学员对危险的感知能力。此外，教练员应当让学员树立良好的安全驾驶意识、文明驾驶和礼让行车的意识。

6）应急反应能力，是指驾驶员对紧急情况的处理能力。行车过程中，紧急、突发事件比较多，需要驾驶员迅速做出决策，例如前方停止车辆前面突然出现小孩横穿马路、在高速公路行驶过程中轮胎突然爆裂等。如果驾驶员缺乏处理紧急情况的知识和经验，不知如何应付，往往表现出紧张、不知所措或误操作，导致交通事故的发生。因此，教学过程中有必要对学员进行这方面的训练。

对于初学驾驶的学员来说，由于没有驾驶经验，实际的应急反应训练往往比较危险，教练员可在学员已经掌握了一定的安全驾驶能力后，在理论课上向学员介绍各种可能的紧急情况，说明基本的应急措施和预防措施。条件允许的情况下，采用驾驶模拟器进行应急驾驶训练。

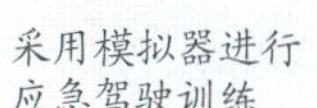
采用模拟器进行应急驾驶训练

第三节　常用教学方法

教练员在理论教学和实际操作训练中，恰当地选择教学方法，可以有效提高教学效果和教学质量。因此，教练员在教学中应随时根据教学项目、教学内容、教学目标、学员特点和教学条件等因素灵活地、创造性地选择和使用教学方法，并通过观察、了解教学效果和学员的反应，对教学方法进行不断的调整，以达到教学效果的最优化。

一、讲授教学法

讲授教学法是指教练员用讲解、述说等形式向学员系统地传授知识的教学方法，属于教练员和学员之间“传授—接受”式的教学方法。运用讲授教学方法，教练员可以通过合乎逻辑的分析、生动形象的描述、启发诱导式的设置疑问，使学员在短时间内获得较全面、系统的知识。

课堂讲解

1　讲授教学法的方式

讲授教学法主要有讲解、述说两种方式：

讲解是指教练员针对某个主题，向学员作解释。在讲解过程中，教练员要注意表述力求条理清晰，语言的表达应使学员能够听懂，并且能够接受。此外，教练员在讲解之前，应说明他所讲解内容的教学目的。例如“道路交通安全法”的意义、“节能驾驶方式”的意义等。

述说是指教练员讲述亲身经历、见闻或现实生活中发生的事情。在讲述过程中，学员的大脑会对所讲的事情产生身临其境的情景，使他们产生也曾经有过类似经历的联想，并将这个主题铭记在心。教练员在讲述前应先告诉学员他准备讲故事。此外，讲述的目的必须明确，最好设计一个悬念，一般在故事的结尾揭开这个悬念。例如：与自己熟识的驾驶员的经历；某次轮胎爆裂时的驾驶经历等。

2 讲授教学法的特点

讲授教学法在教学活动中是最为重要的教学方式之一，主要有如下特点：

1）教学效率高。教练员能够在短时间内，直接、系统地传授驾驶教学中的专题知识和技术原理，为后续实际操作训练打下基础。

2）教学的主动性强。教练员比较容易控制教学内容和教学时间，有利于教练员充分发挥教学的主动性。

3）具有较强的适应性和灵活性。教练员能够根据学员的反应，及时调整授课进度，吸引学员的注意力。

这种方法的实施效果，很大程度上取决于教练员个人的语言表达能力，不同的教练员实施此方法时，效果会有很大的差异。在教学过程中，如果教练员把握不当，容易造成学员在教学过程中处于被动思维和被动学习的状态，影响学员学习的积极性和主动性。

3 讲授教学法的应用

讲授教学法的应用相当广泛，可以应用于理论教学的各个教学项目，特别是对于内在逻辑性强或需要做总体概况介绍、关联分析和说明的教学内容，采用讲授教学方法进行教学非常有效。如在介绍道路交通安全法律、法规制定背景和法律体系的框架结构时，宜采用讲授教学方法。

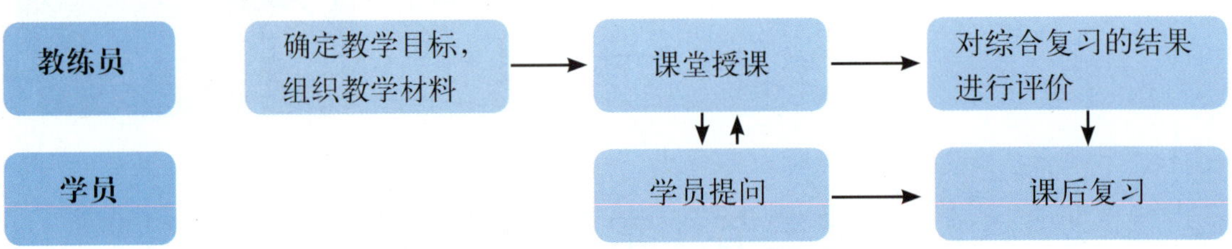

讲授教学法应用时的注意事项：

1）让学员对教学项目形成基本的认识，在学习过程中做到心中有数。此外，教练员要善于激发学员对教学项目的兴趣，引导学员产生学习的内在动力。

2）教练员要熟练掌握教学大纲和教材中的教学重点、难点，熟知学员必须掌握的基础知识和教材的重点内容，熟知学员难以理解和掌握的知识、内容。

3）教练员应当在讲课前应认真备课；在讲授时，要抓住教学重点和难点，突出主题，语言流畅、生动有趣，条理清楚，层次分明，具有启发性；要善于激发学员的学习兴趣，增强学习的主动性。适当运用直观的教学手段，如多媒体课件教学，可以使教学内容深入浅出，便于学员理解。

二、演示教学法

演示教学法是指教练员在教学过程中通过展示实物、直观教具、录像或多媒体动画等，使学员获得知识、巩固知识的方法。

1 演示教学法的特点

1）直观。教练员在教学过程中通过展示实物、直观教具、录像或多媒体动画等，能够将抽象的教学内容具体化。

2）易懂。通过演示教学，学员对教学内容有了感性认识，就更容易理解和牢固地掌握原理、规律等理论知识。

演示教学方法有助于培养学员的观察能力和思维能力，激发学员学习的兴趣，调动学员学习的积极性。

2　演示教学法的应用

演示教学法是以直观感知为主的教学方法，适合运用于抽象内容的教学。例如，驾驶培训教学大纲中第一阶段的“车辆结构常识”、“车辆性能”，教练员可以采用直观教学模型或多媒体动画来教学；第三阶段的“文明礼让”，可以采用教学磁板设置各种场景来完成。

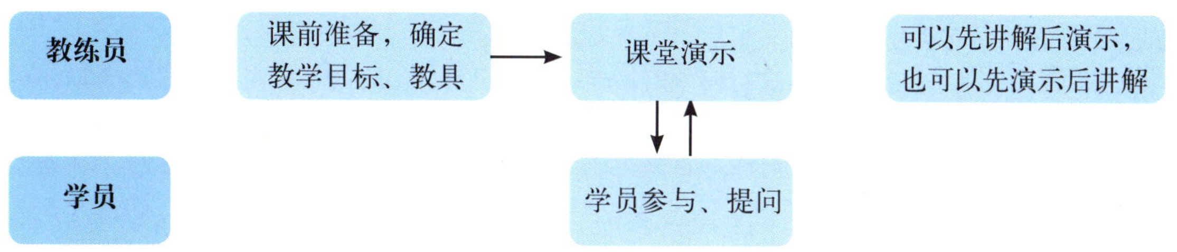

演示教学法应用时的注意事项：

1）教练员应当根据教学内容和教学目的选取合适的演示工具，并在课前预演一次。

2）教练员在演示过程中，应尽量让学员都能看清楚演示过程。

3）每次演示的时间不宜过长，否则容易造成学员的注意力不集中。

4）如果演示本身不带解说，教练员应当配合演示进行讲解。

5）在演示的过程中，教练员要提出明确的观察要求，让学员带着问题观察，引导学员把注意力集中于演示内容的主要方面。

三、自学辅导教学法

自学辅导教学法是指学员在教练员的指导和帮助下，自学教材、参考资料，以获得知识和提高技能，养成自学习惯，并总结提高能力的方法。

1　自学辅导教学法的特点

1）自学辅导教学方法有助于培养和提高学员的自学能力。这种方法可以有效地调动学员学习的主动性和积极性，使学员养成良好的自学习惯，并具备一定的自学能力。

2）需要有系统的学习内容。运用自学辅导教学法，需要教练员对教学内容和科目预先进行分析、整合，让学员有明确的自学方向，以便学员能更好地进行自学。

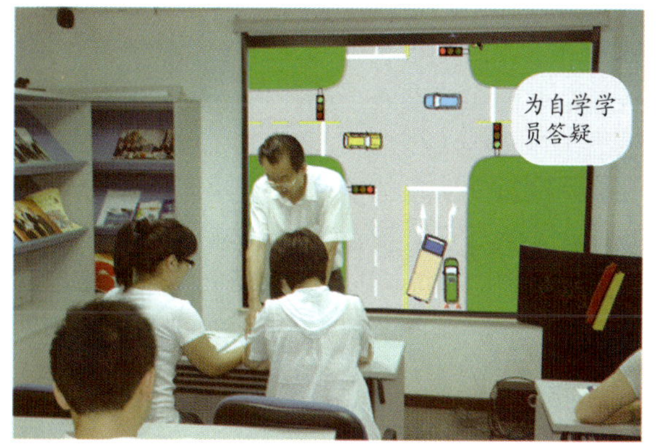

2　自学辅导教学法的应用

自学辅导教学法主要用于教学大纲要求掌握，但是教练员在教学过程中不能一一点到的教学内容，例如，教学大纲第一阶段中的“法律、法规及道路交通信号”、“车辆性能”。教练员给学员讲解基本的框架和重点内容之后，可让学员自己学习具体的条款。

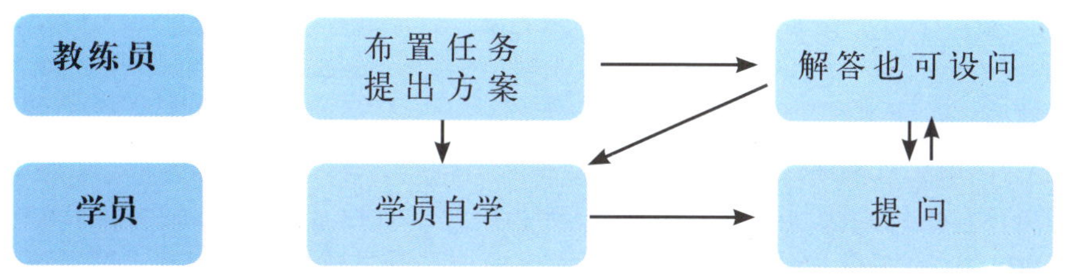

自学辅导教学法应用时的注意事项：

1）自学辅导教学法从实施上来说，关键是在学员自学内容的选取上要有一定的系统性和针对性。因此，教练员在使用这种方法时不能抱着图一时方便的心态，或将其作为教练员不能亲自教学时的替代方法。

2）教练员不仅要考虑到教学内容的难易程度和教学目的的指向，还要考虑到学员现有的知识结构和学习能力。教练员必须对教学大纲和教材有一个全面和系统的把握，对于适合使用自学辅导法的部分，预先要有清楚的认识。

3）教练员对学员自学的内容进行有效的指导，要求学员自学的内容应当围绕驾驶培训的教学目标和培养目标，有助于促进学员驾驶技能的提高。

4）教练员应当注意策略，要有耐心，采用适当的教学技巧增强学员学习的自觉性，调动学员积极性，满足他们的求知欲。

四、讨论教学法

讨论教学法是在教练员的指导下，学员分成若干组，围绕教学内容的某个问题，通过积极介入学习中的讨论和辩论活动，从而掌握和巩固知识的教学法。这种方法的关键在于学员之间、学员和教练员之间以交互的方式，通过共同讨论来解决驾驶学习问题或建立观念，从而获得新知。

运用讨论教学法开展教学活动，并不是一种“省事”的方法，相反，这种教学方法要求教练员进行精心准备，并且能够很好地引导和控制讨论过程，达到教学目的。

1 讨论教学法的特点

1）有助于学员思考。能够使学员积极参与到对所学知识的思考、讨论中，既可以在互动中共同学习、相互启发、集思广益、取长补短，又可以在合作中培养团队精神、协作意识和沟通能力。

2）针对性强。讨论教学法对所学知识的针对性很强，能够使学员对所学知识产生浓厚兴趣，并激发学员在学习中的灵感，培养创新思维。

师生共同探讨

讨论教学法往往要求学员具备足够的背景知识，其学习效果与学员的水平密切相关；因此，最好与其他教学方法结合使用。这种方法的教学效果尤其强调教练员的精心准备和对讨论主题的引导控制，否则容易发生离题、讨论面过宽或学员钻牛角尖的情况，造成时间的浪费，达不到预期的教学效果。

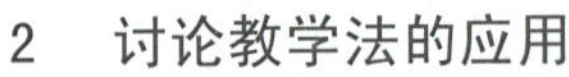

2 讨论教学法的应用

讨论教学法往往用在学员已经具备一些感性知识的理论教学和实操教学中。如：在驾驶培训的第一阶段“法律、法规及道路交通信号”，以及第三阶段“文明礼让”的教学，都可以采用讨论教学方法。

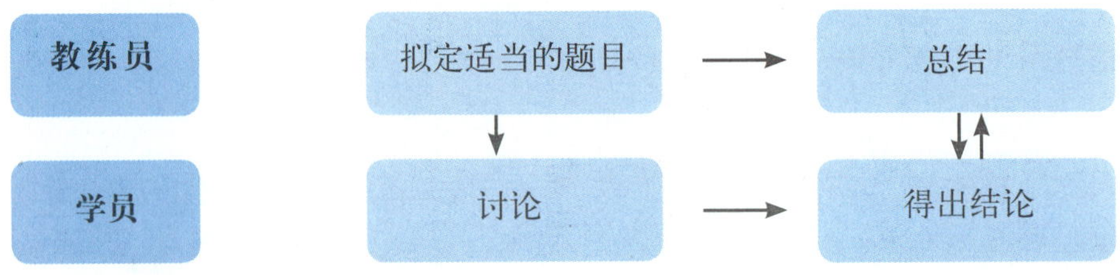

讨论教学法使用注意事项：

1）教练员在选择讨论课题时，要根据教材内容、教学目的、学员年龄特征和知识水平，精心拟定富有启发性的讨论题目。讨论题目的主要内容应该是学员感兴趣的问题，题目要切实可行。

2）在实施讨论的过程中，教练员必须加强组织和指导，通过适当地“诱”和“导”，保证讨论始终围绕中心议题，朝着预定的方向发展。

3）在合理诱导的前提下，鼓励学员进行创造性思维，提出独创性建议。

4）在总结阶段，教练员要对讨论的中心问题进行概括和总结，并对学员的不同观点给予明确答复，要针对讨论题目表明自己的观点，并做出正确的结论。

五、示范教学法

示范教学法是按照学员操作技能的形成规律，遵循由易到难、由简到繁、循序渐进的原则，通过对训练科目动作的分析，将其分解为若干相互衔接的简单基本动作，向学员进行讲解、示范；让学员在熟练掌握这些基本动作的基础上，进行协调训练而形成连贯动作，最后熟练掌握动作，并形成动作定势的教学方法。

1 示范教学法的特点

1）培养学员的感性认识。教练员通过自己的讲解和示范，使学员对动作获得感性的认识。

2）便于理解和模仿。示范教学法强调学员的观察能力和领悟能力。在实施过程中，教练员先给学员示范动作，学员在旁边观察、理解并加以模仿，通过反复练习掌握该动作。

2 示范教学法的应用

示范教学法是教练员在实操教学中常用的方法之一，尤其是在学员学习基本动作阶段，如教学大纲第二阶段的“操纵装置的操作”和“场地驾驶”等。

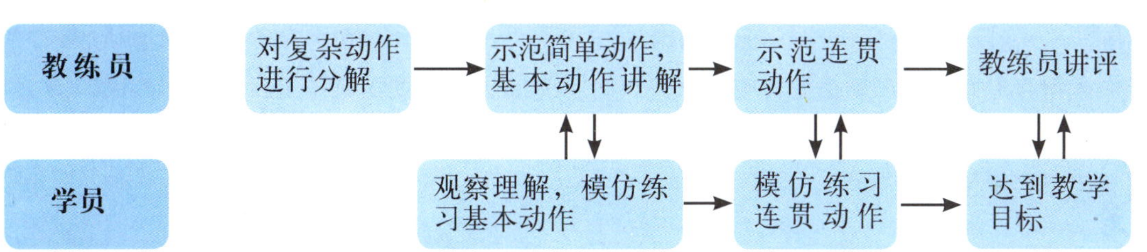

示范教学法应用时的注意事项：

1）教练员对训练科目的动作本身要有深刻的认识，具备分解动作的能力。

2）教练员在进行动作示范前，先对动作进行简单的讲解，在学员练习过程中，要及时指导。

3）教练员应当正确无误和清楚地进行示范，也可以适当夸张地示范某个动作过程，便于学员看清来龙去脉。

4）教练员进行示范教学时，学员动作训练的进度和难度要考虑学员的心理特点和掌握程度。

六、模拟教学法

模拟教学法是利用某种教学手段创造一种情境，让学员在这种情境下反复练习，进而获得驾驶知识和驾驶技能的方法。模拟教学法包括模拟设备教学和模拟情境教学。

模拟设备教学以硬件模拟设备或多媒体动画模拟软件作为教学的支撑，如采用驾驶模拟器进行冰雪天、雨天等特殊天气下的驾驶模拟训练。

模拟情境教学是根据教学内容，模拟某一活动，如模拟事故现场，让学员掌握现场急救知识。

1 模拟教学法的特点

1）教学过程安全。模拟设备教学可避免学员因操作失误而产生不安全的后果，学员一旦失误可重新再进行操作。

2）采用情景教学。模拟情境教学使学员获得感性认识，并在一定程度上形成经验，能帮助学员更牢固地掌握知识。

3）理论紧密联系实际。模拟教学法是一种以教学手段和教学环境为目标导向的行为引导型教学模式。学员通过模拟角色、模拟操作程序等，达到理论与实际操作的统一。

2 模拟教学法的应用

模拟教学法是在教练员的指导下，让学员在接触和感受近似于真实驾驶环境和条件中进行操作的教学方法。例如，使用驾驶模拟器、多媒体动画模拟软件，向学员提供模拟训练情境的方式来提高学员的技能，常用于实际操作训练，某些理论课教学也可以适当采用。模拟教学法可用于学员的基本动作训练、恶劣条件下的驾驶等教学项目。例如，教学大纲第二阶段实际操作部分的“操纵装置的操作”。

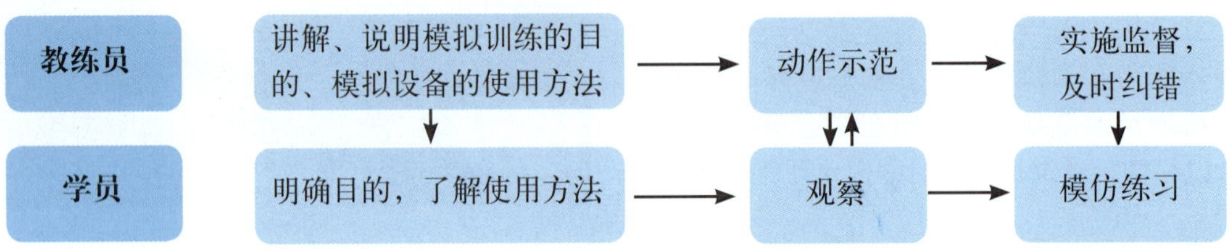

模拟教学法应用时的注意事项：

进行模拟教学的前提条件是具备符合教学要求的模拟设施或模拟场景。在开展模拟训练的过程中，教练员应当对学员的训练进行监督，发现错误及时纠正；对学员的训练效果进行评价，及时调整训练。虽然模拟设备教学过程中学员训练失误不会产生不良的后果，但是教练员要培养学员良好的安全意识，引导学员在训练过程中形成严肃、认真的训练态度，避免不良习惯的养成。

七、练习教学法

练习教学法是在教练员的指导下，为了巩固知识、形成驾驶技能而进行反复训练的教学方法。学员通过不断的、独立的训练，运用已具备的知识解决有关问题，掌握驾驶技能并养成良好习惯。

1 练习教学法的特点

动作练习是学员牢固掌握操作技能的基本途径。学员通过不断的练习，许多动作经由感官肌肉经常性的活动反应与认知观念的配合，能够形成习惯性动作，进而转化成熟练的驾驶技能，并运用自如。

指导并监督学员练习

2 练习教学法的应用

学员良好的实际操作技能需要通过大量的练习才能达到，因此，练习教学法可用于教学大纲中实际操作训练的各个教学项目。例如，制动操作、停车入位等的训练，学员通过反复练习，养成习惯动作。

教练员：引起学员学习的动机 → 简练讲解动作示范 → 教学监督及时纠错 → 对训练结果进行讲评

学员：观察理解 → 模仿反复练习 → 达到教学目的

练习教学法应用时的注意事项：

1）教练员要使学员明确练习的目的和要求，掌握与练习相关的基本知识。在练习过程中，要实时监督并加以适当指导，发现学员出现错误时，要及时纠正。

2）教练员要指导学员系统地练习，要循序渐进，先求动作的准确，再求动作的迅速；每次练习的时间不宜过长，次数不宜过多。

3）练习教学法需要重复性的记忆或者操作，学员容易对学习过程感到枯燥乏味，因此，教练员组织练习要顾及个体的差异，因材施教。

4）每次练习完成之后，教练员应当及时对练习效果做出评价，使学员了解训练的结果。

八、训练与复习教学法

训练与复习教学法是通过综合训练，让学员综合运用和检验所学的知识和技能，尽可能地使学员的技能掌握程度达到培训要求的教学方法。

1 训练与复习教学法的特点

1）训练与复习教学法是对学员训练效果的一种阶段性总结。学员训练完成一个阶段后，教练员应当及时对学员进行考核，以便了解学员上一个阶段的训练效果，确定能否转入下一个阶段的训练，或者在下一个阶段的训练中还需要进行哪些有针对性的训练；教练员在训练过程中，对自己的教学还需要做哪些改进，从而实现教学阶段的协调性与持续性。

复习转弯驾驶

2）提高训练的针对性。学员通过阶段性的综合训练，可以认识到自己存在的不足，以便在后续阶段提高训练的针对性，做到有的放矢。

3）巩固所学的知识。学员通过阶段性的综合训练、复习已经学过的科目，巩固所掌握的知识并在大脑中形成深刻记忆，将学过的东西长期储存到大脑中并由此将机械动作转变成下意识的动作。

2 训练与复习教学法的应用

教学大纲把学员的驾驶培训分为三个阶段，并在每个阶段规定了一定学时的综合复习及考核。教练员可以根据教学大纲的安排，在每个阶段结束或者更为灵活地在每个训练科目结束时，结合先进的教学手段，采用训练与复习教学法。例如，教练员采用教学磁板或多媒体动画模拟软件考核学员对“文明礼让”知识的掌握程度。

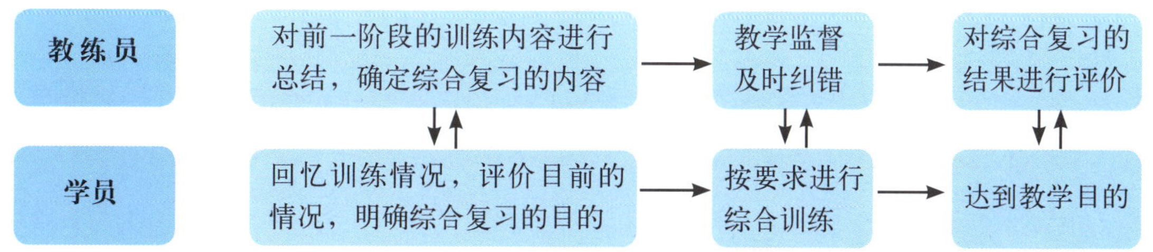

1
2
3
4
5
6
7

训练与复习教学法应用时的注意事项：

1）教练员选择综合复习的时间要适当。

2）每次综合复习完成之后，要进行分析，以便在下一阶段中能有针对性地进行训练。

3）综合复习的内容要与学员培训的目的和要求相吻合。

九、如何选择教学方法

1　根据驾驶培训教学项目的特点进行选择

驾驶培训的教学目的和教学任务要通过具体内容和教学项目的教学得以完成，教学方法要满足具体训练项目内容的需要。例如，理论教学适宜选用讲授、演示和自学辅导的方法，而实操训练需要通过实际动作训练才能达到目的。

教练员应根据各阶段目标组织实施教学，并结合整体目标，正确地把握所承担的具体教学项目以及每个课时所要达到的教学目标和教学任务，科学地选择教学方法。

2　根据学员的学习特点进行选择

学员知识、智商、生理和心理等诸方面的差异，影响其对知识的学习能力，例如，有的学员动作掌握得快，而有的学员动作掌握得慢。教练员应当以人为本，在了解学员的生理和心理特点、学习的自觉性和学习态度、对各种教学方法的接受程度等基础上，选择合适的教学方法。如果学员学习能力强，学习进步快，可以多采用讲授、自学辅导、练习等方法；如果学员学习基础较差，学习进步慢，则可以多采用演示、示范等更为直观的方法。

3　根据教练员自身的条件进行选择

选择教学方法要符合教练员自身的特点，包括教练员对教学方法及其运用范围的了解程度、运用教学方法的能力、教学风格和习惯等。教练员要注意扬长避短，选择自己擅长的教学方法。例如，口头表达能力强的教练员，运用讲授教学法效果较好；擅长操作教学的教练员，运用演示教学法、模拟教学法等教学效果较好。

4　根据教学项目的时间安排及教学设备等条件进行选择

各种教学方法实施的步骤不同，要求的教学时间会有差异。教学条件的不同，也会对教学方法的选择有限制作用。因此，一方面，应当根据《机动车驾驶培训机构资格条件》(JT/T 433)的要求，选购教学设备，为教练员组织教学创造好的条件；另一方面，教练员应当根据教学大纲以及教学安排，科学选择教学方法，并在限定的时间内完成教学任务。

第六章

规范化教学

规范化教学是教练员在教学过程中必须遵守的、具有职业特点的、固定形式的教学方法，是以培养教学能力为目标，以规范教学行为为依托，形成既有综合性、通用性，又有实用性、针对性，有助于全面提高培训质量和经济效益的方法体系。

第一节　机动车驾驶员培训教学大纲

为了加强机动车驾驶培训与考试管理工作，规范驾驶培训机构教学行为，提高驾驶培训质量，根据《中华人民共和国道路交通安全法》及实施条例、《中华人民共和国道路运输条例》、《机动车驾驶员培训管理规定》、《机动车驾驶证申领和使用规定》等有关规定，2012年12月交通运输部和公安部联合制定了《机动车驾驶培训教学与考试大纲》（以下简称《教学与考试大纲》），此《教学与考试大纲》自2013年1月1日起正式实施。

《教学与考试大纲》包括：机动车驾驶培训教学大纲、机动车驾驶人考试大纲和驾驶培训教学日志。普通机动车驾驶员培训教学要参照此大纲进行。

对于从事道路客货运输的驾驶员还要参加道路客货运输驾驶员从业资格的培训与考试，为此交通运输部于2012年12月发布了《道路旅客运输驾驶员从业资格培训教学大纲》和《道路货物运输驾驶员从业资格培训教学大纲》。道路客货运输驾驶员从业资格培训教学要参照此大纲进行。

《教学与考试大纲》在充分借鉴美国、德国、日本、英国等发达国家先进经验的基础上，紧密结合我国机动车驾驶员培训工作的实际情况，以“安全第一，珍爱生命”为准则，注重培养驾驶员树立安全意识、规范驾驶和文明行车；以“普及安全知识，提高驾驶员素质”为目标，注重培训内容的实际、实用和实效；以“科技创新”为动力，注重改革培训方法，节约资源，提高培训效率；以“案例和情景教学”为手段，建立印象思维模式，提高培训效果，着力推进机动车驾驶员的素质教育。

在培训过程中，要通过理论教学与实际操作教学相结合，对学员实施素质教育，提高学员在实际操作中的应急处置能力和独立驾驶能力，告诫学员本着对自己和他人生命的尊重和珍爱的原则，树立生命无价的理念，承担起保护生命的社会责任，督促学员牢记“集中注意力”、“仔细观察”和“提前预防”的三条谨慎驾驶的黄金原则，从入门开始，一点一滴做起，在一生中都以安全为最高准则，文明行车，平安出行。

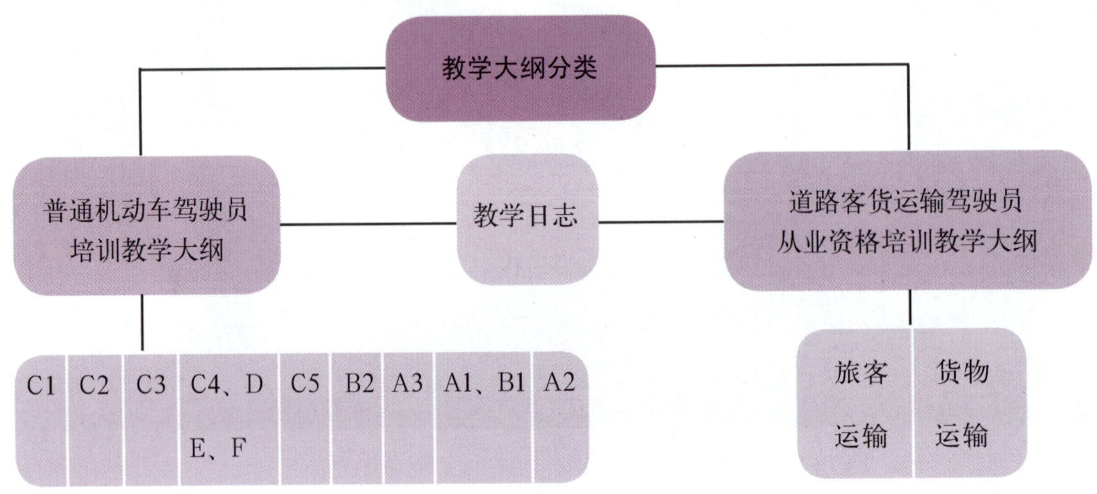

教学大纲的准驾车型分类

一、普通机动车驾驶员培训教学大纲

普通机动车驾驶员培训教学大纲将客车、货车、小型车、摩托车等十三个准驾车型分为九个类别（C1、C2、C3、C4 D E F、C5、B2、A3、A1 B1、A2）。M、N、P三种准驾车型的培训教学大纲，由各省级交通运输主管部门根据需要和地方特点自行制定。

1 特点

1）分阶段教学、分阶段把关。根据计时制的要求和驾驶培训阶段性的特点，《教学与考试大纲》实行了“分阶段教学、分阶段把关”的培训模式，将培训过程分为三个阶段，明确提出了各阶段的教学内容和教学目标，并在每个阶段的最后增加了“综合考核”项目，以保证培训的效果。三个阶段之间相互联系，构成了一个完整的教学体系。《教学与考试大纲》使整个教学符合素质教育要求的同时，还能够完全满足考试的需要。

三个阶段的教学内容

阶段	基 本 内 容	与考试的关系
1	道路通行、交通信号、交通安全违法行为和交通事故处理、机动车驾驶证申领和使用、机动车登记等规定以及其他道路交通安全法律、法规和规章	本阶段学习结束后，可参加科目一考试
2	场内道路实际驾驶操作的基本环节和操作要求	本阶段学习结束后，可参加科目二考试
3	道路驾驶技能：实际道路的安全驾驶方法和操作要求 安全文明驾驶常识：安全文明驾驶操作要求、恶劣气象和复杂道路条件下的安全驾驶知识、爆胎等紧急情况下的临危处置方法以及发生交通事故后的处置知识等	本阶段学习结束后，可以参加科目三道路驾驶技能考试，道路驾驶技能考试合格后，方准参加安全文明驾驶常识考试

2）实施目标化教学，在教学内容和课时安排上体现教学的重点和难点。每个阶段都有阶段目标，阶段目标中确定了本阶段教学的重点和难点。每一个教学项目所对应的教学内容均有明确的教学目标和学时安排，学时安排上适当增加了教学重点和难点部分的学时。

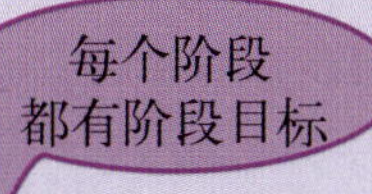

第二阶段 （科目二）场内驾驶

阶段目标：掌握基础的驾驶操作要领，具备对车辆控制的基本能力；熟练掌握场地和场内道路驾驶的基本方法，具备合理使用车辆操纵机件、正确控制车辆运动空间位置的能力，能够准确地控制车辆的行驶位置、速度和路线。

规定具体内容　每个项目的目标　规定具体学时

教学大纲

理论知识

教学项目	教学内容	教学目标	学时安排								
			C1	C2	C3	C4 D E F	C5	B2	A3	A1 B1	A2
			2	2	2	2	2	2	2	2	2
1.基础驾驶	基础驾驶操作规范	掌握基础驾驶操作的要求、作用	1	1	1	1	1	1	1	1	1
2.场地驾驶	场地驾驶知识	熟知速度控制、转向控制、空间位置控制对安全行车的影响	1	1	1	1	1	1	1	1	1

实际操作

教学项目	教学内容	教学目标	学时安排								
			C1	C2	C3	C4 D E F	C5	B2	A3	A1 B1	A2
			2	2	2	2	2	2	2	2	2
1.基础驾驶	驾驶姿势	掌握正确的驾驶姿势要领	2	2	1	0.5	2	2	2	2	1
	操纵装置的操作	掌握转向盘、变速器操纵杆、驻车制动装置、行车制动装置、加速操纵装置的安全操作方法； 掌握照明和信号及其他操纵装置的操作方法	2	2	1	0.5	2	2	2	2	1
		掌握离合器踏板的安全操作方法		*			*				
		掌握转向盘、制动和加速迁延控制手柄的正确操作方法； 掌握制动和加速迁延控制踏板的正确操作方法； 掌握照明和信号装置及其他操纵装置的正确操作方法	*	*	*	*	1	*	*	*	*

3）注重理论教学，以理论指导实际操作。《教学与考试大纲》在第二、三阶段中，按照阶段教学目标的要求，增加了相应的驾驶理论知识的教学内容，并放在了实际操作训练之前，强调理论知识的重要性及其对实际操作训练的指导作用。将驾驶理论知识和实际操作技能的培训紧密地结合在一起，以便学员能够掌握并运用理论知识来指导实际驾驶操作，提高驾驶能力。

4）增加实用性驾驶知识和技能的培训内容。为满足生活中实际驾驶的需要，《教学与考试大纲》增加了大量实用性驾驶知识和驾驶技能的培训内容，如：上车准备与起步、灯光和信号装置的使用、各种操纵装置的正确使用、夜间驾驶训练、紧急情况的应急处置知识等，注重培养学员的实际驾驶能力，使学员真正掌握驾驶知识和驾驶技能，树立独立驾驶的信心，取得驾驶证后，能够尽快适应复杂的道路交通环境，独立地安全驾驶车辆。

5）每个阶段都设置了“综合复习（驾驶）及考核”项目。在每个阶段的最后增加了“综合复习（驾驶）及考核”项目，用于阶段学习结束后，考核学员的理论和实际操作的综合运用能力，并为下一阶段学习提供教学参考。“综合复习（驾驶）及考核”项目中的目标是阶段考核标准的依据，也是培训机构审核意见的依据。本阶段综合考核不合格，就不能进入下一阶段的学习，借此来保证每一阶段的培训质量。

各阶段“综合复习（驾驶）及考核”的教学内容与教学目标

阶段	教学内容	教学目标
1	道路交通安全法律、法规及相关知识	熟练掌握道路交通安全法律、法规、交通信号等相关知识； 考核不合格的，可根据实际情况增加相应的内容和学时
2	基础驾驶； 场地驾驶	综合运用本阶段的所学内容，熟练完成场地驾驶科目； 考核不合格的，可根据实际情况增加相应的内容和学时
3	实际道路驾驶； 安全文明驾驶常识； 模拟驾驶	在实际道路上熟练地驾驶所学准驾车型； 掌握安全文明驾驶常识和驾驶行为综合分析与判断方法； 考核不合格的，可根据实际情况增加相应的内容和学时

6）按学时制的要求和教学规律规定教学时间。按照学时制的要求，依据驾驶培训的规律和特点，规定了达到每一个教学项目确定的教学目标所需的基本学时，每学时规定为1小时(单人单车的实际学时)，同时规定每个学员的理论培训时间每天不得超过4个学时，实际操作培训时间每天不得超过4个学时，以保证驾驶培训的实际有效学时。

7）提倡采用先进的教学设备和科学的教学手段。在第一阶段的理论教学中，提倡采用多媒体辅助教学，使教学内容更加丰富，教学过程变得生动，从而激发学员的学习热情。在第二阶段和第三阶段的实际操作训练中，鼓励使用驾驶模拟装置组织教学。这样既能够克服驾驶操作教学的局限性，节约资源，又能够激发学员的学习热情和主观能动性，提高培训效率，使学员真正全面掌握所学的理论知识和操作技能，掌握在各种交通环境下的驾驶操作方法。

2 教学目标

1）第一阶段教学目标。了解机动车基本知识，掌握道路交通安全法律、法规及道路交通信号的规定。

2）第二阶段教学目标。掌握基础的驾驶操作要领，具备对车辆控制的基本能力；熟练掌握场地和场内道路驾驶的基本方法，具备合理使用车辆操纵机件、正确控制车辆运动空间位置的能力，能够准确地控制车辆的行驶位置、速度和路线。

3）第三阶段教学目标。掌握安全文明驾驶知识，具备对车辆综合控制能力；了解行人、非机动车的动态特点及险情的预测和分析方法；熟练掌握一般道路和夜间驾驶方法，能够根据不同的道路交通状况安全驾驶；形成自觉遵守交通法规、有效处置随机交通状况、无意识合理操纵车辆的能力。

3 学时安排

普通机动车驾驶员培训教学的学时安排

阶段 \ 车型 / 学时		C1	C2	C3	C4、D、E、F	C5	B2	A3	A1、B1	A2
学时		78	78	56	48	78	118	120	82	88
1		12	12	12	10	12	12	14	10	10
2	理论知识	2	2	2	2	2	2	2	2	2
	实际操作	24	24	12	12	24	52	51	34	38
3	理论知识	16	16	14	14	16	20	20	16	16
	实际操作	24	24	16	10	24	32	33	20	22

二、道路客货运输驾驶员从业资格培训教学大纲

道路客货运输驾驶员从业资格培训教学大纲（以下简称《教学大纲》），是根据《中华人民共和国道路运输条例》及相关规定，在普通机动车驾驶员培训教学大纲的基础上制定的。教学对象是指已具备普通机动车驾驶员相应资格，拟申请道路客货运输从业资格的驾驶员。

1 特点

1）按不同的从业资格进行分类。道路客货运输驾驶员从业资格培训教学大纲分为旅客运输和货物运输两个类别。由于危险货物运输的特殊性，教学人纲没有涵盖危险货物运输驾驶员从业资格培训的相关教学要求。

2）实施目标化教学。根据各类从业人员培训必备的知识，分别设置教学项目、教学内容及相应的教学目标和学时安排，教学目标中确定了教学的重点和难点，学时安排上适当增加了教学重点和难点部分的学时。

3）增加“应用能力”的培训内容。为满足从业人员的实际需要，《教学大纲》针对不同类别的从业人员增加了相应的专业知识的要求，培养学员的实际从业能力，如对旅客运输从业人员增加了车辆安全检视、旅客急救的专业知识应用要求，对货物运输从业人员增加了车辆安全检视、轮胎更换的专业知识应用的要求。

4）按教学规律规定教学时间。按照不同的从业资格培训要求，分别安排学时，并规定每个学员的理论培训时间每天不得超过4个学时。

2 教学目标

树立驾驶员的社会责任，培养驾驶员的职业道德，熟知道路运输驾驶员的行为要求；掌握道路运输从业相关法律、法规和道路运输专业知识；养成安全、文明行车意识，掌握各种环境和条件下安全驾驶、应急处置方法；了解汽车使用技术知识；掌握汽车常见故障的识别方法；培养专业知识应用能力。

3　学时安排

道路客货运输驾驶员从业资格培训教学的学时安排

教学项目 \ 类别		道路旅客运输	道路货物运输
教学项目	学时	52	56
理论知识	驾驶员的社会责任、职业道德和职业心理	3	3
	道路运输从业相关法律、法规	5	7
	道路旅客运输知识	5	—
	道路货物运输知识	—	10
	安全意识与安全行车	17	16
	汽车使用技术	12	12
专业知识应用	车辆安全检视	2	2
	旅客急救	4	—
	轮胎更换	—	2
	危险源辨识与防御性驾驶	2	2
	节能驾驶	1	1
	综合复习与考核	1	1

三、教学日志

在机动车驾驶员培训中，如何将《教学与考试大纲》中规定的每一个教学项目、教学内容落实到位，并达到教学目标的要求，是确保驾驶员培训质量的关键。

教学日志是根据《教学与考试大纲》规定的各车型或类别的培训学时、教学项目和教学目标的要求编制而成的，是驾驶员培训教学过程的有效记录，是《教学与考试大纲》的重要组成部分。

1　分类

根据普通机动车驾驶员十三个培训车型和道路客货运输驾驶员从业资格两种培训类别教学项目和学时安排的异同点，本着简明实用的原则，教学日志共分为以下五类：

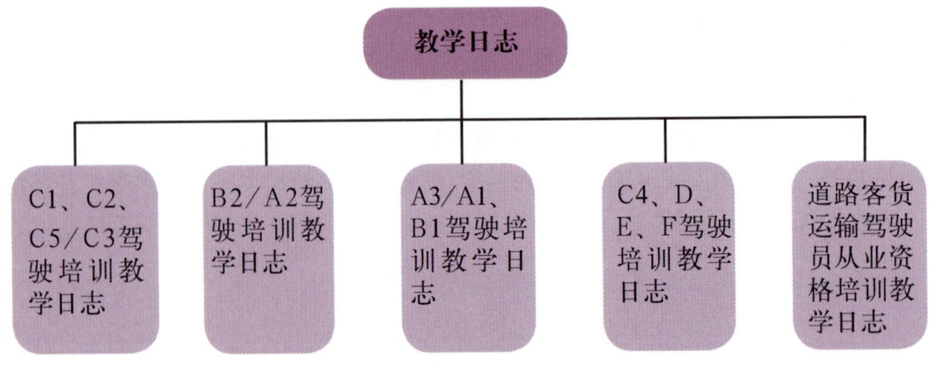

教学日志的分类

2 作用

教学日志是加强教学过程管理，规范教学行为，确保《教学与考试大纲》落实到位的主要手段和载体，其作用具体体现在驾驶培训过程的四个主要环节中。

1）学员。学员是培训的对象。通过使用教学日志，学员可以了解每一次教学所要学习的项目、内容和学时，以及应达到的学习目标；通过对教学过程和教学效果进行签字确认，可以借此了解自己实际的学习效果，并监督教练员的教学行为。

2）教练员。教练员是驾驶培训教学的主体。通过使用教学日志，教练员能够更好地按照《教学与考试大纲》的规定进行教学，规范自身教学行为，使教学规范化、制度化。

3）培训机构管理人员。通过使用教学日志，培训机构管理人员能够全面检查教练员的教学过程和教学质量，客观评价教学效果，系统考核教练员的教学工作。

4）驾培行业管理人员。通过检查教学日志，驾培行业管理人员能够有效地监督、检查培训机构的培训质量，并将其作为签署培训记录和考核培训机构的重要依据。

3 主要内容及填写要求

教学日志主要包括7个方面的内容，使用教学日志的关键是保证所有内容填写的真实性和有效性。

1）适用的培训车型和学时。确定了该教学日志适用于哪几种培训车型及每种车型所对应的总学时数，并明确规定每学时为1个小时。

2）培训机构名称、学员姓名及所要培训的具体车型。记录了培训主体和培训对象的最基本信息，可由培训机构在受理学员报名时填写，也可由教练员在第一次开始教学前填写。

3）教学要求。列出了《教学与考试大纲》所规定的每一阶段理论知识和实际操作的教学项目和教学目标，以及应该达到的最少学时。

4）教学记录。记录了每一次教学的日期、教学项目、实际所用学时、学员签字、教练员评价及签字。它是教学日志中最重要的内容，先由教练员负责填写，再由学员签字确认。

教练员在填写教学记录时应着重注意以下事项：

①次数的确定：每一次教学，是指一天内教练员针对一个学员所进行的一个连续的教学过程。

②所用学时的规定：《教学与考试大纲》规定，每个学员的理论培训时间每天不得超过4个学时，实际操作训练时间每天不得超过4个学时。

③每次教学完成后，应客观真实地评价学员的学习效果，为下一次教学提出建议。

④每次教学完成后，必须经学员本人签字确认。

5）阶段考核意见。在每一个阶段的理论知识和实际操作教学项目全部完成后，由培训机构指定的“考核人”对学员进行阶段性考核，“考核人”根据考核情况填写考核意见并签字，决定学员是否可以进入下一阶段的学习。

6）培训机构审核意见。在完成全部教学项目并经阶段考核合格后，培训机构负责人对教学日志所记录的教学情况和培训结果进行审核，签注审核意见并盖章。

7）特殊标注。对仅作为某种车型的教学项目加以标注，并进行了说明。

注意：道路客货运输驾驶员从业资格培训教学日志在结构设置上与其他类型教学日志有所不同。

4 教学日志的使用与管理

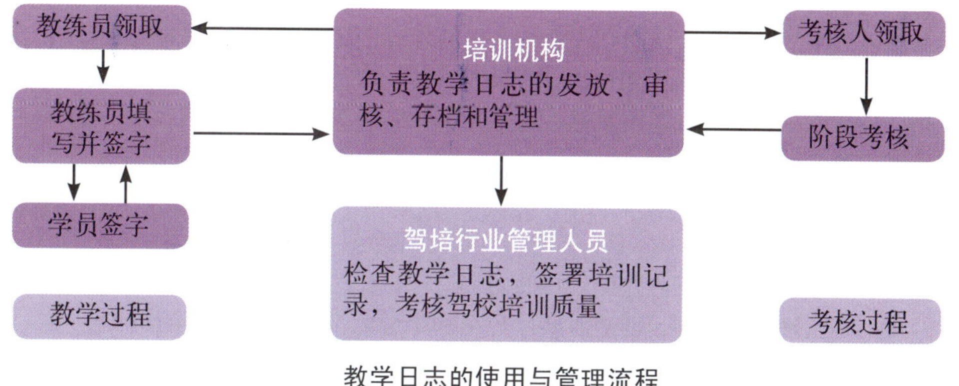

教学日志的使用与管理流程

1）培训机构。负责教学日志的发放、审核、存档和管理。

2）教练员。在每一次教学前领取教学日志，在教学过程中如实填写各项内容，并经学员签字确认，本次教学完成后交回教学日志。

3）考核人。在每个阶段考核前领取教学日志，完成考核后交回教学日志。

4）驾培行业管理人员。在签署培训记录、考核培训机构的培训质量时，检查教学日志。

第二节　机动车驾驶员培训教学模式

教学模式是按照一定的教学理论、教学原则和教学经验，围绕一定的教学目标而形成的相对稳定的规范化教学程序和操作体系。教学模式实质上就是教练员在教学实践中，针对不同的教学内容和教学方式，综合教学过程的诸多因素，系统而有步骤地组织和完成教学活动的相对稳定的形式。在教学过程中，教练员按照规范的教学模式教学，是规范化教学的一个重要组成部分。

一、理论教学模式

理论教学模式的特点是依据学员的认知规律，充分挖掘学员理解和掌握知识的潜能，使学员在单位时间内迅速有效地掌握较多的信息。同时，注重教练员在教学过程中的主导地位和作用，结合现代互动教学的理念，使教练员的讲授与学员学习构成一个相互配合的有机整体。例如，教练员以案例和情景教学为手段，通过学员的主动参与，帮助学员建立印象思维模式，使教与学相互影响和相互作用，从而共同完成教学任务，实现教学目标。

运用理论教学模式时，教练员通过导入新课、讲解内容、总结讲评和布置作业等环节进行教学，而学员则通过建立学习动机、理解教学内容、巩固知识和运用知识等环节来获取新的知识。

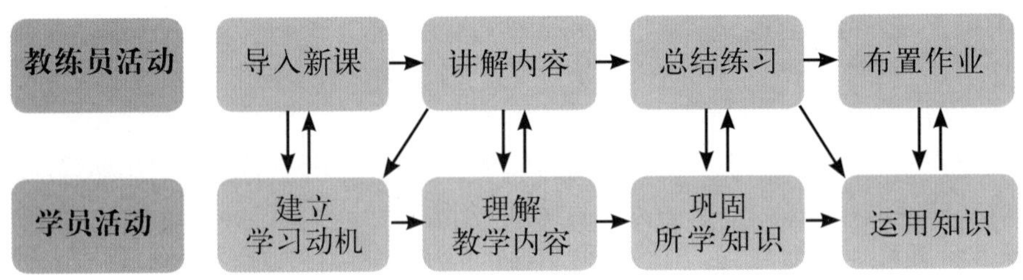

理论教学流程图

1　导入新课

导入新课是为讲解新的教学内容作铺垫，目的是激发学员的学习兴趣，建立学习动机。教练员可以利用生动的案例或直观的教学手段为学员提供感性认识，引导学员产生学习新知识的强烈愿望，为后续的教学活动打下良好的基础。

2　讲解内容

讲授新的教学内容是理论教学的主体部分和中心环节，目的是使学员对道路交通安全法规、机动车基本知识、安全驾驶知识、紧急情况的应急处置等知识系统地学习，能够由感性认识上升到理性认识。教练员应当根据学员的认知规律，合理安排教学项目的先后授课顺序。在具体教学内容的讲授过程中，应注意知识的内在逻辑关系，并通过运用各种教学技巧，激发学员的学习主动性，引导学员牢固掌握所学知识。

3　总结练习

总结练习是一节课结束前对当堂课讲授的内容进行归纳总结、练习和巩固，目的是让学员对当堂课的内容做到当堂理解、掌握，并通过实际应用加深记忆，为后续的教学作准备。总结练习的形式多种多样，可以是教练员对知识结构体系的总结，对重点、难点的点评，帮助学员理清思路，把握重点；也可以是教练员设问，让学员回答，及时了解教学效果，并作为课后填写教学日志的依据。发现不足时，教练员能够在后续教学中及时作相应的调整。

4 布置作业

布置作业是教练员选择教材中的习题或者自己设计一些与本次课内容相关的习题，让学员去思考和回答，其目的是引导学员学习的自觉性和主动性，使学员通过自学，进一步理解和巩固所学知识，从而培养学员独立运用知识解决实际问题的能力。

教练员作为教学活动的管理者，在正式上课前需要先稳定学员的情绪，使学员做好上课的准备；在教学过程中，控制好课堂秩序，为学员创造良好的教学情境，如出现学员注意力分散、课堂秩序混乱等情况时，教练员应及时有效地制止。

二、操作技能训练模式

学员主要通过实际操作训练来熟练掌握驾驶技能，包括基础驾驶技能、各种路况下的规范驾驶技能以及特殊条件下的安全驾驶技能等。在实际操作教学中，教练员主要采用操作技能训练模式组织教学。

操作技能训练模式的特点是教练员利用特定的教学设备和教学场所，通过向学员讲解动作要领、动作示范、指导练习、课后讲评等环节开展教学活动，学员则通过了解动作活动的构成、建立动作的定向印象、进行动作的模仿练习、完成动作整合、形成动作的自动化等环节，使驾驶操作技能与大脑反应之间保持有效的神经联系。

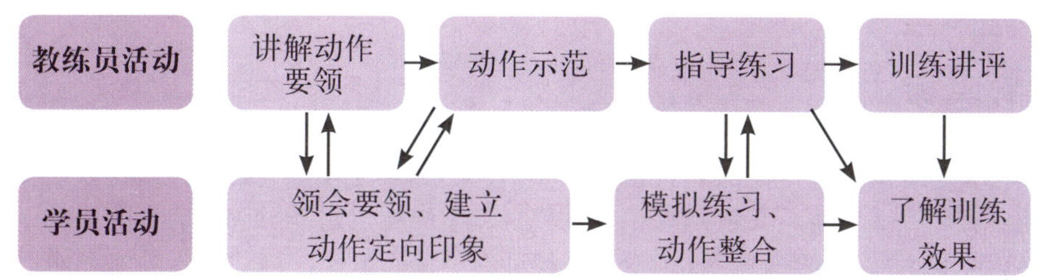

操作技能训练流程图

1 讲解动作要领

在训练开始时，教练员首先需要向学员说明本次训练的项目、内容、基本要求、训练的难点和训练的安排，并对复杂动作进行合理的分解，帮助学员了解本次训练的内容和应达到的目标，领会动作要领，建立正确的操作技术概念。在给学员讲解动作要领时，应介绍动作的名称、作用、基本原理和技术要求等，抓住操作要点和规范，并指出学员操作中易犯的错误。

2 动作示范

在动作要领讲解清楚后，规范、正确地向学员示范动作是培养学员掌握驾驶操作技能的重要环节。因为教练员在讲解动作要领时，往往对一些细微的动作信息解释不清楚。而通过示范则能使这些动作信息直观地表现出来，为学员提供模仿的榜样。

示范转向盘的正确握法

教练员示范动作时应当姿势正确、动作规范，对于一些复杂的动作，应该进行分解动作示范，并做到分解动作示范与整体动作示范相结合，讲解和示范相结合，示范速度的快慢相结合。教练员在必要的时候，可以将正确的动作和错误的动作做比较，便于学员领会。

3 指导练习

在前面的环节，学员通过听觉和视觉获得了大量的动作信息，可以借此为依据在这个环节开始练习。教练员应随车对学员的练习进行监督，帮助学员及时发现错误，并纠正错误，以免养成不良的操作习惯。此外，教练员应对学员做得好的方面和犯的错误进行记录，作为训练讲评的依据。

动作练习是一个单调枯燥的过程，安排练习不合理，学员往往容易产生烦躁情绪和疲劳感，学习的兴趣降低。教练员应当根据学员对动作的掌握程度，通过变换练习方式，调整练习的次数、练习时间和每次练习之间的时间间隔，提高学员训练的积极性和主动性。当学员的操作技能达到一定的熟练程度时，教练员应适当增加动作的难度，进一步提高对动作稳定性和速度的要求；改变教学环境，让学员体会各种实际驾驶中可能出现的交通情况，帮助学员提高驾驶技能。

驾驶时，眼睛应注视前方

4 训练讲评

训练讲评是教练员在结束驾驶训练前，对学员训练情况的及时总结和分析，包括学员对动作的掌握情况、训练中存在的问题、需要从哪些方面来加强等，从而帮助学员了解自己训练的效果，及时发现不足，争取在下次的训练中加以改进。课后讲评对学员掌握驾驶技能具有非常重要的意义，是教练员填写教学日志的基本依据。

三、模拟教学模式

模拟教学模式是在具备一定的教学设备的条件下，例如驾驶模拟装置等现代化教学设备，由教练员指导学员在模拟情景下进行驾驶操作训练。模拟教学的特点是能够弥补客观条件的不足，节约能源，益于环保，提高培训效率；允许学员在训练过程中操作失误，增强教学的安全性。

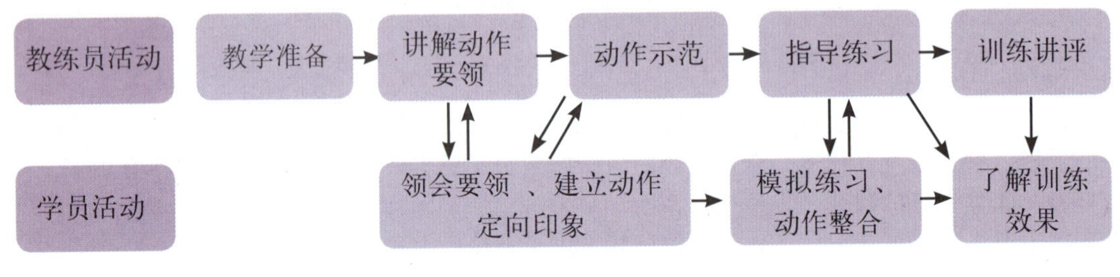

模拟教学流程图

1 教学准备

教练员首先应从教学目标、教学内容的特点、学员状况等实际出发，确定哪些教学内容适合采用模拟教学，怎样教学。其次，教练员要制订科目教学计划，包括教学目的、实施过程、模拟交通情况、可能出现的问题等，这样才能更好地发挥指导作用。最后，教练员要准备教学设备，并在课前进行预演，以确保教学的正常进行。

2 讲解动作要领

在开始操作前，教练员需要向学员说明设备的使用方法、训练项目和内容，给学员介绍动作的操作要领、操作要点和规范，提醒学员在操作过程中容易犯的错误，使学员建立感性认识。

3　动作示范

教练员正确规范地向学员示范动作，让学员对动作有更深刻的理解和认识，并且为学员提供模仿的榜样。

4　指导练习

在这个环节中，教练员应当从学员的实际情况出发，确定教学模拟程序，并尽量做到和实际操作训练的教学过程相一致。与实车训练不同的是，教练员要注意引导学员树立正确的训练态度，充分调动学员的主观能动性，并根据具体的情况及时指导，纠正学员的错误，避免学员养成不良习惯。

5　训练讲评

训练讲评是教练员在结束驾驶训练前，对学员模拟训练情况的及时总结和分析，包括学员在训练中普遍存在的问题、还需加强哪些方面的练习等，从而帮助学员了解自己训练的效果，及时改进不足。

第三节　教案的编写

教案是教练员为实现教学大纲设定的教学目标而具体细化并精心设计的授课框架，以学时或教学项目为单位编写的教学具体行动计划或方案，是组织教学的重要依据。

俗话说“凡事预则立，不预则废”，意思是说任何事情在实施前若有周密的计划，就能达到事半功倍的效果，否则可能会失败，教学工作也是如此。认真编写教案是组织好教学活动的基本前提，是保证教学质量的必要措施。教练员在授课前认真编写教案，授课时才可能胸有成竹，才可能有计划、有步骤地上好驾驶培训课。此外，通过编写教案和讲评，教练员还能及时发现并解决教学中存在的问题，不断提高教学水平。

编写教案，做好课前准备

一、教案的编写要素和基本要求

教案是教练员针对具体课程编制的实施方案，解决教什么、如何教的问题。它不是对教材简单的重复或缩写，而是包含教案特定的要素，按照教案系统的编写程序完成的教学蓝本，是教练员对教材的再加工和再创造。

1　教案的编写要素

教案的编写形式灵活多样，教练员可以根据授课内容及自身的教学风格决定。但是，一份完整的教案应当包含一些基本的要素：

教案的编写要素及其内涵

基本要素	内　涵
教学项目	教学大纲确定的某类知识点的教学名称，分为理论教学项目和实际操作教学项目两种
教学目的	按照教学大纲的要求，学员通过某次课程的学习，需要达到的预期效果(例如学员认知、情感、行为等的变化)

续上表

基本要素	内　涵
教学内容	教练员通过对教学大纲、教材等资料的研究分析，所确定的教学知识信息的总和及其重点、难点
教学学时	按照教学大纲的要求，某次授课所需的教学时间。驾驶员培训以1小时为1个学时计量单位
教学场所	根据教学内容确定的适宜的教学地点。如理论课通常在教室进行，而实际操作训练通常在场地内或实际道路上进行
教学手段	在教学过程中，教练员为达到教学目标，完成教学任务而使用的各种教学用具的统称，如多媒体软件、教学磁板、驾驶模拟器和教学模具等
教学方法	在教学过程中，教练员为达到教学目标，完成教学任务而采取的教与学相互作用的活动方式的总称，如讲授教学法、示范教学法和模拟教学法等
教学过程	是整个教案的主体部分，也是教案编写最重要的步骤，把教学活动划分为若干环节或步骤，用以明确教学活动的逻辑程序
教学分析与评价	教练员对教学实际效果的总结与分析，包括对教学重点和难点的把握、教学方法和手段应用的效果、教学过程设计的合理性、学员学习积极性的调动、学员对内容的掌握程度以及改善措施等教学情况的总结与分析

2　教案编写的基本要求

教练员应根据教学内容、授课方式及学员的基本情况，结合实际教学条件、个人多年积累的教学经验和形成的教学风格，发挥自己的个性、特点和才华，提前编写出规范、工整、内容完整充实、条理清楚且具有自身特色的教案。教案的编写应符合以下的基本要求：

1）以教学大纲为依据。教学大纲是教学的指导性文件，是组织教学和进行教学检查的基本依据。教练员首先应钻研教学大纲，了解教学大纲对各阶段教学项目、教学目标、教学内容和教学学时的要求，使编写的教案与教学大纲、教学计划保持一致。如果教学大纲、教学计划有变化，教案也必须按照新教学大纲重新编写。

2）分单元编写教案。教案编写一般以一次授课为单元，可灵活根据教学项目或者教学学时来划分。例如，以“夜间安全驾驶知识”为专题，编写一份完整的理论教案。

3）教案的繁简应适当。教案是教练员对教学过程的设想和计划，承载的是教学的组织管理信息，不等同于授课讲稿，因此，不宜过分详细。教案设计的详细与否，因人而异。一般来说，刚从事教学工作的教练员应尽可能编写详细的教案。

4）以服务教学、指导教学为根本准则。教案主要是能够提纲挈领地反映教学过程的设计思路，处理好应该教什么和学什么、如何教和如何学、教得怎样和学得怎样的关系，提示教练员上课需要强调的重点内容和注意事项，包括如何引导学员学习或练习，使教学真正服务于学员素质的全面提高。

5）教学内容安排应科学、合理，遵循学员的学习规律。教案编写应符合知识迁移的科学性。教练员要弄清各部分知识的内在联系，充分利用知识迁移规律，对新知识引入、讲解、练习、巩固及学员能力开发等环节，都要做出科学合理的安排，以符合学员知识形成规律和能力发展的渐进性。如在进行加速、减速操作教学前，教练员首先要向学员介绍如何进行正确的挡位操作，再讲解手脚协调操作。

二、教案的编写步骤

教案的编写是教练员按照教学大纲的要求，在充分准备的基础上，围绕教案的组成要素进行教学规划的过程。教案的编写包括如下步骤：

1　备课

所谓备课，是教练员在授课前所做的全部准备工作。教学过程是一个存在多种矛盾的复杂过程，教练员需要预先考虑好教什么、怎么教、如何调动学员的积极性等。因此，教练员应从三个方面来备课：

1）分析教学对象。教学是一个教与学同时进行的双向活动，因此教学效果的好坏与教练员了解学员情况的程度有关。教练员对学员的情况了解得越透彻，授课就越有针对性，从而能提高教学效率和效果。

首先，教练员可以运用一些方法来分析学员的学习特点。例如，教练员可凭借学员的培训申请表了解学员的性别、年龄和职业背景等情况，并根据个人的教学经验判断学员可能的学习特点；对于已经培训过的学员，教练员可根据学员平时的言谈举止以及在训练中的表现，判断学员的文化修养、性格、气质、学习态度和学习能力等特点。

学员的基本情况

生理、心理条件	学习条件
性别	职业背景
年龄	文化修养
性格	价值观
气质	学习态度
协调能力	学习能力

其次，教练员可以利用教学日志了解学员对相关知识和技能的学习与掌握情况以及目前仍存在的问题。教练员了解了学员目前的学习状况，才可能依据学员的认知规律，有针对性地提出改进措施，因材施教，从而避免出现“射箭不看靶心”。

2）确定教学内容。教练员首先应根据教学计划，结合对学员情况的分析结果，确定教学项目和教学内容，并通过分析教学大纲和阅读教材，使教学层次分明、教学重点突出、教学难点清晰。

①分析教学大纲。教练员准确理解教学大纲的内涵，是合理设计和撰写教案的基础。教练员只有通过对教学大纲的钻研，才能了解教学目标和学时要求；才能理解哪些是重点和难点、哪些内容学员不容易理解、哪些内容学员容易混淆；才能理解不同知识和技能之间的内在关联，并自觉转化为教学活动的指导思想。

②阅读教材。阅读教材包括对教材的通读、精读和多读。教练员理解教材越深越透，教学时越能得心应手。

通读是指教练员粗略地阅读教材，对教材进行全面系统了解的过程。教练员通过这种阅读方式，能够领会教材的宏观结构以及所包含的知识点，从而对教材内容进行合理的取舍。

精读是指教练员选择教材中与教学内容相关联的部分，进行仔细推敲、深入剖析和理解的过程。教练员通过这种阅读方式，可以准确把握各知识点的内涵及各知识点之间的逻辑关系。

多读是指教练员尽可能多读一些与所授课程相关的参考书籍和资料。多读能够帮助教练员开阔思路，丰富知识面，提高教学能力，从而使教练员在讲课时能够深入浅出、轻松自如。

3）选择合适的教学方法和手段。教无定法，贵在得法。教练员结合驾驶教学的特点，在授课中合理应用教学方法和手段，尤其是多媒体教学和模拟教学等先进教学手段，能够丰富教学的形式，激发学员学习的兴趣，提高学员学习的积极性和主动性，增强教学互动，是取得良好教学效果的重要保证。

教学方法和手段的选择取决于教学内容、学员的特点、教练员的教学风格及教学条件等因素。因此，教练员在选择教学方法与手段时，应考虑教学条件是否允许；是否与教学内容相适应；是否有助于学员理解内容，从而实现教学目标。

2　教学过程设计

设计教学过程是教练员在确定教学内容、对学员情况进行分析以及选择好教学方法和手段的基础上，针对某个教学项目，明确教案要素并进行课堂教学程序设计的过程。

1）理论课教学过程设计。理论课教学过程设计主要考虑以下四个方面：

①教学内容的安排。一般来说，每个授课内容涉及的知识点都非常广泛，而教学时间非常有限，因此，教练员需要根据教学目标，确定讲授的知识点，明确知识点的主次关系，并按照知识点之间的内在联系确定内容的先后顺序。

②教学时间的分配。教练员首先应按照理论教学模式的规范，对导入新课、讲解内容、总结练习和布置作业四个教学环节有一个总体上的时间分配；然后根据教学内容的轻、重、难、易，合理地规划教学进度。对教学内容的时间分配，原则上教练员不是围绕学员感兴趣的内容，而是应对重点和难点内容给予充足的时间保障。

③教学活动设计。教学活动设计是教练员结合所选择的教学方法和手段，围绕四个教学环节，设计相应的“教”与“学”的活动。教练员应在教案中体现出具体的教学指导方法。

理论教学活动设计注意事项

教学活动	目　标	注　意　事　项
导入新课	激发学员对教学内容的兴趣	－应尽量避免平铺直叙
讲解内容	让学员理解和掌握知识	－明确哪些内容必须深入讲解，哪些内容可以一带而过，并通过教学时间分配来体现； －在教案中列出授课的主线和教学内容的先后顺序； －在教案中，针对具体内容标注相应的教学手段和教学方法
总结练习	让学员巩固所学知识	－在教案中明确总结练习的形式，是对本次课内容的回顾，还是设问让学员回答； －采用回顾的形式，则应以内容逻辑关系为主线，体现教学重点和难点内容；采用设问的形式，应在教案中列出具体的问题
布置作业	让学员灵活运用所学知识	－在教案中注明作业的内容

④板书设计。板书是需要在教室黑板上或者在多媒体课件中展现的内容。设计并书写出优美的板书，是教练员组织教学的基本功。板书设计应条理清晰，书写工整，突出重点难点，保留或擦除部分层次分明，能够形象地揭示所有授课知识点及其内在的联系。

2）实际操作教学过程设计。实际操作教学过程设计主要考虑以下三个方面：

①教学内容的安排。教练员应依照动作技能形成和完善的规律，结合学员的训练情况，确定先让学员巩固哪些所学的动作，再让学员重点学习哪些操作技能。

②教学时间的分配。教练员首先应按照操作技能训练模式的规范，对讲解动作要领、示范动作、指导练习、训练讲评四个教学环节有一个总体上的时间分配；然后根据操作技能的复杂和难易程度，合理地规划教学进度，尤其对学员较难掌握的技能给予充足的练习时间。

③教学活动设计。教学活动设计是教练员结合所选择的教学方法和手段，围绕每个教学环节，设计相应的“教”与“学”的活动，是教案编写的核心。教练员应在教案中体现具体的教学指导方法，从而能够有效指导教练员规范、正确地组织教学。

实际操作教学活动设计注意事项

教学活动	目　标	注　意　事　项
讲解动作要领	让学员了解训练的安排，领会要领，并建立动作定向印象	– 在讲解动作要领前，应先说明本次课的训练内容、应达到的目标和训练的安排； – 讲解动作要领时，应说明动作的达标要求，并对复杂动作进行分步骤讲解，在教案中应列出具体的动作分解方法
示范动作		– 应先进行动作要领讲解，再向学员示范动作；示范动作时，可以适当配合一些讲解； – 示范动作时，可以将正确动作和错误动作进行对比示范，并在教案中列出对比示范的动作
指导练习	让学员模拟练习、熟练掌握动作	– 在教案中写明学员的练习方式和教练员应如何提供相应的指导； – 在教案中写明在学员练习时，教练员应重点注意的一些事项，包括应如何保证训练的安全、应向学员强调哪些训练要点等
训练讲评	让学员了解训练效果	– 在教案中写明将从哪些方面来进行讲评，包括学员哪些操作掌握得好，哪些操作还需改进，下一次课将进行什么训练项目

3　课后总结与分析

教练员在课后应对本次课的教学情况进行总结和分析，包括判断学员的学习效果，分析教学环节设计和时间安排的合理性，分析教学重点和难点的把握情况，分析教学方法和手段的合理性等，并把分析结果列在教案当中，为后续修改教案和改进教学组织提供参考。教练员只有经常反思教学中存在的问题，才能保证及时改进教学，提高教学水平。

三、教案编写实例

按照教案编写的步骤、考虑教案编写要求、体现教案的基本要素，是教案编写的共性要求，而更重要是学会针对具体的教学项目，设计出体现教学思想、重点突出、层次脉络清晰和个性鲜明的教案。

1　编写理论课教案

理论课主要采取教练员与学员“一对多”的授课形式。在教学过程中，教练员相对而言是主动的，学员则是被动的。因此，为了提高学员学习的主动性，教练员应按照教案编写的基本步骤精心设计，并在教学方法和手段的选择上，注重通过情景教学帮助学员掌握理论知识。

下面以“夜间安全驾驶”为例，介绍理论课教案的具体编写方法。

1）备课。教练员应根据理论课教学的特点，在授课前做好充分的准备：

①分析教学对象。学员在此之前已经学习掌握了道路交通安全法律、法规对夜间驾驶行为的相关规定以及驾驶环境对安全行车的影响等知识。因此，教练员在授课时主要是引导学员如何灵活运用所学知识指导今后的实际驾驶训练。

②确定教学内容。教练员通过教学大纲可以了解到“夜间安全驾驶”的教学目标是：了解夜间行车的特点、一般规律及道路的识别与判断、正确使用照明和信号装置。因此，教练员可以确定主要从夜间行车的特点、道路的识别与判断以及正确使用车辆灯光三个方面来授课。此外，教练员通过阅读教材，结合个人的经验，确定让学员掌握正确判断路况的方法及正确使用车辆灯光是授课的重点和难点。

③选择教学方法和手段。除了讲授教学之外，教练员可以针对某个具体问题采取讨论的方式，增强教学互动，让学员主动参与到教学之中。为了使教学内容直观、易于理解，教练员可以借助多媒体教学手段，给学员演示真实的夜间驾驶场景。

2）设计教学过程。教练员可按照理论教学模式包括的教学活动，合理安排教学进度。在内容讲解环节，教练员可以根据教学内容的内在逻辑关系，先向学员简单介绍夜间行车的特点，说明正确使用车辆灯光的重要性；然后，结合场景重点讲解车辆灯光的使用方法；最后，详细介绍各种道路的识别方法。教练员在设计内容讲解的同时，还应说明具体的教学指导方法。

3）理论教学示范教案。

理论教学示范教案　　　　________年____月____日

<table>
<tr><td>教学项目</td><td>夜间驾驶</td><td>教学阶段</td><td>第三阶段</td><td>教学学时</td><td>1学时</td></tr>
<tr><td>教学目标</td><td colspan="5">了解夜间行车的特点、一般规律及道路的识别与判断，正确使用照明和信号装置</td></tr>
<tr><td>教学内容</td><td colspan="5">1.夜间行车的特点、一般规律；2.车辆灯光的正确使用方法；3.道路的识别与判断方法</td></tr>
<tr><td>教学重点和难点</td><td colspan="5">车辆灯光的正确使用方法；道路的识别与判断方法</td></tr>
<tr><td>教学方法</td><td colspan="5">讲授、讨论、演示</td></tr>
<tr><td>教学手段</td><td colspan="5">计算机、投影仪、投影幕、多媒体教学软件</td></tr>
<tr><td>教学场所</td><td colspan="5">第2理论教室</td></tr>
</table>

<table>
<tr><th colspan="4">教学过程设计</th></tr>
<tr><th>教学活动</th><th>内　容</th><th>时间安排</th><th>教　学　指　导</th></tr>
<tr><td>导入新课</td><td>讲述一个夜间因临时停车没有按规定开启车灯而造成交通事故的案例</td><td>5min</td><td>教练员可配合所准备的事故现场示意图进行讲解</td></tr>
<tr><td rowspan="3">讲解内容
（板书设计）</td><td>1.夜间行车的特点
1）视野变窄、视距变短；
2）道路感知能力、车速判断能力下降；
3）暗适应现象；
4）易造成眩目</td><td>10min</td><td>1.教练员配合多媒体教学软件进行演示、讲解
2.应向学员强调夜间驾驶的风险</td></tr>
<tr><td>2.车辆灯光的正确使用方法
1）起步前的检查及车辆灯光标志；
2）夜间行车使用远光灯或者近光灯；
3）夜间会车时的灯光使用；
4）夜间超车时的灯光使用；
5）夜间使用危险报警闪光灯、雾灯</td><td>20min</td><td rowspan="2">1.教练员配合多媒体教学软件进行演示、讲解
2.教练员可针对某种灯光的具体使用或灯光照射的某种具体变化情况，先组织学员讨论，再作总结
3.教练员应结合法律法规的相关规定及驾驶证考试的评分标准进行讲解</td></tr>
<tr><td>3.道路的识别和判断
1）灯光照射由近变远；
2）灯光照射由远变近；
3）灯光照射离开路面；
4）灯光照射由路中移到路侧；
5）灯光照射由路侧移到路中</td><td>15min</td></tr>
<tr><td>总结练习</td><td>练习题：
1.夜间起步前，应当先开启______。
2.夜间行车，车速在每小时30km以下时，应使用______。
3.夜间行车中，如果灯光照射______，有可能是车辆前方出现急转弯或大坑。</td><td rowspan="2">10min</td><td rowspan="2">教练员可从理论考试题库中选择典型试题组织练习</td></tr>
<tr><td>课后作业</td><td>要求学员完成教材附录中与该教学内容相关的试题。</td></tr>
<tr><td>课后总结与分析</td><td colspan="3"></td></tr>
<tr><td>需改进之处</td><td colspan="3"></td></tr>
</table>

2 编写实际操作训练教案

按照计时制的要求，实际操作训练主要采取教练员与学员“一对一”的授课形式。在教学过程中，以学员自主练习和训练为主，教练员进行动作讲解、示范、指导或训练总结，注重对学员实际操作技能的培养。

下面以“S形停车入位”为例，示范编写实际操作训练教案。

S形停车入位

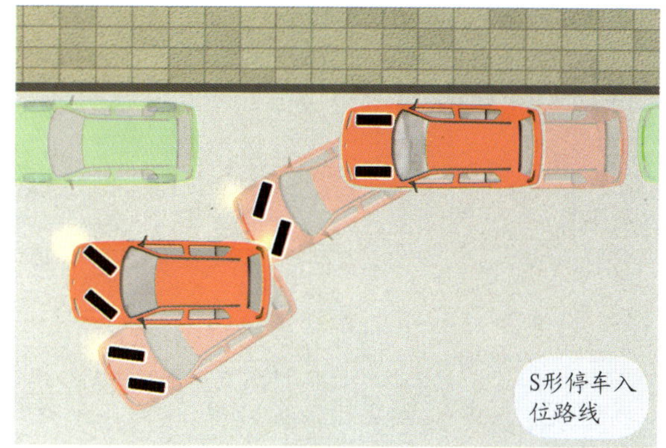

S形停车入位路线

1）备课。教练员应根据实际操作训练的特点，在授课前做好充分的准备：

①分析教学对象。学员在此之前已经掌握了基本的场内道路驾驶技能，因此，教练员在授课时主要是根据学员的学习特性，合理安排训练，引导学员灵活应用所学技能完成教学任务。

②确定教学内容。教练员通过教学大纲可以了解到“S形停车入位”的教学目标是：掌握靠边停车的方法，能按要求在路边安全停车；能够选择合理的路线和速度，将车倒入预定位置。教练员可以明确主要让学员练习倒车路线、速度控制和安全停车的规范操作。此外，教练员结合个人的经验，确定选取合适的倒车参照物、正确控制转向盘和车速将是训练中的重点和难点。

③选择教学方法和手段。教练员的示范讲解，是学员掌握技能的前提。除此之外，教练员还可加强学员的练习，并在学员练习过程中，采取多种方式，增强学员的主动性。

2）设计教学过程。首先，教练员要向学员明确S形倒车入位训练的内容、基本要求和对训练的安排；其次，教练员要采用边操作、边讲解的方法，向学员讲解示范操作要领、步骤方法和注意事项，并结合教学经验，讲解在操作中容易出现的错误以及如何避免这些错误，如倒车时转向盘回正时机不当的几种情况，帮助学员掌握倒车入位的动作要领；学员根据教练员的示范讲解，进行S形倒车入位的练习，教练员对训练进行监督指导；最后教练员要对学员的训练情况进行讲评，指出学员存在的问题和改进措施。

3）实际操作训练示范教案。

实际操作训练教学示范教案　　________年____月____日

教学项目	S形停车入位	教学阶段	第三阶段	教学学时	1学时
教学目标	掌握S形停车入位的方法，能按要求在路边安全停车；能够选择合理的路线和速度，将车倒入预定位置				
教学内容	操作方法和技术要领				
教学重点和难点	参照物的选取；转向盘和车速的控制				
教学方法	讲解、示范、练习				
教学手段	实车操作（教学车辆必须与学员申请的准驾车型相符）				
教学场所	在规定的实际道路训练路段				

续上表

教学过程设计			
教学活动	内　容	时间安排	教学指导
讲解动作要领	向学员说明本次训练的内容、训练目标和训练安排。	20min	教练员可配合所准备的示意图进行讲解。
示范动作	动作分解为4个步骤： 1.将车辆驶至容易倒车的位置：车身与右侧边线保持1m的间距，车身尾部驶过停车位约半个车长的距离。 2.观察周边的交通情况，确保安全后，开启右转向灯准备倒车；保持直线倒车，用半联动控制车速，利用目测来判断，倒车至车后保险杠与AB线平行。 3.将转向盘向右快转到底，继续用半联动控制车速倒车，同时交替向前和透过后风窗玻璃观察（注意车头左前侧和后侧的情况），倒车至从后视镜能够观察到点D时，回正转向盘，再直线倒车；等车身尾部保险杠进入边线或左后轮离边线约10cm左右，再将转向盘向左快转到底；继续用半联动控制车速倒车（注意右前侧的间距），当车身与边线平行时，回正方向停车。 4.车头右侧与道路中心线成一直线时，向右转动转向盘，待车身正直时，回正方向。 训练的技术要求： 1.车辆在入库停止后，车身不允许出线。 2.倒车过程中，轮胎不允许触压车道边线。	35min	1.教练员在驾驶座示范动作时，学员应随车观察。 2.教练员先整体示范，再分步骤进行示范；车辆到达预定的参照点时，应换学员在驾驶座或下车观察参照点与车辆位置之间的关系。 3.应根据学员的理解程度，必要时重复讲解、示范，直至学员完全理解。
指导练习	训练的要点： 1.在练习的初期，先放慢训练的进度，让学员进行分步骤练习；练习的关键是让学员掌握对转向盘和速度的控制方法，以及参照点与车辆位置之间的关系。 2.待学员完全掌握基本操作后，再让学员进行整体训练。 学员易犯的错误及原因分析： 1.车辆无法正常倒入，主要是学员在倒车时，与A点保持距离过远或转向盘操作失误。 2.车头无法正常进入，主要是学员对点D的选点过晚。		1.学员在训练时，教练员随车指导，确保教学的安全。 2.学员练习时，适当让停车并下车查看、体会。 3.教练员应对学员出现的错误做好记录。
训练讲评		5min	
课后总结与分析			
需改进之处			

第四节　规范化教学指导

规范化教学是驾驶员培训教学中一个重要的环节。教授规范的驾驶操作方法和运用规范教学手势与口令，是规范化教学的基本要求，教练员应严格按照规范化教学的要求实施教学，以确保教学质量。

一、驾驶员培训教学的基本原则

1　遵循教学的阶段性，有计划、有步骤进行

教练员对训练没有任何计划，今天想教什么就教什么，想怎么教就怎么教，往往会导致学员存在“吃不饱”或者“消化不良”的现象，不利于学员对驾驶技能的掌握。

新颁布的《机动车驾驶培训教学与考试大纲》将教学大纲和考试大纲融为一体，并与学员技能形成的阶段性特征相吻合，把驾驶培训分为三个阶段，各阶段之间彼此联系；同时，遵循了学员认识活动的规律，使学员的技能形成实现由低级向高级、由简单向复杂的过渡。教练员应按照教学大纲的要求，遵循循序渐进的原则，针对学员的实际情况，有计划、有步骤地进行训练。这样有利于教练员发现学员训练中存在的问题，及时纠正；有利于教练员阶段性地检查和了解学员训练的效果，决定是否可以进行新的训练项目；有利于学员系统的学习，全面地掌握驾驶技能。

2　理论联系实际，理论培训与实操训练相结合

驾驶活动是一项比较复杂的活动，必须以掌握相关的理论知识为前提。尤其对于综合性的、复杂的驾驶操作，更是以掌握必要的专业理论为基础。教练员没有一定理论知识作支撑，仅凭所谓的感性认识和经验进行驾驶技能教学，很难保证教学效果。一方面，学员很难对驾驶技能有深刻的认识；另一方面，学员很难掌握创造性的驾驶方法，难以应付交通中出现的各种复杂情况及突发事件，尤其是遇到自己没有处理过的情况，更难以用学过的知识技能去组织和调节自己的驾驶行为。所以，教练员必须刻苦钻研业务，运用丰富的专业知识，在指导学员“怎么做”的同时，解释“为什么要这样做”。

3　规范地讲解要领和示范动作

学员主要通过模仿练习来学习和掌握驾驶操作技能，如果没有教练员的指导而盲目尝试，就不会有好的学习效果。教练员在教学中，首先通过简练的讲解，使学员理解正确的练习方法，同时通过整体动作示范和分解动作示范，使学员获得关于练习方法和实际动作的清晰知觉表象。学员有了模仿的样本，就可以通过自己的练习，达到事半功倍的效果。当然，教练员的讲解和示范必须规范、正确和严谨，否则会适得其反。

讲解下车动作

4　合理安排训练的次数和时间，训练的方式多样化

教练员根据教学内容的难易程度和学员对技能的掌握情况，科学合理地安排训练的次数和时间，是保证学员掌握驾驶技能的基本前提。

在对某一项目的实际训练过程中，教练员通常采用两种训练方法：集中训练法和分散训练法。集中训练是让学员在一定时间内连续地练习完毕整套动作，中间不穿插其他的训练内容；分散训练则是让学员分成多次练习，每次之间有一定的时间间隔。一般来说，分散训练与集中训练有效结合，比过度的集中训练更能提高训练的效率和效果。

训练的次数和时间太少，难以达到训练的目标和要求。训练的次数和时间也不是越多越好，如

果某个内容训练的次数太多，训练的时间相对过长，学员容易产生疲劳和消极情绪，学习的兴趣减退。在初始训练阶段可进行较频繁的练习，每次练习的时间不宜过长，各次练习之间的时间间隔也可以相对短一些，以强化学员对动作的记忆。随着学员对技能的掌握，每次练习的时间和每次练习的间隔时间均可适当延长。

5 正确掌握训练的进度和训练的质量要求

驾驶教学过程中，如果没有明确训练的目标和要求，只是盲目地机械重复，学员的技能水平很难提高，而让学员明确了每一阶段、每一个教学项目甚至每一个动作的训练目标和要求，学员就会形成训练的内在动力，会自觉地练习，这样对技能的培养有明显的积极作用。

在初始训练阶段，教练员必须严格要求学员练好基本功，以保证学员动作的准确性为目的，适当放慢训练的进度；当学员准确掌握动作之后，再要求其对动作的熟练程度。随着训练的进行，教练员也应注意根据学员的掌握情况，有节奏地调节训练的进度，以便进一步训练学员把基本动作组合成完整、协调的动作系统的能力，以适应复杂交通情况的需求。

6 充分发挥教练员的监督和检查作用

从心理学的角度分析，学员对初次训练的印象最为深刻，如果在该阶段的错误动作没有得到及时纠正，他们就会形成一种错误的习惯，日后更难以改正。在训练的初期，学员基本上不具备察觉自身动作错误或动作不规范的能力，因此，需要教练员及时帮助诊断，发现错误及时纠正，以便学员从一开始就能够养成良好的习惯。

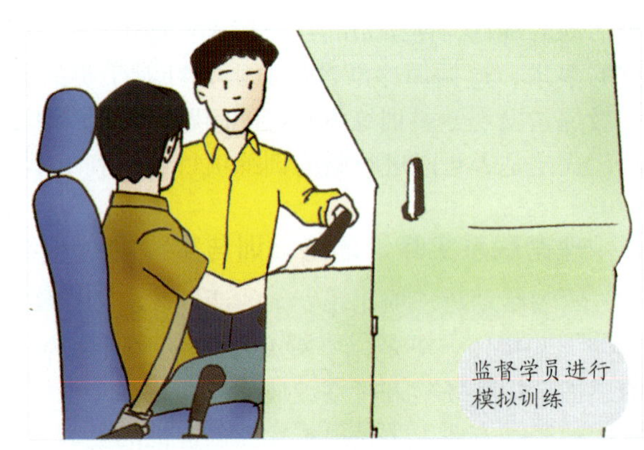
监督学员进行模拟训练

7 让学员知道每次训练的结果

训练的结果对于技能的掌握具有反馈作用。在每次训练结束后，教练员对学员的训练情况作讲评，填写好教学日志，并让学员签字确认，这样能使学员及时知道自己训练的情况，检查自己哪些方面有进步、哪些方面还存在不足，对自己做出正确的评估，帮助学员把规范的、符合要求的动作保留，把多余的、不符合要求的动作舍弃，做到正确的动作得到及时巩固、错误的动作及时纠正，从而提高训练的效率和质量。

二、驾驶操作的规范化教学

1 车辆的检查与维护

对车辆进行检查和维护，确保车辆技术状况良好、安全可靠，是行车安全的重要保障，是教学过程中的第一个环节。每次上车前，教练员应让学员按照逆时针方向对车辆进行一次检查和维护。

车辆的检查及要求

序号	项目	要求
1	清洁整理	整理驾驶室，清洁车辆外表
2	检查车辆外表	前后号牌齐全，灯罩、后视镜等设施完好
3	检查操纵机构	技术状况良好，制动、转向安全可靠
4	观察车辆底部	无漏油、漏气、漏水现象
5	检查轮胎	紧固、气压正常，无异物、裂痕和异常磨损
6	检查发动机舱	机油、冷却液、制动液、蓄电池液等充足
7	检查灯光仪表	灯光仪表装置完好，工作正常
8	检查油箱	油箱完整，燃料充足，无漏油现象

2 规范化操作动作

驾驶操作应着重于基本功的训练，对学员的操作动作，要严格按照规范动作、要求、顺序进行教学，让学员养成规范操作的行为习惯。

规范操作顺序：

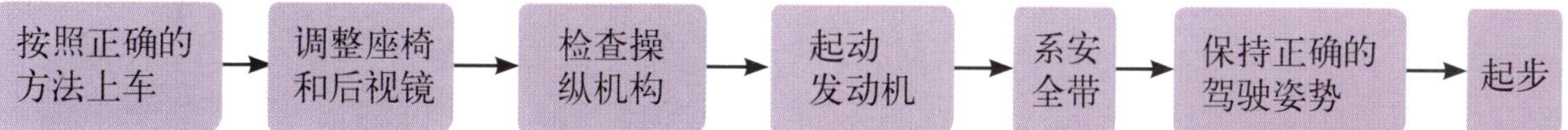

1）上车动作。学员上车前，逆时针绕车辆转一圈，检查车辆外表、轮胎及周围有无影响起步的障碍；绕至左车门前，持立正姿势向教练员“报告”；教练员允许后，按规范动作上车。

上车动作

2）调整座椅和后视镜。按自己的身高调整座椅，使后腰能紧靠座椅后背上，双膝自然分开；外后视镜调整至能看到的车体占镜面横向范围的1/4，车外场景占3/4，地平线位于中间；内后视镜调至能看到后视窗外的场景。

调整外后视镜

3）检查操纵机构。检查变速器操纵杆是否在空挡位置；转向盘的自由行程是否符合要求，有无松旷现象；驻车制动器操纵装置是否在制动位置；加速踏板、离合器踏板、制动踏板的间隙和回位是否灵活有效。

4）起动发动机。车型不同，起动发动机的操作方法也不同。发动机起动后应先保持怠速运转，注意听察有无异常声响。

5）系好安全带。调整安全带的高度，右手缓慢将安全带向下拉，使安全带位于肩和颈根之间，并通过胸部的适当位置，再将搭扣插头插入带扣锁。

6）保持正确的驾驶姿势。身体对正转向盘，上身正直，两眼平视前方；膝盖略微弯曲；两手握在转向盘左右两侧，两肘保持舒适自然的微曲伸展。

保持正确的驾驶姿势

7）下车动作。通过后视镜或从左侧车窗回头观察车辆左后侧，确认安全后，按规范动作沿左侧下车，并关好车门。

下车动作

3　操纵机构规范化操作

1）转向盘操作规范。两手分别握转向盘左右两侧，拇指顺压在转向盘边缘上，其余四指由外向里自然握住转向盘；操作以左手为主，右手为辅；转弯时应两手交替转动转向盘。训练过程中，教练员应禁止学员双手同时离开转向盘驾驶。

2）变速器操纵杆操作。用手掌心轻轻贴在球头上，五指向下握住；以手腕和肘关节力量为主，肩关节为辅操纵变速器操纵杆。行车中，教练员应禁止学员利用空挡滑行；换挡时，禁止学员低头看挡。为了保证车辆获得足够的行驶动力，教练员应提醒学员注意挡位与车速相匹配，即高速时使用较高挡位、低速时使用较低的挡位。此外，应要求学员逐级加减挡。但如果车速突然大幅下降时，可以酌情越级降挡。

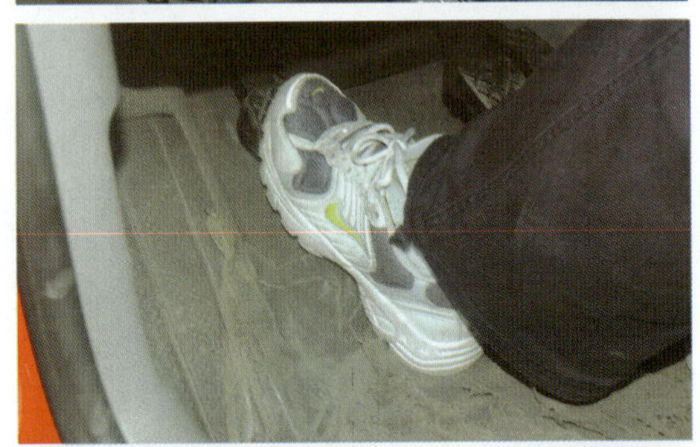

3）离合器踏板操作规范。左脚前掌踏在离合器踏板上，以膝关节和踝关节的伸屈踏下或放松，操作时，脚跟部不要靠在驾驶室底板上。除起步、换挡、停车等操作需要使用离合器踏板外，教练员应要求学员左脚不要放在离合器踏板上，以免增加离合器的磨损程度。

4）加速踏板操作规范。右脚跟部靠在驾驶室底板上，脚前掌轻踏在加速踏板上；用踝关节的伸屈踏下或放松踏板，踏、松踏板应做到“轻踏、缓抬”。

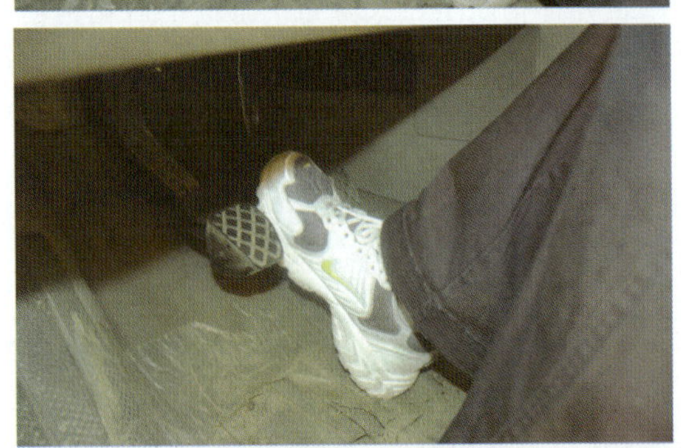

5）制动踏板操作规范。右脚前掌踏在制动踏板上，以膝关节和踝关节的伸屈踏下或放松；操纵液压制动，脚跟部不要靠在驾驶室底板上；操纵气压制动，脚跟部应靠在驾驶室底板上。

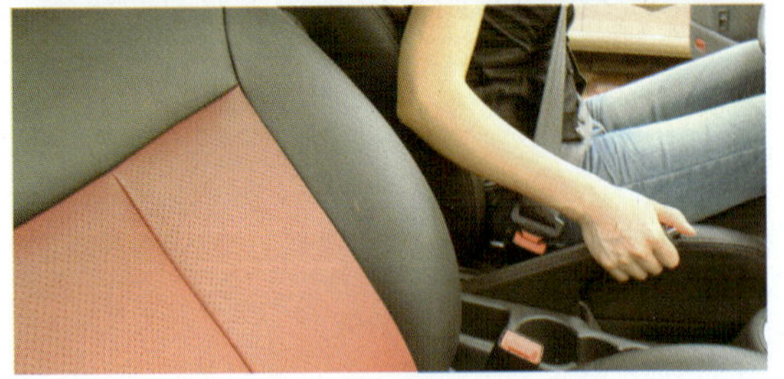

6）驻车制动器操纵杆规范操作。右手四指并拢，虎口向上，拇指虚按在操纵杆按钮上，拉起操纵杆即可制动；放松时，应先向后拉操纵杆，将按钮按下后向下放松。为了避免溜车，在练习坡道起步时，教练员应要求学员松驻车制动器要与油离配合动作协调；在停车后，应要求学员先拉紧驻车制动器，再松抬制动踏板。

三、规范化教学口令与手势

教练员在驾驶训练过程中，主要靠规范的手势和简明的口令指导学员。使用规范、统一的手势和口令，有助于学员正确理解教练员的意图，提高教学质量。

1 教学姿势

教练员坐在驾驶副座上，两眼目视前方，用余光注视学员的动作，左右脚分别放在副离合器踏板和副制动踏板位置，随时做好应付紧急情况的准备。

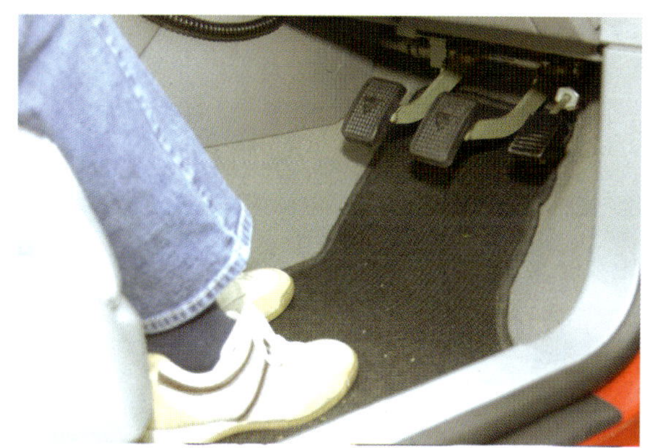

2 口令和手势

1）起步。左手五指并拢，曲臂向前平伸，手指向下，掌心向后，向前缓缓挥动1～2次，同时发出“起步！”口令。用于学员检查仪表完毕向教练员汇报并请示起步时，教练员确认学员操作无误后。

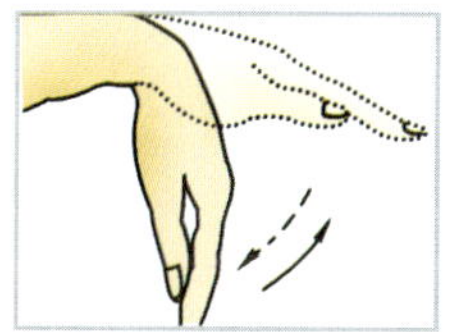

2）加速。左手五指并拢，曲臂向前平伸，掌心向下，向前方急挥2～3次，同时发出“加速！”口令。用于必须加速的路段，教练员根据道路和交通情况，认为确需加速而学员无加速意识的情况。

3）慢行。左手五指并拢，手臂向前平伸，掌心向下，上下缓缓浮动数次，同时发出“慢！”口令。用于前方视线不清，情况不明，确需减速慢行，而学员无减速意识的情况。

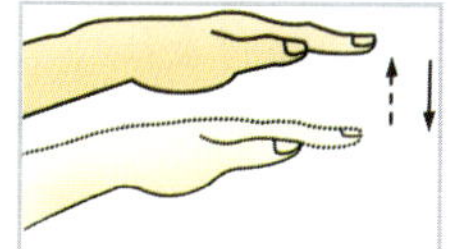

4）向右行。左手五指并拢，曲臂向前竖伸，掌心向右，向右摆动数次，同时发出“向右！”口令。用于前方道路情况需向右行驶或变更车道，而学员无向右行的意识，需教练员提醒的情况。

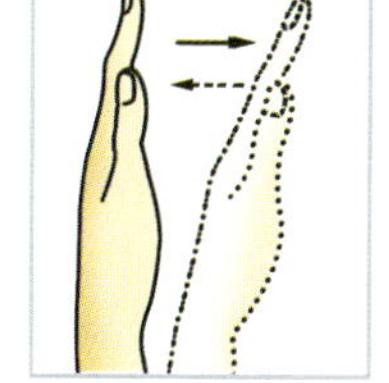

5）向左行。左手翻手曲臂向前竖伸，五指并拢，拇指向下，掌心向左，向左摆动数次，同时发出“向左！”口令。用于前方道路情况或变更车道需向左行驶，而学员无向左行的意识，需教练员提醒的情况。

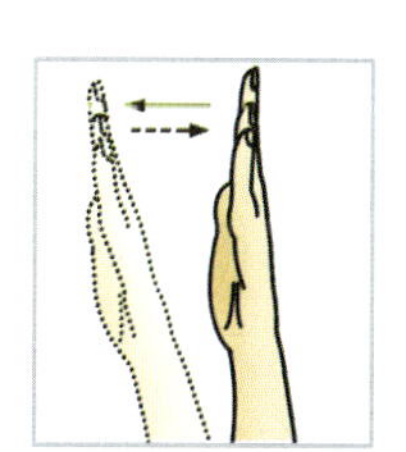

6）向左转弯。左手曲臂向前，用食指指向左侧，由小臂带动手指沿着向左方向进行圆弧划动，指示车辆向左转弯，同时发出“左转弯！”口令。用于在各种路口教练员指示学员向左转弯。

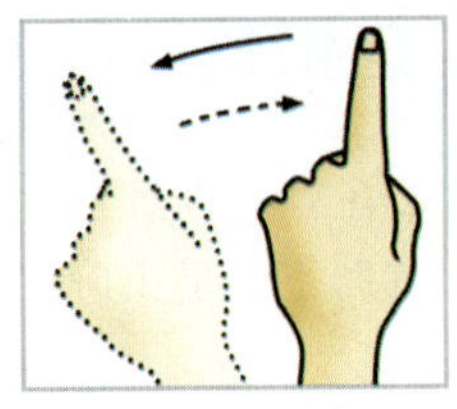

7）向右转弯。左手曲臂向前，用食指指向右侧，由小臂带动手指沿着向右方向进行圆弧划动，指示车辆向右转弯，同时发出“右转弯！”口令。用于在各种路口教练员指示学员向右转弯。

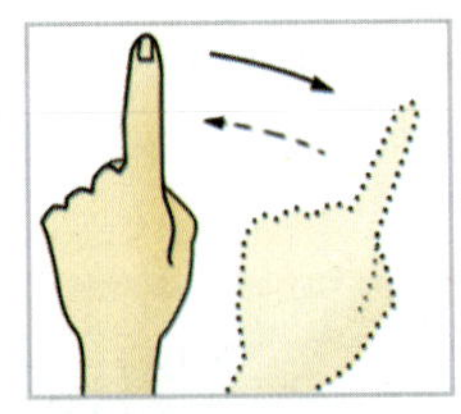

8）按喇叭。左手曲臂向前，手心向右握拳，拇指翘起，拇指上下按动2～3次，同时发出“按喇叭！”口令。用于教练员提醒学员鸣喇叭。

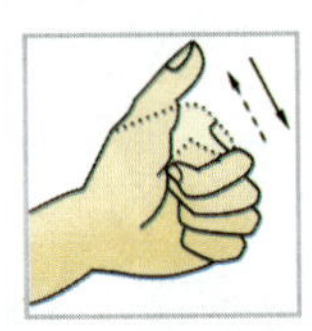

9）注意。左手食指指向障碍物，以示警告，同时发出“注意！”口令。用于教练员提醒学员注意前方障碍，做好随时采取相应措施的准备。

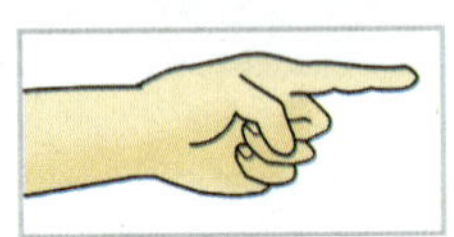

10）打开转向灯。右手五指尖向上并拢，一张一捏2～3次，同时发出“转向灯！”口令。用于教练员提醒学员在变更车道和转弯前打开转向灯。

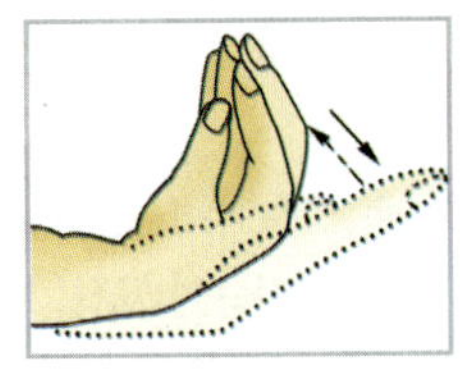

11）关闭转向灯。左手五指尖向下并拢，一张一捏2～3次，同时发出“转向灯！”口令。用于教练员提醒学员在变更车道和转弯后关闭转向灯。

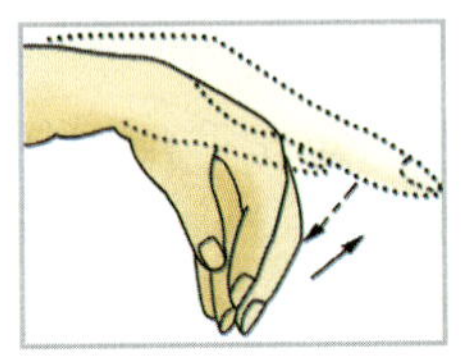

12）减速向右停车。左手五指并拢，曲臂向前平伸，掌心向下，上下摆动2～3次以示减速；然后立即将手臂竖伸，手掌向右摆动1次，再变掌心向下摆动1次，并停顿片刻，以示停车，同时发出“减速停车！”口令。用于教练员指示学员向右侧减速停车。

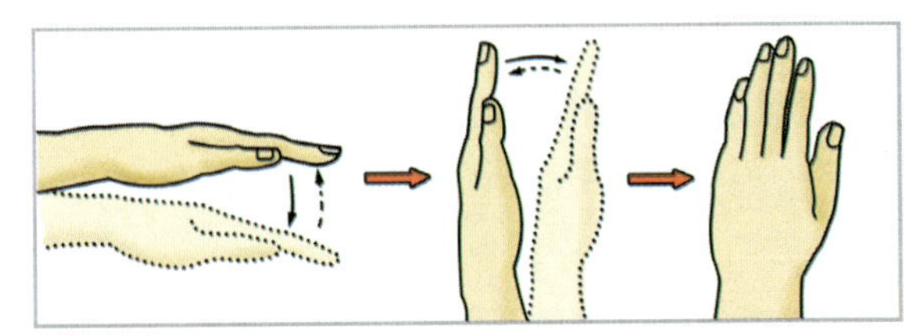

13）选择地点停车。左手食指指向右侧固定目标，以示定点停车位置；然后立即变掌心向右摆动1次，再变掌心向下摆动1次，并停顿片刻，以示停车；同时发出“在××位置停车！”口令。用于教练员指示学员在指定位置定点停车（客车应以中门为参照）。

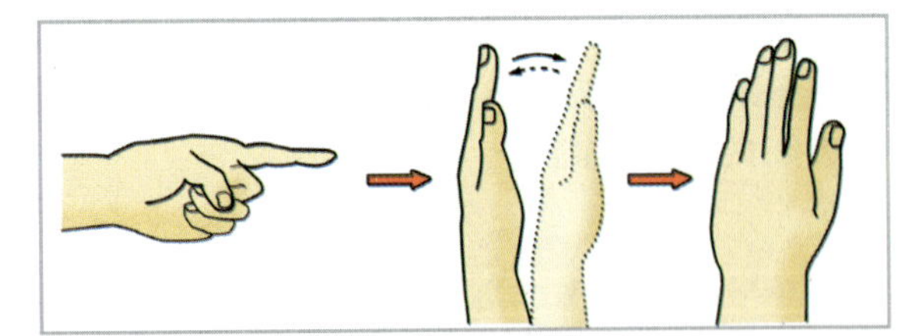

14）靠边停车。左手五指并拢，曲臂向前竖伸，先将掌心向右摆动2～3次，以示靠边；然后立即变掌心向下摆动，并停顿片刻，以示停车；同时发出“靠边停车！”口令。用于教练员指示学员靠边停车。

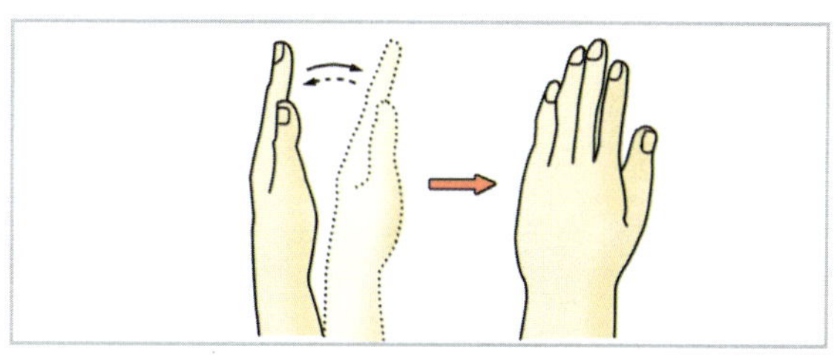

15）快停车。左手五指并拢，曲臂向前平伸，掌心向下，上下快速浮动数次，同时发出“快停！”口令。用于前方出现紧急情况时，教练员提醒学员立即采取紧急停车措施。

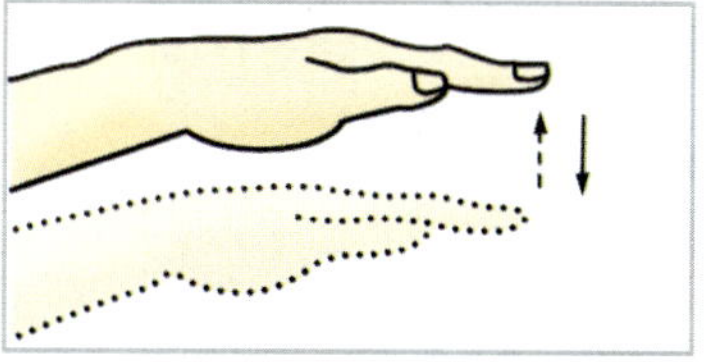

第七章

教学手段

教学手段是指教练员在教学活动中，为实现预期的教学目标，用来与学员相互传递信息的工具、媒体或设备。在具体的教学活动中，教学手段的选择只是教练员实现教学目标的工具，它服务和从属于教学内容与教学目标。

多媒体、教学磁板和驾驶模拟器等现代化教学手段的应用为教练员提供了直观表述教学内容的基础，使教学变得更加直观、灵活和互动。直观的教学手段使学员更容易理解和接受；互动的教学手段能够充分调动学员学习的兴趣和主动性，使他们经过自己的独立思考，融会贯通地掌握知识，提高分析问题和解决问题的能力。

教学过程中，教练员应当确保其传授的知识和运用的方法都是科学的，在优先选择现代化教学手段的同时，不能一味追新求奇，违背教学项目训练的基本原理和实际需求，而应当注意传统教学手段和现代化教学手段的有机结合。

第一节　多媒体教学

多媒体是综合计算机、图像处理、教育学等众多学科与技术的一门综合性技术，集文字、图形、图像、声音和动画等多种信息于一体，能充分调动学员的视觉和听觉感官。多媒体教学指在驾驶培训过程中，教练员根据教学目标和教学内容，通过教学设计，合理选择和运用现代化的教学设备，并与传统的教学手段有机结合，共同参与教学的全过程，以多种媒体信息作用于学员，形成合理的教学过程结构，达到最优化的教学效果。

一、录像教学

1　录像教学的特点

录像是指根据教学内容和教学目标的需要设置某些场景，利用摄像设备录制下来，并配以相应的解说，从而形成兼具视觉信息和听觉信息的教学素材。教学过程中，教练员通过录像机或大屏幕投影仪等，向学员展现符合本次教学项目的录像，帮助学员理解和掌握该部分的知识。例如，在讲授道路交通安全知识的同时，播放相关的教学录像，促进学员安全意识的培养。

录像教授道路交通法规知识

录像教学能够直观、真实地向学员解读某个教学主题，通常具有如下特点：

1）教学内容具有真实性。录像通常反映真实的场景，不包含夸张的成分，学员在观看教学片的过程中，会有一种身临其境的感觉，从而激发学员的学习兴趣，提高他们的理解力。

2）教学的风格统一。录像的教学场景、解说语气和速度等在制作过程就已经确定，在教学过程中始终保持统一，从而完全可以克服因教练员教学风格、教学能力的差异所带来的不同教学效果的问题。

3）教学具有重复性。录像能够被重复使用，因此，学员不易理解的地方，教练员可以有针对性地重复播放。

2　录像教学在驾驶培训中的应用

录像教学主要用来警示学员树立遵章守法的意识，或者根据某个教学主题，讲授安全驾驶的理论知识。例如，《教学与考试大纲》第一阶段的“法律、法规及道路交通信号”、“机动车基本知识”以及第三阶段“安全、文明驾驶”。

录像教授高速公路安全驾驶知识

教练员运用录像教学时，有以下几方面的注意事项：

1）选择的录像素材要符合教学内容和教学目标。在每次训练前，教练员都会准备教学内容和教学目标。教练员需要对录像材料进行合理的选择，以在短时间内达到教学目标。

2）选择播放录像的合适时机。教练员掌握合适的播放时机，会达到更好的效果。对某个问题带有探讨性和设问性的录像片段，适宜在刚开始上课就给学员播放，引出本次教学的主题；对某种现象带有解释性的录像片段，则适宜在教练员对该问题有一定的分析后再播放，让学员更容易理解；对教学内容带有总结性的录像片段，则适宜在本次课即将结束时播放，以加深学员的印象。

3）录像片断的连续播放时间不宜过长。通常来说，人专注于某一事物的时间比较短，几分钟之后，人的眼睛会开始寻求新的目标。因此，录像片断的连续播放时间过长，学员容易注意力不集中。

4）对录像作适当的讲评。虽然很多录像配有专业的解说，但是，需要突出的地方，教练员还是应当作适当的讲解，以突出教学的重点、难点。播放结束后，尤其是较长的录像片段播放结束后，教练员应当作简单的总结，以加深学员的印象。

二、动画模拟教学

动画模拟教学是指在教学过程中，利用动画模拟软件来表现某个主题或者解释某种现象。它能够增强教学的生动性、趣味性，提高学员学习的兴趣，从而达到良好的教学效果。

1 动画模拟教学的特点

计算机技术的快速发展，为制作三维动画软件来模拟真实场景提供了技术基础。根据模拟对象的不同，动画模拟也有不同的类型。例如，模拟真实的交通场景或者模拟汽车某总成的工作原理等。

动画模拟交通场景

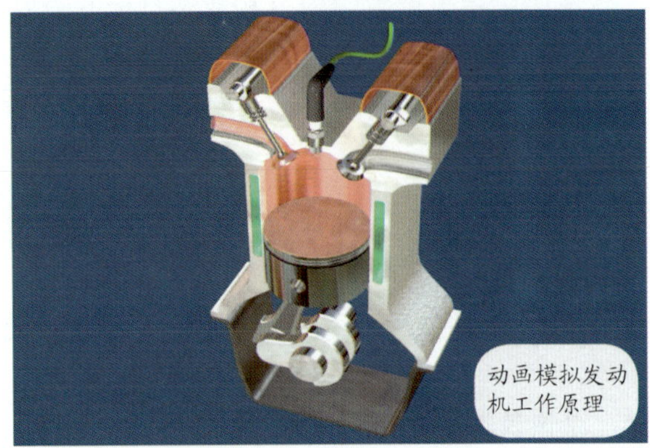
动画模拟发动机工作原理

动画模拟应用于教学具有以下几方面的特点：

1）教学内容直观。三维动画不仅可以模仿简单的交通场景，而且还能够将比较复杂、通常难以捕捉的交通状况非常直观、形象地表现出来。

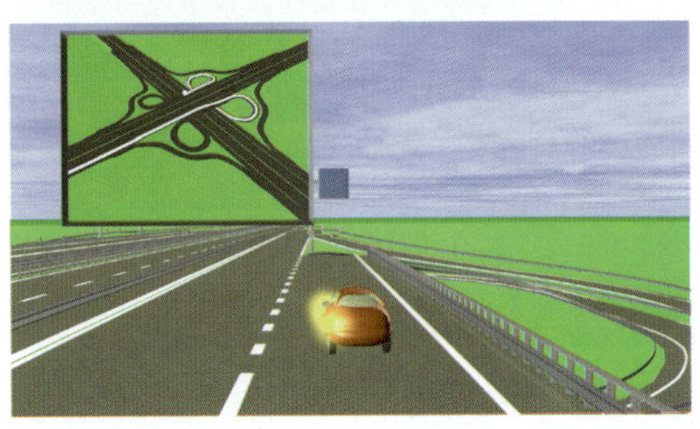
动画直观表现立交桥行车

2）教学过程生动、有趣。三维动画中的元素表现形式灵活多样，整体风格比较活泼，视觉效果好，容易吸引学员的注意力，从而可以调节严肃的课堂气氛，使教学变得更加生动有趣。例如，演示公路掉头的的四个步骤：

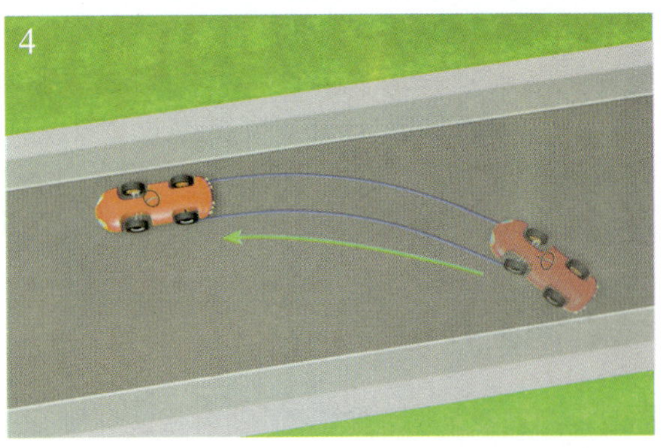

3）教学更具互动性。动画模拟软件不仅能对交通场景进行简单模拟，还能够提供对交通参与者行为正确或错误的自动判断功能。教练员可以让学员参与到模拟过程中，检验学员对教学内容的理解和应用程度，并通过互动教学的方式，强化学员的印象，增强学员对教学内容的理解和掌握。

4）教学更为灵活。三维动画软件可以通过编程，非常方便地提供大量的典型交通场景案例，如交叉路口交通冲突的解决、通过环岛的正确驾驶等，而且，在案例中可以从不同交通参与者的角度来观察目前的交通状况，培养学员观察、分析和解决问题的能力。

从蓝色车辆角度观察交通场景

从自行车角度观察交通场景

从行人角度观察交通场景

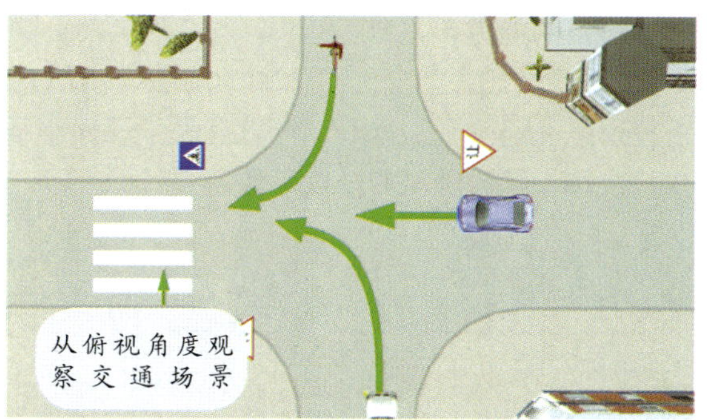
从俯视角度观察交通场景

2　动画模拟教学在驾驶培训中的应用

动画模拟教学主要用来将比较复杂、通常难以捕捉的交通场景，直观、形象地表现出来，如第一阶段的“车辆结构常识”，第三阶段理论部分的“文明礼让”等教学项目。

动画模拟教学可以使教学变得更加生动有趣，但是教练员需要注意以下几方面的问题：

1）模拟演示的时间分配不宜过多，能说明主题即可。动画模拟交通场景时，往往忽略了很多次要的因素，从而与现实情况之间存在着差异。适当的演示可以提高教学的直观性、生动性，提高学员学习的效率。但是，过多的动画演示又会使教学偏离实际，难以达到教学目标，完成教学任务。

2）针对演示的内容及时作出解释。动画的表现生动活泼，有时还略带夸张，因此，需要教练员对演示的内容及时作出解释。一方面，突出教学的重点、难点；另一方面，加强学员对知识的理解。

3）增强学员的参与意识。动画模拟教学可以提高学员学习的兴趣，但更重要的是培养学员学习的主动性，提高教学互动性。因此，教练员要提醒学员不仅是观看，更多的是要参与到教学活动中来。

三、多媒体课件教学

1　多媒体课件教学的特点

多媒体课件是以计算机、多媒体等技术为基础，以学员为中心的计算机辅助教学工具。多媒体课件教学具有以下几方面的特点：

多媒体课件教学

1）课件中只需体现纲要性的内容。多媒体课件在制作过程中，要根据教学内容和教学目标，明确教学主线，把教学的重点、难点体现出来。在教学过程中，需教练员熟悉教学内容，能根据提纲进行内容的扩展，教学主题和层次性非常清晰。

2）不受听课人数的限制。利用投影仪把多媒体课件投放至投影幕上，即使是在学员众多的情况下，教练员的授课效果也不会受到影响。

3）信息资源广泛。多媒体课件能够集成文字、图形、图像、动画和视频等多种媒体信息，具有强烈的视觉效果，使学员的抽象思维与形象思维有机地结合起来，增强学员学习的兴趣。丰富的信息资源在扩大教学知识信息量的同时，还能明显地提高教学效率，产生良好的教学效果。

2　多媒体课件教学在驾驶培训中的应用

在理论授课中，课堂演示型多媒体课件教学应用非常广泛，教学大纲三个阶段的理论教学项目均可运用该种方法。

教练员在制作课件、选择课件和运用课件教学时，有以下几方面的注意事项：

1）教学课件应当围绕教学内容和教学目标。教学课件是教练员授课的提纲和导向，如果与教学内容和教学目标有偏差，往往易使教练员偏离方向。

2）课件应当有明确的主线。课件内容由表及里，便于学员对知识体系进行归类，使学员自如地掌握纵横线索，增强学员的问题意识，提高解决问题的能力，培养学员善于思考、善于设计以及高度概括的能力。

3）适当插入图形、图像和动画等媒体信息，使授课形式新颖、活泼和形象。例如，教练员在讲授道路交通安全法规时，可以在教学课件中插入利用数码相机等工具采集的真实道路交通事故图片，或插入预先录制的一段录像。

第二节　教学磁板教学

教学磁板是一种集道路交通背景、交通参与者、交通标志标线、交通信号灯和警察等各种交通元素于一体，可根据教练员教学的需要，灵活组建各种具体交通场景的软件。教学磁板可以通过各种交通元素的灵活组合，搭建出教学需要的交通场景，从而使驾驶培训教学更加直观、灵活和互动。

一、教学磁板的特点

教学磁板教学属情景模拟教学的范畴，通过情景融合、交通元素的灵活组合以及教练员与学员之间的互动，来帮助学员建立印象模式，主要有以下几方面的特点：

1　交通元素全面、场景组建灵活

道路交通场景不外乎由人、车、路和环境四要素组成，而教学磁板内设了各种典型的交通参与者、符合国家标准的全部道路交通标志标线以及各种道路交通背景，因此，教练员可以利用磁板软件所包含的交通元素灵活地组建交通场景。

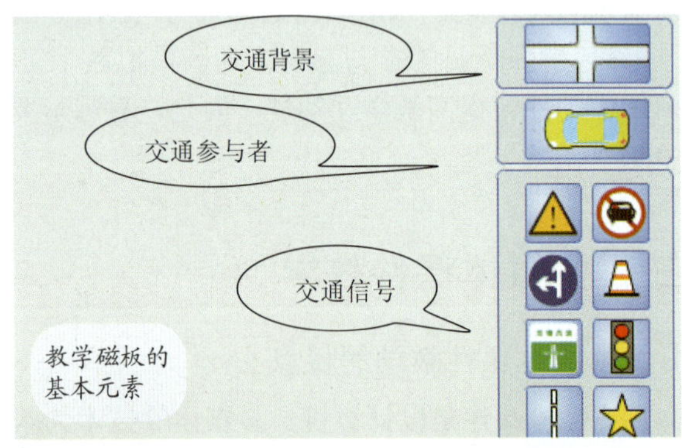

教学磁板的基本元素

2　教练员与学员间的互动性强

教学过程中，教练员配置好交通场景后，可以针对该场景设置各种问题，和学员共同探讨正确的驾驶行为方式，并通过交通元素位置的灵活变化，模拟出各种交通行为的后果，增强学员对知识的理解能力和知识的应用能力，提高学员学习的主动性，克服“灌输式”教学导致的枯燥感。

如右图所示，教练员在教学过程中，可以向学员提出以下问题：图片上方左转弯车辆与直行车辆谁具有优先通行权？图片下方右转弯的车辆应该采取怎样的驾驶行为？存在哪些交通冲突？

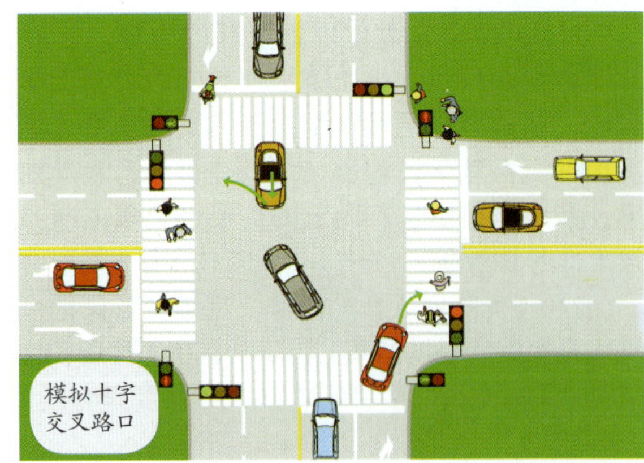
模拟十字交叉路口

3　教学内容直观、生动

交通场景，尤其是复杂的城市交通场景，教练员很难单纯地用语言解释清楚。因此，教练员可以借助画面演示等直观、逼真的方式，帮助学员加深理解。例如，教练员进行“弯道和曲线驾驶”教学时，可以借助教学磁板给学员分析车辆在弯道的受力情况、弯道行驶时的潜在危险和提前减速行驶的必要性等。

4　教学素材多样

教学磁板除了能利用已有的交通元素灵活地组建各种交通场景外，还有助于教练员对教学素材的拓展。教学磁板能够保存教练员自行收集的教学背景图片，以增强教学磁板的地区适应性和教学的灵活性。

5　操作简便

教学磁板的界面整洁，教练员操作时，更多的是采用点击或拖拽图标的方式，针对相对难以理解的功能有详尽的操作指导，因此，能否很好地利用教学磁板来组织教学，关键在于教练员对驾驶培训专业知识的掌握程度，在于教练员组织的教学场景与教学内容更加专业和贴近实际，而在电脑技术方面对教练员没有特殊的要求。

二、教学磁板的使用方法

1　组建交通场景

组建交通场景是教练员利用教学磁板实施教学的基础。教学磁板根据《教学与考试大纲》的要求，设置了许多典型的交通场景，教练员可以通过调用来直接组建。

但是，教练员有必要掌握如何自行组建交通场景，增加教学的灵活性。组建交通场景通常分为以下几个步骤：

1）根据教学主题选择交通背景。教练员每次上课均有一个教学主题和教学目标，教学内容应当围绕该主题和目标服务，因此，教练员选择交通背景时，要考虑是否能够满足教学主题和教学目标的需要。例如，在准备进行“文明礼让”授课时，教练员可以选择十字交叉路口或环形交叉路口的交通背景。

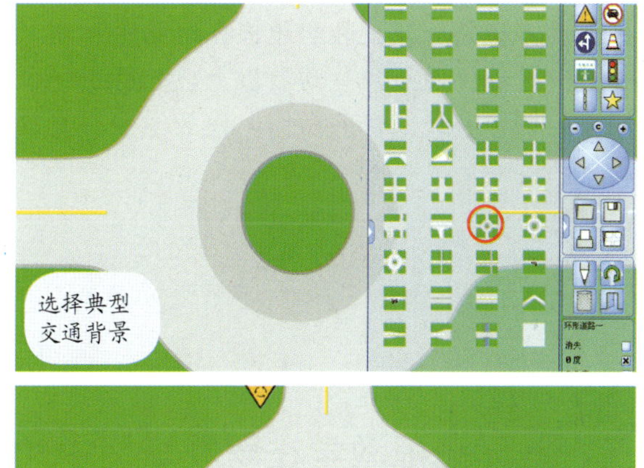

2）正确添加交通信号灯和交通标志标线。交通信号灯和交通标志标线是道路交通规则的重要载体，给交通参与者科学地分配通行权，使他们有秩序地顺利通行。但是，不是所有区域都必须有交通信号灯和交通标志标线。

因此，教练员有必要根据教学的需要，为所选择的交通背景正确地布置交通信号灯和交通标志标线。

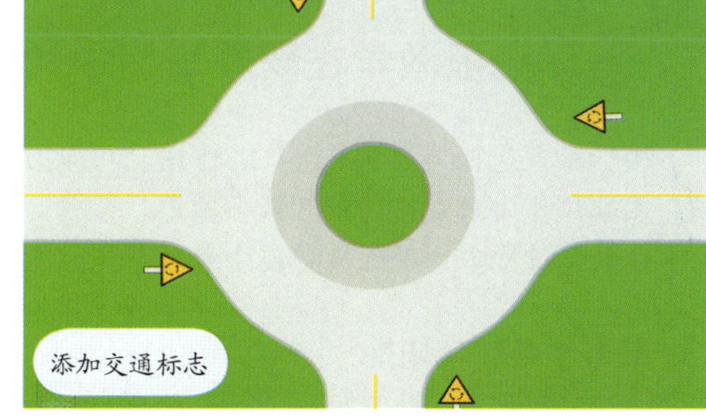

3）添加合适的交通参与者。交通参与者是道路交通的主体，包括各种行人、非机动车和机动车。教学磁板包括了各种典型的交通参与者。教练员添加交通参与者时，应当根据教学的需要来考虑选用交通参与者的类型、数量、位置和他们的交通行为等。

4）标识交通参与者的交通行为。交通事故的发生往往源于交通冲突的存在，因此，教练员需要培训学员具有正确判断和处理交通冲突的能力。交通冲突通常是由于交通参与者之间交通行为的交错引起的，在对交通场景进行分析时，教练员可以利用教学磁板的绘画和书写功能标识出有关交通参与者的交通行为。

2 更换交通场景

交通场景组建好后，教练员就可以开始对交通场景进行分析。但是在教学过程中，常常因模拟交通参与者的交通行为的结果或者根据学员的设问变换新的交通场景等，需要对交通场景进行调整。

1）交通场景的局部调整方法。教学过程中，教练员往往需要添加新的交通参与者或者去除某些交通标志等。对于添加新的交通元素，教练员可以按照组建交通场景的方法进行。而对于去除某些交通元素，教练员则可以利用教学磁板提供的“垃圾箱”功能。

2）交通场景的整体变更。教练员常常为某一教学主题准备了多个交通场景，解释完一个交通场景后，需要及时地变换到下一个交通场景去，这就存在对交通场景更新的问题。对此，教练员可以利用教学磁板提供的“文件下载”功能。

3 扩展教学素材

教学素材的可扩展性为教学磁板教学增添了“新的生机”，使得教学磁板的应用不受地域的限制，应用更加广泛。当然，要实现这项功能，需要驾驶培训机构或教练员备有数码照相机或摄像机。

4 与其他设备的组合

现代化教学手段更多的强调多种设备之间的组合运用，以达到更好的效果，对于教学磁板来说，也是一样。教学磁板在电脑中运行，并通过投影仪投放到互动白板上，教练员可以用手的操作替代鼠标的操作，使教学变得更加简单而有趣。

互动白板、投影仪和电脑的硬件组合

三、教学磁板教学在驾驶培训中的应用

教学磁板起到“教学平台”的作用，可以方便教练员再现学员培训场景，便于讲评和学员的理解，主要用于讲解交通场景的教学项目。

在教学过程中，教练员需要注意以下几方面的问题：

1 精心准备教学场景

组建教学场景应当为教学内容和教学目标服务，恰当的教学场景可以帮助教练员取得非常好的教学效果，因此，在上课前，教练员应当围绕教学主题设计好场景，以期在较短的时间内完成教学任务，达到教学目标。

2 提前设计教学场景的变换程序

为了详细地说明某个问题，教练员需要围绕教学主题设计各种问题，从而牵涉教学场景的变更。教练员需要根据各种问题，合理地安排教学场景中各元素的变换方法和变换的顺序，从而可以很好地控制教学的过程。

3　让学员积极参与，增强教学的互动

让学员主动参与教学，而不是被动地接受，可以产生良好的教学效果。因此，教练员应当充分利用教学磁板，增强教练员与学员之间的互动性。

第三节　驾驶模拟器教学

驾驶模拟器教学能够弥补客观条件的不足，增强教学的安全性，节约能源和提高培训的效率。因此，教练员有必要掌握驾驶模拟器教学的方法。

一、驾驶模拟器的基本常识

驾驶模拟器是一种具有汽车驾驶操作功能的教学仿真装置，一般由驾驶模拟座舱和视景系统组成。驾驶模拟座舱由汽车驾驶操纵机件、仪表、座椅、后视镜、安全带等实物或仿真件组成，具有与所模拟的汽车驾驶室驾驶操作工位相似的空间，供学员学习和训练。视景系统由视景软件、播放器及显示部件组成，具有模拟汽车驾驶场景的功能。

驾驶模拟器按照视景系统呈现方式的不同，可分为互动和非互动两种类型，分别具有不同的特点。

驾驶模拟器的分类

分　类	视景系统的呈现方式	基　本　特　点
非互动型	视景显示不随模拟驾驶操作变动	– 具有座舱和独立显示用于引导汽车驾驶操作的视景系统； – 有受离合器踏板控制的挡位锁止机构； – 操纵机件的相对位置与所模拟的汽车一致，操纵机件的操纵力度接近所模拟的汽车
互动型	视景显示跟随模拟驾驶操作变动	– 具有座舱和互动的视景系统； – 具有错误驾驶操作记录和提示功能，能再现学员的操作过程，以利于分析学员的操作情况； – 操纵机件的相对位置与所模拟的汽车一致，操纵机件的操纵力度接近所模拟的汽车或与所模拟的汽车一致

二、驾驶模拟器教学的特点

驾驶模拟器教学通过模拟各种道路场景，在视觉、听觉和操作感觉上为学员提供一种实际操作训练的仿真环境，能够训练和提高学员基本的驾驶操作技能和心智技能，具有以下几方面的特点：

1　克服了实际操作训练的局限性

由于地域、培训时间、培训场地等客观原因，对于教学大纲第三阶段的“雨天驾驶”、“山区道路驾驶”等特殊交通环境下的教学项目，教练员很难在实际训练中进行组织，因而，可以采用驾驶模拟器来对学员进行模拟训练，克服实际训练存在的局限性，达到教学目标。

2　节约能源，降低培训的成本

学员在进行规范操作训练时，如果采用实车反复练习，对车的磨损大，而且浪费燃料，驾驶模拟器训练则可克服这些问题。此外，教学大纲的三个阶段中，假设共有10个学时可实施驾驶模拟器教学，若按过去使用教练车训练，每小时行驶30km，平均百公里油耗20L计算(含大车和小车)。如果使用驾驶模拟器教学，平均每个学员完成学习可节约燃油60L，2012年全国培训约2000万驾驶员，可节约12亿多升燃油。随着汽车保有量的迅速增长，参加培训的人数会持续上升，因而，驾驶模拟器教学带来的社会效益非常可观。

3　提高培训的效率

培训初期利用实车进行静态下的规范操作训练，学员会有紧张感，错误操作多，心理适应能力差，从而降低训练的效率。而采用驾驶模拟器训练，学员心情比较放松，学习动作快，因此，采取驾驶模拟器训练与实际操作训练相结合的培训模式，能提高学员培训的效率。

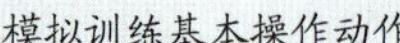

模拟训练基本操作动作

4　提高教学的安全性

驾驶培训过程中，因学员的驾驶操作技能还不熟练，而且缺乏安全驾驶经验，因此，教学存在很大的风险。在实际道路上进行驾驶训练时，路况较复杂，学员常常比较紧张易发生操作失误，可能会导致严重的后果，甚至造成重大交通事故。驾驶模拟器容许学员操作失误，一旦出现事故，可以中止，重新开始。

三、驾驶模拟器教学在驾驶培训中的应用

驾驶模拟器主要用于学员培训初期的规范操作训练以及实际操作训练难以组织的特殊道路交通环境训练等，例如，《教学与考试大纲》第二阶段实际操作中的基础驾驶项目、第三阶段模拟驾驶教学项目等。

教练员在利用驾驶模拟器教学时，需要注意以下几方面的问题：

1　分阶段运用模拟器训练

驾驶培训是一个从掌握基本操作动作到驾驶技能的熟练和巩固的过程，驾驶模拟器主要用于学员的基本操作技能和特殊交通环境下的安全驾驶训练，因此，教练员需要根据驾驶员培训教学大纲，分阶段，有针对性地运用驾驶模拟器进行教学。

驾驶模拟器的分阶段应用

阶　段	第　二　阶　段	第　三　阶　段
教学内容	驾驶姿势； 操纵装置的操作； 行车前车辆检查与调整	驾驶行为综合分析与判断； 恶劣条件下的驾驶； 山区道路驾驶； 高速公路驾驶

2　引导学员端正训练态度

驾驶模拟器教学是一种模拟性训练，学员在训练过程中出现操作失误也不会发生危险，因而学员在思想上会比较放松，甚至有的学员完全把训练当成游戏，而忽视训练的目的。因此，教练员需要引导学员在训练过程中端正训练态度，认真对待。尤其是对于互动型驾驶模拟器，学员要能够根据反馈的结果，及时调整自己的驾驶行为。

3　及时纠正学员的错误

学员能够及时了解和纠正出现的错误，驾驶技能训练的进步会很快。非互动型驾驶模拟器不能为学员提供操作的错误提示，因此，教练员需要了解学员的训练情况，并对学员所犯的错误进行及时的纠正。互动型驾驶模拟器虽然能够提供错误操作提示和操作记录，但是学员并不一定能马上认识和纠正，因此，还需要教练员及时指导。

及时指出学员的错误

4　对训练结果讲评

每次训练结束后，教练员应当向学员做训练情况的讲评，让学员了解训练的难点和容易出现的错误等，激发学员纠正错误的内在动力。非互动型驾驶模拟器不能提供错误操作记录，因此，教练员需要在教学过程中对学员容易出现的错误驾驶行为进行统计，作为讲评的依据。

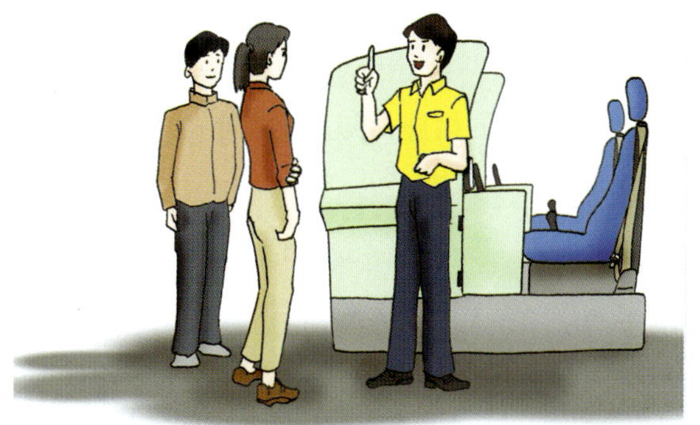

课后及时讲评

第四节　其他设备教学

除了前面介绍的几种教学手段外，驾驶培训过程中还有一些被广泛应用的教学手段，例如教练车、教学挂图和教学模具等。实车教学是培养学员全面掌握汽车驾驶技能的根本途径。教学模具和教学挂图则能够直观地表现车辆的总成结构和工作原理等，使学员加深对驾驶知识的理解。虽然多媒体教学、教学磁板教学等现代化教学手段逐渐被广泛应用，但是并不能完全取代这些相对传统的教学手段。

一、实车教学

1　实车教学的特点

学员参加驾驶培训的目的是学习安全驾驶车辆的技能，通过相关的考试，并能够独立驾驶车辆。实车教学使学员利用真实的驾驶体验，学习和掌握汽车驾驶技能，因此，实车教学是驾驶培训过程中必不可少的一个环节。实车教学通常有以下几方面的特点：

1）训练真实。实车教学是学员学习驾驶的一种真实的体验。学员在实车教学过程中，直接面对真实的交通场景，学员的驾驶行为与周边的交通状况紧密联系，相互影响。

2）学员的操作结果反馈及时。学员根据周边的交通情况采取某种操作后，车辆的状态能够迅速地发生相应的变化，从而对学员刚才所采取的操作动作起到反馈的作用，作为学员采取下一步操作的信号。

3）充分反映学员对汽车的操控能力。实车教学过程中，为了行车的安全，学员必须对各种交通情况及时采取正确的措施，因此，学员的态度认真，表现出来的驾驶行为能够充分反映他对汽车的操控能力。

4）教学过程存在一定的风险。实车教学使学员面对真实的交通场景。因学员的驾驶操作技能还不熟练，而且缺乏安全驾驶经验，常常比较紧张，容易发生操作失误而导致交通事故，因此，教学过程存在一定的风险。

2 实车教学在驾驶培训中的应用

实车训练可以应用于整个培训的实际操作训练项目，在实车教学过程中，教练员需要注意以下几方面的问题：

1）教练车必须满足教学的要求，具备良好的安全性能。根据《机动车驾驶培训机构资格条件》(JT/T 433)标准的要求，教练车技术状况应符合GB 7258的要求和JT/T 198所规定的二级车以上技术条件，并装有副后视镜、副制动踏板、灭火器及其他安全防护装置。道路驾驶教练车还需装有副加速踏板和副离合器踏板。教练员应根据学员申请的准驾车型和学员的要求，选择合适的教练车进行教学。

2）及时纠正学员的错误。训练过程中，学员出现错误操作时，教练员应当及时给予纠正，保证学员动作的准确性，让学员养成良好的驾驶习惯。

3）确保教学的安全。实车教学过程存在一定的风险，因此，教练员不仅要督促学员仔细观察、集中注意力，而且还应当要求自己抱着认真的教学态度，充分利用副后视镜、副制动踏板、副加速踏板和副离合器踏板，在紧急情况下采取必要的措施，防止交通事故的发生。

纠正学员错误，保证教学安全

4）训练结束后及时讲评。每次训练结束后，教练员应当对学员训练的情况进行讲评，指出学员所取得的进步和仍然存在的问题，帮助学员正确地评估自己。

二、教学模具教学

1 教学模具教学的特点

教学模具包括按照比例模仿实物结构的模型以及按照比例模拟实物工作原理的示教板。模型侧重于真实反映实物的基本结构，而示教板侧重于真实反映系统的工作原理。教学模具教学具有如下特点：

1）教学直观形象。汽车许多零部件的结构比较复杂，教练员难以通过简单的语言描述或利用车辆零部件实物阐述清楚，例如，变速器的组成、制动系统的工作原理等。教学模型能够以剖面和透明的方式展现出实物的基本结构，示教板则利用彩色有机玻璃模型、线路流向灯光演示等方法展现出系统的工作原理，使复杂的事物变得非常直观形象，使单一的教学模式变得多样化，便于学员理解和掌握。

2）教学内容比较真实。教学模型和示教板都是对实物或系统的真实反映，尽可能模仿实物或系统的原貌，因而在学员学习时，能增加真实感。

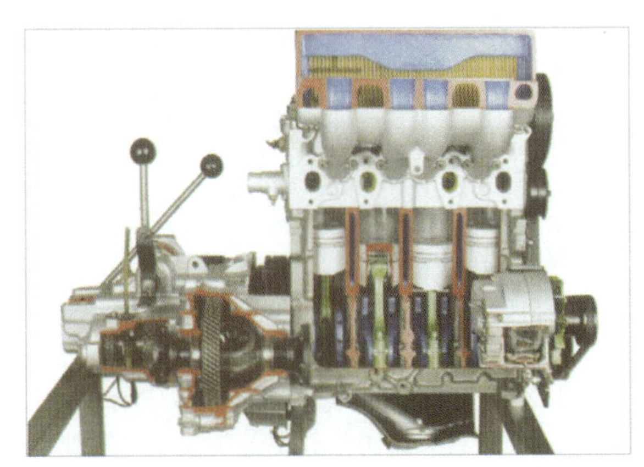

直观展示总成结构

2 教学模具教学在驾驶培训中的应用

教学模具主要用于直观地展示车辆总成的基本结构和工作原理，例如，《教学与考试大纲》第一阶段的“车辆结构常识”等教学项目。教练员在教学过程中需要注意以下几方面的问题：

1）让学员带着问题观看教学模具。教学模具所模仿的实物的结构相对比较复杂，因此，教练员需要根据教学内容和教学目标，向学员提出明确的观察要求，让学员带着问题观察，增强学习的针对性。

2）进行适当的解说。结构的复杂性增加了学员理解的难度。教学过程中，学员很难通过自己的观察为存在的问题找到满意的答案。因此，教练员需要有针对性地进行讲解，以在短时间内完成教学任务，达到预期的教学目标。

3）注意正确的解说顺序。教练员针对模型或示教板的解说应当有合适的先后顺序，或者根据结构，由表及里；或者按照工作流程，按组成部位进行讲解。总之，解说过程中需要突出一条主线，便于学员理解和接受。

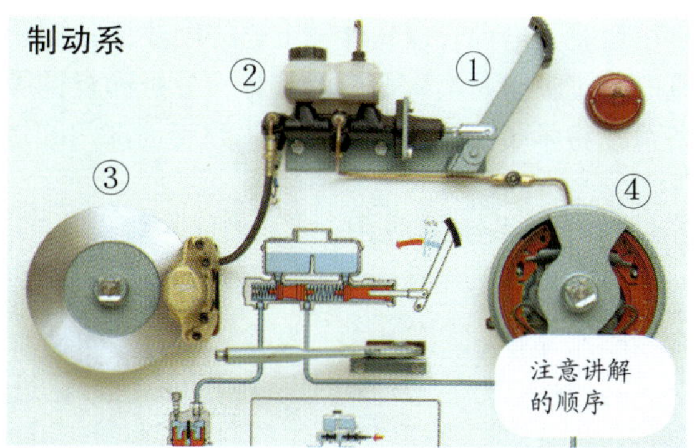

三、教学挂图教学

1　教学挂图教学的特点

教学挂图是指利用图画、卡通画、实物照片或者实景照片等方式表现某一主题，按照一定尺寸制作的图纸。教学挂图利用图片加注解的方式直观地反映车辆某总成的基本组成、车辆零部件的内部结构等，使教学内容直观形象。教学挂图还可以利用略带夸张的卡通画表现某一主题，使教学内容变得生动活泼，提高学员的学习兴趣，达到学习效果。

2　教学挂图教学在驾驶培训中的应用

教学挂图主要用来说明某些物件的基本结构或者表现某个抽象的主题，因此，可用于《教学与考试大纲》第一阶段的“车辆主要安全装置”、“道路通行规则”等教学项目。

教练员在教学过程中需要注意以下几方面的问题：

1）根据教学内容和目标，选择合适的挂图。某些教学主题的内容可能需要多个教学挂图来表现，教练员应选择比较典型的教学挂图给学员讲解。

2）给予适当的解说。教学挂图往往表现比较复杂或者抽象的事物，学员比较难以理解和掌握，因此，教练员需要有针对性地进行讲解，以便在短时间内完成教学任务，达到预期的教学目标。

四、IC计时系统

在驾驶培训教学过程中，学员培训学时不足等问题日益成为社会关注的焦点。《教学与考试大纲》中的教学日志要求教练员和学员在每个教学阶段和教学项目后填写具体的教学学时数，双方还须签字确认。

为了反映学员真实的培训时间和对教学项目的实际掌握程度，满足《教学与考试大纲》的要求；为了真实反映学员对教练员的满意度，对教练员的教学起到监督作用，驾校开始广泛采用IC计时系统，使教学日志电子化，实现对驾驶员培训的科学化、规范化和信息化的管理。IC计时系统类型多样，下面以车载式计时系统为例，作简单的介绍。

1　IC计时系统的组成

IC计时系统通常由教练员IC卡、学员IC卡、车载式驾驶员培训管理器和配套的管理软件组成。

教练员和学员IC卡中存储有持卡人的编号、姓名和训练数据等信息。其中编号信息、姓名信息在制卡时写入，训练数据则是在教练员或学员训练过程中由驾驶员培训管理器实时写入，不仅包括训练的累计时间和累计里程数据，还包括每次训练的日期、起始时间、终止时间、教学项目、训练时间和训练里程等信息。

驾驶员培训管理器是计时系统的核心部件，安装在教练车上，在车辆行驶过程中，可实时记录车辆行驶的时间数据和里程数据。驾驶员培训管理器具有（有的以指纹方式）验证教练员和学员身份的功能，同时，只允许一名教练员进行身份验证。在学员训练过程中实时记录训练时间和训练里程信息，自动区分场地训练、道路训练、白天训练和夜间训练，可以将训练数据保存到学员的IC卡中，并可查询学员IC卡中的训练信息。

驾驶员培训管理软件和上述的硬件设备配套使用，具有完成基本资料的管理、教练员和学员信息的采集、学员培训信息的统计、分析和查询等一系列功能。此外，驾驶员培训管理软件和制卡设备可以将学员IC卡中的信息采集到管理部门的信息中心，以便进行行业管理。

2　IC计时系统的应用

IC计时系统主要用于监督和管理学员实际操作训练的情况，在每次的训练过程中，通过以下几个步骤来完成：

1）插入教练员IC卡，进行身份验证，通过后，开启驾驶员培训管理器的键盘，准备本次课程训练。

2）插入学员IC卡，进行身份验证，通过后，学员根据自己的训练情况，按照《教学与考试大纲》三个阶段的训练要求，选择具体的教学项目和学时，开始本次课程训练。

3）训练过程中，驾驶员培训管理器自动记录学员训练的时间和训练的里程等信息。

4）训练结束后，学员输入对教练员的满意度信息，并插入学员IC卡，结束本次训练。